黄志军 著

马克思辩证法研究

以政治经济学批判为中心

A STUDY OF
MARX'S DIALECTICS
FROM THE CRITIQUE OF POLITICAL ECONOMY

社会科学文献出版社
SOCIAL SCIENCES ACADEMIC PRESS (CHINA)

导论 马克思辩证法研究的两种进路及本书基本构思

摆在当代马克思辩证法研究面前的一个基本思想任务是：马克思是如何改造黑格尔辩证法并将其应用于政治经济学，进而形成他自身对辩证法的独特建构的？如果要对这一问题做出回答，那么本书将不得不深入马克思的政治经济学批判过程当中，并经此发现马克思对黑格尔辩证法的肯定和吸收，批判和改造。但同时我们也应该注意问题的另一个本质性维度，即马克思是在批判古典经济学、庸俗经济学和当时流行的经济学的形而上学方法及其思维方式时，逐步实现对黑格尔辩证法的吸收和改造，并经此完成了对上述经济学的批判，建构了以《资本论》为核心的政治经济学批判这一理论宏图。在这个意义上，马克思辩证法与政治经济学批判是一体两面的关系，它们在双向互构的过程中显示自身。沿着马克思的政治经济学批判道路继续前行，辩证法的当代复兴方有可期之日，进而未来之思才能穿透现实生活的层层迷雾并洞见其本质。

根据本书所承担的思想任务，很自然地可以确定它的研究对象，即马克思辩证法思想。这意味着以下几点。①在该书中，马克思辩证法被视为马克思主义辩证法的源头活水，而马克思主义辩证法则被视为马克思辩证法的发展形态。由于思想任务的限定，即以政治经济学批判为中心考察马克思辩证法，所以本书的任务也由此被规定。恩格斯将辩证法应用于自然哲学领域，列宁把辩证法置于黑格尔的逻辑学领域并开发出实践辩证法的先例，而毛泽东对马克思主义辩证法的中国化解读使其向实践智慧转化，这都是对马克思主义辩证法的发展，如果要对它们予以探讨就要专门另辟篇幅。②那么，进一步的问题是：我们该以何种方式研究马克思的辩证法思想呢？本书的回答是：从政治经济学批判的进路阐释马克思辩证法，这是最为切近真理的道路。理由在于：当对马克思辩证法思想研究的历史进行回顾时，以下两种基本的阐释进路便会浮现在眼前。一是唯物主义进路，二是政治经济学批判进路。其中，对黑格尔辩证法的处理，或者说马克思对辩证法的改造，构成了这两种进路的内在差异。唯物主义进路凸显了对唯心主义的颠倒，但忽视了对黑格尔辩证法合理内核的吸收与改造，所以很难解释马克思对辩证法的完整建构。而政治经济学批判进路则在新唯物主义的基础上，通过充分吸收黑格尔辩证法的"合理内核"来批判古典经济学的形而上学，并经此对它加以改造，形成了马克思自身对辩证法的独特建构。所以，这一进路更能够对马克思辩证法做出相对完整的阐释。

一 唯物主义进路

在理论名称规范的意义上，马克思主义的唯物主义被称为辩证唯物主义，而马克思主义辩证法则被称为唯物辩证法。在本书的探讨过程中，为了讨论问题的方便，我们暂且不对"马克思辩证法"冠以任何名称，比如唯物辩证法、实践辩证法、历史辩证法，等等（引述他人的观点除外）。我们暂且让马克思的辩证法归属于马克思自身，更何况马克思自己也没有对它进行概括性的冠名。毋庸置疑，马克思的辩证法是理解马克思主义辩证法的基本定向和本质之维。这是当今学界在探讨该问题时所达成的一个基本共识，无须赘言。问题在于，撇开对马克思辩证法的各种定义和名称之争后，马克思辩证法就会以本真面目示人吗？答案显然是否定的。按照一般的理解，马克思辩证法是综合了费尔巴哈唯物主义和黑格尔辩证法之后的产物，即马克思通过改造费尔巴哈的唯物主义，使之成为颠倒黑格尔辩证法的基础，进而建构起了以唯物主义为基础的辩证法。众所周知，这种理解产生了广泛的影响，并在相当长时期内奠定了马克思辩证法研究的思想基调。于此，我们将其称为唯物主义进路。

1. 哲学基本问题与辩证法

唯物主义进路对马克思辩证法的阐释是以哲学的基本问题为理论框架的。关于哲学的基本问题，恩格斯曾明确指出："全部哲学，特别是近代哲学的重大的基本问题，是思维和存在的关系问题"。① 根据这一概括，哲学与世界的关系在思维与存在的关系之中被规定，即那些认为世界的本原是物质的哲学，或者说认为存在决定思维的哲学，统统可以被划入唯物主义的阵营；相反，那些认为世界的本原是精神的哲学，或者说认为思维决定存在的哲学，则可以被划入另一个与此相对的派别，即唯心主义阵营。不过，恩格斯也曾警告过滥用这一区分的做法，他说："除此之外，唯心主义和唯物主义这两个用语本来没有任何别的意思，它们在这里也不是在别的意义上使用的"。② 否则，会引起不必要的思想混乱。但即便如此，这一"哲学党派"的划定确实深深影响了对马克思辩证法的理解。

---

① 《马克思恩格斯文集》第 4 卷，人民出版社，2009，第 277 页。
② 《马克思恩格斯文集》第 4 卷，人民出版社，2009，第 278 页。

根据恩格斯对哲学基本问题的界定，谈论马克思辩证法的一个核心议题便在于：唯物辩证法对唯心辩证法的颠倒或超越。这方面的研究著作或论文不计其数，本书无法一一对它们予以述说，仅就总问题讨论如下。

一是唯物辩证法对唯心辩证法的颠倒指的是唯物主义对唯心主义的颠倒，还是马克思辩证法对黑格尔辩证法的颠倒？一种流行的看法认为，马克思在费尔巴哈唯物主义的基础上颠倒了黑格尔的唯心主义，所以在辩证法上也对他做了颠倒。这里的问题在于：马克思的唯物主义不是费尔巴哈的唯物主义，即使是颠倒了黑格尔的唯心主义，又怎么能说明也颠倒了他的辩证法呢？简言之，唯物主义和辩证法本身不是一个范畴，唯心主义和形而上学更不是！确立唯物主义并不必然会确立辩证法，颠倒唯心主义并不必然会颠倒形而上学！费尔巴哈就是生动的例子。学界诸多这方面的研究大致在于说明马克思是在新唯物主义的基础上颠倒了唯心主义，而这种新唯物主义就是历史唯物主义，它内含马克思辩证法的真谛。可以说，这又把问题向前推进了一大步，即只有深入马克思的新唯物主义建构之中，这一问题才有可能解决。任何只言片语，只能让这个问题变得更加晦暗不明。

二是在哲学基本问题的理论框架中，对黑格尔和马克思的辩证法做具体分析，从而得出哪些是黑格尔的东西，哪些是马克思的东西，似乎这样把马克思著作中的辩证法思想进行分类并装进不同的篮子里，就可以识别唯物辩证法和唯心辩证法的"脸谱"。殊不知，黑格尔辩证法的"篮子"是《精神现象学》、《逻辑学》和《法哲学原理》这样的著作，而马克思辩证法的"篮子"则是《政治经济学批判大纲》《资本论》系列卷次等。这些不同的篮子里可能装着不同的菜肴，也可能装着相同的菜肴。如果一定要在唯物主义和唯心主义的框架下，把马克思和黑格尔的辩证法区分开来，那么我们可能会失去对它们之间内在联系的正确把握。换言之，它们的思想关系是复杂的，并不能简单地以唯物主义和唯心主义来界定。

此时，恩格斯的告诫是多么中肯而恰当！当然，"复杂"一词不是放弃考究的借口，恰恰相反，正是因为复杂才为各种不同的阐释创造可能的想象空间。更进一步而言，马克思对辩证法的建构或理解并非起源于对唯心主义的批判和改造，反而是受它的巨大启发，《关于费尔巴哈的提纲》第一条便是例证。可以说，马克思对辩证法的吸收和改造源于对形而上学的批判。那么，有观点会反驳说，黑格尔也批判形而上学，为什么他没有提出唯物辩证法呢？所以，问题的症结正是在这：马克思是在批判古典经济学的形而上学时，才正式吸收和改造黑格尔辩证法的，而黑格尔对待古典经济学的态度是非批判的，甚至他本身就是最大的辩证法家，也是最大的形而上学者。古典经济学意味着什么呢？在理论上，它既包含唯物主义性质的内容，客观的经济运动及其范畴表现，又包含形而上学性质的方法论，以永恒的、静止的观点看待资本主义社会，以割裂的、缺乏内在联系的视角看待资本、土地和利润及其现实表现的关系，从而以孤立的观点看待资本主义社会中的个人等。可以说，这种形而上学的方法与黑格尔内含历史感、实践感和联系感的辩证法形成巨大的反差，正如上文所言，马克思只有首先借助黑格尔辩证法才能改造古典经济学的唯物主义内容，同时也才能改造黑格尔的方法。这就是马克思和黑格尔的根本区别所在。

具体而言，关于哲学基本问题与辩证法的关系问题，国内马克思主义辩证法研究领域的代表人物之一孙正聿教授做过深度研究。在他看来，在唯物主义和唯心主义对立的基本框架内是无法阐明辩证法理论的，因为这种阐释的根本缺陷是辩证法与哲学基本问题处于外在的联系之中，而它们的内在联系并没有被正确的把握。他认为，在通常的哲学体系中，辩证法与哲学基本问题的关系往往在以下两个层面被提出。

其一，从唯物论和唯心论与辩证法和形而上学的关系出发，由此认为唯物论可以分为辩证唯物论和形而上学唯物论，唯心论可以分为辩证唯心论和形而上学唯心论。为了论述的方便，我们把这两对范畴的组合表示如表 0 - 1 所示。其二，从对世界"是什么"和"怎么样"这两个问题的回答出发，把唯物论和辩证法既区别开来又联系起来，认为唯物论是对第一个问题的回答，而辩证法则是对第二个问题的回答。在他看来，"这种解释，把唯物论对'世界是什么的回答'归结为'哲学的基本问题'或'哲学的最高问题'，而把辩证法对'世界怎么样'的回答归结为'物质'和'意识'的'联系'和'发展'的回答，而否认辩证法是解决'思维和存在'、'精神和物质'的'关系问题'"。[1] 在这个意义上，辩证法与哲学基本问题看似被联系起来，但实质上却是被割裂开来。由此，他认为这是形成"对辩证法理论的全部误解的根源之所在"。[2]

表 0 - 1 　唯物论和唯心论与辩证法和形而上学两对范畴的组合

哲学基本问题 方法论	唯物主义	唯心主义
辩证法	辩证唯物论或唯物主义辩证法	辩证唯心论或唯心主义辩证法
形而上学	形而上学唯物论	形而上学唯心论

根据上述观点，很自然地可以提出下列思想任务：必须在辩证法和哲学基本问题之间建立一种内在的联系，只有这样才能超越在

---

[1] 孙正聿：《马克思主义辩证法研究》，北京师范大学出版社，2012，第30页。

[2] 孙正聿：《马克思主义辩证法研究》，北京师范大学出版社，2012，第29页。

唯心主义和旧唯物主义的范围内对唯物辩证法所做出的回答。可见问题的核心在于：如何解决辩证法与哲学基本问题的统一？孙正聿教授的思路是这样的：应该从思维和存在的关系问题去定义和解释辩证法理论，因为一方面辩证法的"发展原则"指涉的是思维和存在如何统一的发展，另一方面辩证法的"统一原则"指涉的是思维和存在如何在发展中实现统一。总的来说，辩证法是在解决思维和存在的关系问题时才得以被提出和被定义，同时也是思维和存在的统一及其发展的基本思想方式。在这个意义上，辩证法与哲学基本问题的内在联系才可以说被正确地把握了，因为归根结底辩证法是作为一种思维前提的批判而存在的。正如恩格斯所言，辩证法是"建立在通晓思维历史及其成就的基础上的理论思维形式"①

　　无疑，孙正聿教授的这一洞见是深刻的，对于推进马克思辩证法研究颇具启发意义。那就是对马克思辩证法的研究，既不能从思维的一维，也不能从存在的一维，而应从思维和存在的关系角度出发去阐释辩证法。由此，如果仅研究马克思对古典经济学内容所做的批判，而对黑格尔方法视而不见则是无法理解其辩证法的；同理，仅研究马克思对古典经济学方法的批判，而对它所内含的客观经济运动及其范畴表现视而不见也是无法理解其辩证法的。在这个意义上，把两者结合起来才有可能切近马克思辩证法的本真面相。

　　2. 唯物主义的奠基与辩证法

　　关于唯物辩证法的形成问题，是在唯物主义的进路上阐释马克思辩证法的另一个核心议题，它所要回答的问题是：马克思是如何转向唯物辩证法的？这里面涉及两个基本的问题：一是作为其基础的唯物主义是如何奠基在马克思辩证法当中的？二是它与黑格尔辩

---

① 《马克思恩格斯文集》第 9 卷，人民出版社，2009，第 460 页。

证法的关系如何理解？

在该问题上，最具代表性的理论阐释当属苏联学者马·莫·罗森塔尔主编的《马克思主义辩证法史：从马克思主义产生到列宁主义阶段之前》，他认为唯心辩证法是概念或其他观念实体的辩证法，而唯物辩证法则是物质的事物和过程的辩证法，是物质现实本身的辩证法。[①] 罗森塔尔的结论是：马克思由唯心辩证法转到唯物辩证法是他转而研究物质现实本身的结果，他正是从物质现实本身发现了唯物辩证法的。这里的问题在于，马克思转而研究物质现实本身就能发现唯物辩证法吗？或者换句话说，当马克思转而研究经济学时是不是就必然会发现唯物辩证法？无疑，这一问题是必须回答的。否则，马克思所建构起来的辩证法就不足以被称为唯物主义。因为在马克思之前，蒲鲁东的经济学研究，甚至是黑格尔的经济学研究并没有发现唯物辩证法，而是对当时的经济现实做了唯心主义的阐释，即认为经济运动只是观念范畴运动的外化罢了。

可见，转向物质现实本身或经济学的研究并不必然能够使研究者在其中发现唯物辩证法。当然，唯物辩证法的建构必须要研究现实本身，对经济学做出新的研究，但这些还远远不够。所以，否定黑格尔的唯心辩证法并不是一件容易的事情，进而建构唯物辩证法更是一件困难重重的事。由此，苏联学者 M. H. 格列茨基对罗森塔尔的见解提出了不同的看法，他认为"从唯心主义向唯物主义的转变是根本不能用纯逻辑方法来解释的。即使某个哲学家的唯心主义含有矛盾，那总是可以找到另一种当时尚能使人满意的唯心主义（或至少是二元论）。所以，想要唯心主义来一个根本转变，'翻转

---

① 参见〔苏〕马·莫·罗森塔尔主编《马克思主义辩证法史：从马克思主义产生到列宁主义阶段之前》，汤侠声译，人民出版社，1982。

过来'，而且是在唯物主义从未存在过的领域（社会历史观方面）内，就非有重大的，哲学以外的根据不可"。① 其理由在于：转而面向生活本身的事实，面向生活本身的实际矛盾，还不足以解释马克思辩证法观念的转变，即从黑格尔的"理性的自我运动"转到对"现实本身的自我运动"。因为毕竟黑格尔的概念观念其实也是为了解决现实问题本身而建立的，他的理性的自我运动制约着现实的根本合理性。

在格列茨基看来，比如以非理性、矛盾着的社会利益来批驳，或指称现实的普鲁士制度并非黑格尔的理性自我运动的结果，这些做法都是不可取的、不合理的。他认为正确的理解在于，是思想的转变而非认识过程的转变使马克思转向唯物主义，"并非以现实本身作为认识对象使马克思认识到必须转向唯物主义。思想的转变，即由于从革命民主主义立场转到无产阶级立场而产生新的实践任务和利益，才促使他转向唯物主义。这就是一切的由来。"② 显然，格列茨基认为马克思由于转到无产阶级立场进而转向唯物主义的这一进程，对于唯物辩证法的建构是至关重要的。

一方面，马克思无论是在 1842 年的《莱茵报》时期，还是在 1843 年的《黑格尔法哲学批判》时期，都没有超出黑格尔的理性辩证法，即具有目的论倾向的辩证法的范围。在格列茨基看来，在那时即使马克思接受了费尔巴哈把主词和宾词颠倒过来的提法，也未使用唯物辩证法来对抗唯心辩证法。这是因为马克思当时所追求的革命民主主义，以及民主国家诸如此类的东西，实际上是以黑格

---

① 参见沈真编《马克思恩格斯早期哲学思想研究》，中国社会科学出版社，1982，第 145 页。
② 参见沈真编《马克思恩格斯早期哲学思想研究》，中国社会科学出版社，1982，第 147 页。

尔的理性辩证法为基调的。这种理性辩证法把理性、自由和普遍利益想象为某种绝对的、超历史的东西，与非理性、不自由和具体历史地存在的利己私利相对立。进而以理性作为依据，把现存现实作为"非理性"的东西加以谴责，可以说，这是当时马克思思想的唯心主义属性。

另一方面，黑格尔的理性辩证法即具有目的论倾向的辩证法之所以破灭，并不是由于深入对象的认识运动，而是因为丧失了对资产阶级民主制理想的信念。格列茨基认为，只有当马克思转到无产阶级立场，在物质经济领域遇到对他来说是新的实践问题，即遇到反对剥削、消灭私有制的问题的时候，物质基础问题才被从理论上提到马克思的面前。简言之，此时马克思对资产阶级民主主义纲领的失望破坏了他对标准目的论辩证法的幻想，从而使作为国家理性实质的普遍利益绝对化的唯心观念也破产了。由此，格列茨基的结论是：只有在历史唯物主义理论形成过程中，作为解释社会发展的理论唯物主义辩证法——以因果决定论联系为依据——才能形成，才能把唯心主义的标准目的论辩证法排除。

通过以上论述，可以进一步把握格列茨基对以罗森塔尔为代表的正统观点的挑战。归纳起来有以下几个方面。①认识过程的转变即转而面向实现社会本身，并不必然导致马克思由唯心主义转向唯物主义，其根源在于思想过程的转变，即马克思由革命民主主义立场转向无产阶级立场使得他进入了唯物主义的思想场域。②马克思建构起来的唯物辩证法，即以因果决定论联系为依据的辩证法，不是在理论逻辑上超越了黑格尔的理性辩证法，即具有目的论倾向的辩证法，而是他对现实资产阶级民主国家的失望导致他对理性辩证法的失望，从而抛弃了黑格尔的理性辩证法，进而建构唯物辩证法。

笔者认为格列茨基提出的问题是中肯的也是尖锐的，但是他对问题的分析和解决是不能让人接受的。首先，对黑格尔辩证法的处理欠妥当。马克思并没有因为转向无产阶级立场就放弃了黑格尔的辩证法，正如后来的理论发展所示，马克思是在对政治经济学的形而上学批判中开始重新认识黑格尔辩证法的。这一点是格列茨基的视野所不及的。其次，马克思转向无产阶级立场必然会导致更加坚定彻底的唯物主义，即认识到以社会关系为基础的新唯物主义之实践本质，但是这无法说明马克思对黑格尔辩证法在逻辑上的继承与批判。要说明这个问题还必须要回到马克思对政治经济学的形而上学批判的语境中。最后，格列茨基认为黑格尔的理性辩证法是具有目的论倾向的辩证法，而马克思的辩证法是以因果决定论的联系为依据的唯物辩证法，这种理解也是过于简单化理解的结果。一方面，他没有认识到马克思对黑格尔辩证法的肯定意义，即作为自我推动和自我创造的否定方面，进而完全忽视黑格尔辩证法的积极内涵，完全用阶级立场这样的外在依据来判定黑格尔逻辑学的价值是缺乏学理根据的。另一方面，马克思的辩证法也不是完全像他所言的是以因果决定论的联系为依据的。

3. 简要评论

在此要追问的是：辩证法是以何种方式在马克思那里显示自身的呢？马·莫·罗森塔尔的答案是马克思在转向研究现实本身或进入经济学研究之后，这样一种理论思维就以唯物主义的方式显示了。与此相反，格列茨基认为转向经济学研究并不能使辩证法以唯物主义的方式显示，由于马克思的思想转向了无产阶级立场，辩证法才被马克思正确地建构起来。而孙正聿教授则认为必须在哲学基本问题的视域中建立它与辩证法的内在联系，才可能超越唯心主义和旧唯物主义对唯物辩证法的解释，即在思维前提批判的意义上把握马克思辩证法的实质。这三种颇具代表性的观点，一方面，它们具有共同的观点，即要坚持在哲学的基本问题这个理论框架下阐释马克思辩证法，另一方面，正如上文所述它们又存在重大的理论差异。无疑，正是这些差异能为我们打开阐释马克思辩证法的未来之门。

本书对这个问题的基本思考在于：马克思虽然转向经济学研究但并不必然就会形成自身对辩证法的独特建构，即一般意义上的唯物辩证法，但是马克思也只有深入政治经济学的研究中才能完成对辩证法的建构。一方面，马克思通过吸收黑格尔的辩证法来批判古典经济学等理论的形而上学思维方式，另一方面在政治经济学批判的过程中又建构起了新唯物主义，并以此为基础改造黑格尔辩证法，形成自身对辩证法的独特建构。也正是因为如此，在政治经济学批判的进程中，思维和存在的关系问题作为哲学的基本问题被正确地把握了它的实质，换句话说，马克思对思维和存在的关系问题的解答是在政治经济学批判中完成的。在这个意义上，要回答辩证法与哲学基本问题的内在关系，当且应当深入马克思的政治经济学批判中去。

二　政治经济学批判进路

当我们试图站在马克思的高度正确理解、恰当应用甚或是发展辩证法的时候，政治经济学批判的进路就会映入思想的帷幕。在这一进路上，卢卡奇是开创者。他通过对青年黑格尔的哲学思想分析，把握了政治经济学与辩证法的内在关系，并以此来建构他对马克思辩证法的阐释；与卢卡奇把重心放在早期的《巴黎手稿》不同，在往后的研究中，人们越来越将研究的重点聚焦于《资本论》的辩证法研究，从而在对待黑格尔辩证法的态度上也出现了大相径庭的见解：一种观点认为马克思完全超越了黑格尔，另一种观点则建构了黑格尔主义的马克思。于此，本书将具体分析并予以回答其中的疑难问题。

1. 卢卡奇开创的阐释道路：政治经济学批判与辩证法的内在联系研究

在政治经济学批判的进路上，卢卡奇于 1938 年写成的《青年黑格尔》一书是不得不提的一个理论坐标，甚至可以说是从政治经济学批判考察黑格尔和马克思辩证法思想的开创之作。正如该书的副标题"关于辩证法和经济学的关联"所显示的那样，它所要探讨的正是黑格尔辩证法的经济学起源和基础。不过值得注意的是，在山之内靖看来，这里的经济学所指的不是英国古典经济学的体系，而是指英国的经验论色彩和方法，"在思考早期马克思和古典经济学的关系的时候，我们效仿高岛，不应该从主张马克思突然受到了经济学体系的影响着手，而应该从主张他受到了英国经验论的影响这一点来着手"。① 其实，对于黑格尔而言，他是非批判地接受了英国古典经济学的巨大理论体系，而对于英国经验论的内容，他并不感兴趣。早期黑格尔以概念的方式把握社会存在，与早期马克思以经验的方式观察资本主义社会显然是不同的两种进路。

在卢卡奇看来，黑格尔不仅对法国大革命和拿破仑时代拥有最高和最正确的见解，而且同时是唯一的德国思想家，他曾认真研究了英国的工业革命问题，把英国古典经济学与哲学问题、辩证法联系起来。"全部的辩证法问题，即使还没发展到后来的成

---

① 〔日〕山之内靖：《受苦者的目光：早期马克思的复兴》，彭曦、汪丽影译，北京师范大学出版社，2011，第 41 页。

熟形式，都是从他研究两个具有世界史意义的时代事件，法国大革命与英国工业革命发展出来的。"① 在这一意义上，卢卡奇高度评价黑格尔经济学研究的意义，认为他是唯一试图认真地去研究资本主义社会经济结构的哲学家，而由此所发展出来的具有特殊形式的辩证法，则是他研究资本主义社会问题，研究经济学问题里生长出来的。于此，卢卡奇进一步指出："黑格尔哲学是与英国古典经济学多么相类似的一种思想运动。"② 对于资产阶级社会的具体经济规律性，黑格尔虽然只是以一般的原理做了抽象的反映，但他"是唯一理解这个运动的辩证性质并从而发展出普遍的辩证法的人"。③

那么，这种普遍的辩证法到底是什么样的呢？卢卡奇指出，经济学范畴和哲学范畴的交互关系的中心问题在于："社会科学的辩证范畴表现为这样一种辩证法的思想映像，这种辩证法，它独立于人的知识和意志之外，而客观地表现于人的生活里，它具有客观性，其客观性使社会现实变成人的一种'第二自然'（天性）。我们只要进一步地回想一下，就可以使我们认识到，正是在这种经济学辩证法里，如果掌握正确的话，会把人与人之间最原始最基本最有决定作用的关系呈现出来；并且认识到正是在这一片园地上，社会生活的辩证法可以就其没受歪曲的本来面目予以研究。"④ 从这里可以看出，一方面，社会生活的辩证法具有客观性，它在人们的意识面前呈现一种天性的面目；另一方面，人与人之间的关系在社会生活的辩证法中可以被还原，那被遮蔽的本来面目可以被揭露。这

---

① 〔匈〕卢卡奇：《青年黑格尔》（选译），王玖兴译，商务印书馆，1963，第142页。
② 〔匈〕卢卡奇：《青年黑格尔》（选译），王玖兴译，商务印书馆，1963，第24页。
③ 〔匈〕卢卡奇：《青年黑格尔》（选译），王玖兴译，商务印书馆，1963，第25页。
④ 〔匈〕卢卡奇：《青年黑格尔》（选译），王玖兴译，商务印书馆，1963，第27~28页。

两个方面不得不使我们想起马克思辩证法与政治经济学批判的关系，是何其相似啊！或者说它们具有内在的一致性。

进一步而言，在《青年黑格尔》一书中，卢卡奇认为马克思立足于政治经济学批判，主要从两个方面对黑格尔进行了批判，一是对唯心主义的批判，二是对其辩证法的批判，而这两个方面又是一体两面的过程。"马克思的黑格尔批判的巨大意义，恰恰在于它根据黑格尔对资本主义社会、资本主义经济学的矛盾和发展规律的理解的正确性与局限性，来说明黑格尔辩证法的伟大所在和缺点所在。"① 所谓黑格尔对资本主义社会及其经济学矛盾和发展规律的局限大意指的就是他的经济学理论的唯心主义性质。由于这种唯心主义性质，资本主义社会的现实矛盾及其解决在黑格尔那里被观念的矛盾及其解决所代替，这是马克思所不能接受和必须批判的。比如在《巴黎手稿》中，马克思指出黑格尔没有看到劳动的消极方面，其实不是他没有看到这些消极方面，而是在市民社会的概念辩证法中，黑格尔就已经将其解决掉了，但马克思正是以此为基调批判了整个黑格尔经济学研究的局限性，甚至由此展开了对古典经济学的批判。在这一过程中，马克思对黑格尔辩证法的观念论基础也展开了深刻的改造。总而言之，卢卡奇在政治经济学批判的进路上发现了马克思与黑格尔辩证法的内在关联，居功至伟！这一点既超越了当时流行的苏联教科书对黑格尔与马克思关系的阐释，也同时扭转了马克思辩证法研究的理论格局。

2. 《资本论》辩证法研究：黑格尔、马克思与资本主义社会批判

如果更进一步聚焦的话，我们便可以发现政治经济学批判与辩

---

① 〔匈〕卢卡奇：《青年黑格尔》（选译），王玖兴译，商务印书馆，1963，第141页。

证法的研究，则是主要集中在《资本论》辩证法的研究当中。回顾学术史，我们不得不注意到当时的苏联理论界，产生了众多研究《资本论》辩证法的著作，它们推动了该学术研究的进程并产生了重要影响，颇具代表性的研究如：马·莫·罗森塔尔的《马克思"资本论"中的辩证法问题》，艾·瓦·伊林柯夫的《马克思〈资本论〉中抽象和具体的辩证法》，B. H. 季布兴的《马克思〈资本论〉中从抽象上升到具体的方法》，Л. A. 曼科夫斯基的《马克思〈资本论〉中的逻辑范畴》等，这些著作着重阐述了《资本论》本身的内在逻辑，力图勾勒出马克思《资本论》中的辩证法图景。这当然已远远超出马克思当初所设想的用两三个印张来阐述辩证法的理论计划。我们无法对每一本著作都做出详细的评述，只能谈谈总体印象。

把《资本论》的辩证法归结为从抽象上升到具体的逻辑学问题，是这些著作的一个基本思路。它们的特点在于，从《资本论》诸卷及其手稿中把这一逻辑抽离出来，还原成或摆弄成黑格尔的逻辑，以证明《资本论》的科学性。诚然，这是在用黑格尔的《逻辑学》证明《资本论》的科学性。但是问题在于：马克思当初以改造黑格尔辩证法的方式将其具体应用于政治经济学批判，并由此获得的对辩证法的独特建构，是否可以仅被归结为从抽象上升到具体这一逻辑？进一步而言，如果对这一逻辑的抽象与马克思对资本主义社会的批判相分离，正像卢卡奇所指出的那样，这是否背离了马克思对黑格尔批判的初衷？

在更为广泛的视野中，科西克对《资本论》研究做出了具有启发意义的反思。在《具体的辩证法》中，他认为："对《资本论》的各种解释都试图以不同方式将其科学与哲学分开。它们都以某种方式把科学从哲学中分离出来，把科学研究从哲学假设中筛选出来"。① 科西克的感觉和分析是有指向性的，并指出有些解释把经济运动翻译为逻辑运动，认为《资本论》首先是应用逻辑，是用经济学材料演示逻辑的自身运动。这种解释"是从这种应用逻辑中析出一种纯逻辑，要在利润下降、剩余价值利润转化、价格形成等范畴背后发现并分馏出运动、矛盾、自我发展、中介等纯逻辑范畴"。② 在他看来，偏爱逻辑和方法论的解释者不去批判审查《资本论》的经济学内容，甚至不深入展开和详细阐述《资本论》的经济学问题，就把经济分析的现成结论看作正确的，而只遵循逻辑方法的途径，却对这一途径得出的结论的基本有效性不闻不问。显然，这是对只从科学性的一维来阐释《资本论》逻辑方法的批判。

那么，仅从哲学的一维来阐释《资本论》方法的观点如何呢？他们会首先提出如下问题：《资本论》是纯粹的政治经济学吗？或是一种以科学方式构想的科学吗？还是一种机制分析？显然，这一派观点的答案是否定的。科西克认为，这种解释把《资本论》看作一种存在哲学，只把经济范畴看作某一隐蔽本质的信号或符号，看作人的生存状况的信号或符号。甚至还有观点强调必须要把《资本论》中的经济学部分和辩证法分开，认为马克思的经济分析以科学的经济学方法为基础，而它是不同于辩证法的，并完全独立于它。科西克认为，这种"科学"的概念是经验主义式的幻想，是对事实没有预先假定的观察和分析，纯粹是日常生活经验掩盖的偏见（受此启发，本书在最后一章深入从《巴黎手稿》到《资本论》的思想中，揭示马克思关于货币、信用和银行及其辩证关系，并在存在

---

① 〔捷克〕卡莱尔·科西克：《具体的辩证法》，傅小平译，社会科学文献出版社，1989，第 122 页。
② 〔捷克〕卡莱尔·科西克：《具体的辩证法》，傅小平译，社会科学文献出版社，1989，第 122 页。

论的意义上阐发这些经济学范畴与人的存在方式的关系）。在他看来，把《资本论》中的科学和哲学割裂开来，是不符合其自身的思维结构和理论特质的。其基本思路是：通过分析马克思的理智发展史来澄清《资本论》中哲学和经济学的关系，即马克思在各个不同的时期是以何种方式构想和阐释这种关系的。特别是从《巴黎手稿》到《资本论》的理论进程中，马克思对这种关系的构想和阐释发生了怎样的变化，这才是所要考察的重点和难点，也是理解马克思将这两者统一起来的正确方式。

由此可以看出，科西克所理解的《资本论》的真正哲学在于"辩证的'展开'方法"，正是这一方法将实在纳入一个"辩证有机体"中。但是他还提醒我们不要忘了，《资本论》的辩证的展开方法也正是它所分析的实在的特殊性质的展现。那么，《资本论》中辩证的"展开"方法到底是什么呢？在后来的《资本论》研究中，人们越来越多地将它定义为：资本的辩证法，或者是资本的内在逻辑。言外之意，在黑格尔的意义上，资本是作为一个自我规定和自我否定的整体而出现的，它能自我推动和自我创造。正是这样一个"无人身的"理性怪物，生成了资本主义社会的现象学。在那里，价格、利润、地租、利息和工资等范畴之间的关系被资本的所有者即资本家及其阶级所掩盖。而马克思正是借助辩证法理论揭开了资本自身所存在的辩证法或内在逻辑。

对于罗伯特·阿尔布瑞顿来说，"资本自我物化的特征把它和作为知识的其他社会对象区分开来了，而资本的深层结构能够用辩证逻辑来把握"。[①] 至于这种资本的辩证法与黑格尔的关系，他不同

---

① 〔加〕罗伯特·阿尔布瑞顿：《政治经济学中的辩证法与解构》，李彬彬译，北京师范大学出版社，2018，第14页。

意阿尔都塞的观点，即认为马克思从根本上转变了黑格尔的辩证法，以多元决定论取代了简单矛盾论，黑格尔置于核心的总体被一个去中心的整体所取代，因而黑格尔在马克思那里只剩下"历史是一个无主体的过程"这样一个冷酷的理性运动。在这个意义上，他更趋向博斯托纳的观点，即认为马克思明确地把资本刻画为自我运动的实体即主体，而这恰恰是黑格尔赋予精神的特质。于此，那种急切地想让马克思摆脱黑格尔的做法是无益于理解《资本论》的。不过，经马克思改造过的黑格尔一定会在《资本论》中变得陌生起来，因为它的独特之处在于必须经受新唯物主义的洗礼。如果我们不是囫囵吞枣地将《资本论》第1卷、第2卷和第3卷混为一谈的话，后面两卷便能清晰地显示这种被改造后的黑格尔辩证法，并以合理形态的方式存在。

3. 简要评论

在近些年的政治经济学批判与辩证法的研究中，《资本论》辩证法的研究、《资本论》中科学和哲学问题的研究、《资本论》中的逻辑问题研究等依然保持着旺盛的理论生命力。为什么在《资本论》第1卷出版后，政治经济学批判与辩证法的话题依然历久弥新？笔者认为有以下两个原因。

一方面，马克思《资本论》与黑格尔辩证法之间错综复杂的关系在现时代依然具有高度的开放性，这是理论上的深层次原因，因为当人们试图探究《资本论》的理论逻辑时，黑格尔是一个必须与之对话的"超级辩证法者"；另一方面，《资本论》及其辩证法与现代世界的关系依然是一个绕不过去的课题，无论是现代性批判，还是后现代的解构，无论是反黑格尔主义的自由主义，还是去中心化的反本质主义，在实践上都要受制于资本的统治力量，它作为一种客观存在的物质力量及其社会制度，反映在思想上则是它的思维结构的客观化，但要揭露这样一种嵌入资本之中的客观的思维结构，没有辩证法这一思想武器是难以做到的。而问题的关键恰恰在于要使辩证法这一武器磨得更锋锐、更具穿透性。

显然，政治经济学批判与辩证法研究的思想史表明，一味地依靠回到黑格尔或反黑格尔是难以做到的。笔者的观点是，对于黑格尔的辩证法，马克思采取吸收和改造的方式来切近它和超越它。这一点，正如科西克所指明的那样，需要通过考察马克思从《巴黎手稿》到《资本论》整个政治经济学批判过程而得以领会，别无其他！而这正是这本书打算要做的事情。

三　从政治经济学批判重思马克思辩证法

为了进一步澄清讨论的前提，本书在此再具体阐述从政治经济学批判重思马克思辩证法这一议题。对于马克思辩证法而言，它应当而且必须在与时代问题的碰撞中，才能闪现理论的光辉。进一步而言，马克思是在政治经济学批判中重新让辩证法获得直面和把握现实之力量的。这就是马克思辩证法在直面当今现实社会时依然能够显示穿透时代迷雾之力量的原因。在这个意义上，马克思辩证法研究的政治经济学批判进路能开启诸多可能的讨论空间。一方面，马克思把辩证方法应用于政治经济学的尝试到底意味着什么？它是以何种方式被应用其中的？另一方面，从政治经济学批判反观马克思辩证法，能否为黑格尔辩证法和马克思的关系开发出一些具体的新阐释？无疑，这些理论解剖对于重新将辩证法应用于当代的政治经济学研究具有重要意义。

（一）辩证法应用于政治经济学的第一次尝试

1867 年 11 月 7 日，马克思致信恩格斯谈到那时的天主教周刊

《纪事》对《资本论》的可能态度时，非常自信地说道：它们"科学的"性质不可能对以下议题不予关注，即"把辩证方法应用于政治经济学的第一次尝试"。① 并指出当时的有识之士对于学习辩证法也有很大的需要，他相信德国辩证法是吸引英国人的一条捷径。如果仔细考察的话，马克思的自信是有可靠根据的：一是他对黑格尔辩证法的应用和改造，二是他对蒲鲁东将黑格尔辩证法应用于政治经济学这一失败的思想实验的批判。

　　1. 谁的辩证法？何种应用？

　　作为马克思政治经济学研究最重要且影响最广泛的著作《资本论》第 1 卷于 1867 年问世。无论是当时的官方舆论，还是理论界都并未给予关注，甚至以沉默的方式来抵抗它。为此，马克思和恩格斯商议以书评的方式为《资本论》第 1 卷发声。据统计，恩格斯前前后后在当时的报纸和杂志等刊物上发表了 9 篇书评。对于工人阶级而言，《资本论》的问世为他们的革命运动提供了科学的理论指南，使工人阶级的斗争获得了世界历史意义；对于当时的理论界和官方经济学来说，《资本论》的出版却是一桩"不幸"的事，因为它反驳了古典经济学对资本主义社会的永恒性证明，以科学的方式证明了资本主义社会的历史性。从马克思和恩格斯当时有关《资本论》的通信来看，他们最为关心的是辩证法的问题，即马克思在那里第一次尝试把辩证方法应用于政治经济学。

　　诚然，把辩证法应用于政治经济学这一做法，立即就预设了两个问题。第一个问题是，谁的辩证法，或者说是把谁的辩证方法应用于政治经济学？可以想象，这个问题显然不是那么容易就能做出肯定回答的。为什么？

---

① 《马克思恩格斯全集》第 31 卷，人民出版社，1972，第 385 页。

其一，当我们说那是"黑格尔的辩证法"时，那就意味着没有马克思辩证法什么事了，马克思所做的唯一的事就是把现成的黑格尔辩证法应用到政治经济学当中去罢了，这显然与马克思对辩证法改造及其成就是严重不相符的。注意！在这里，黑格尔辩证法被当成现成的思想工具，像随时可以上手就用的工具一般。对此，蒲鲁东应该不会感到陌生，因为他就是这么对待黑格尔辩证法的。不过，在马克思看来，蒲鲁东不仅背叛了黑格尔辩证法，而且还使它降低到了可怜的程度！可以说，蒲鲁东在这一点上做了一次失败但有启发的思想实验。

其二，当我们说那是"马克思的辩证法"时，也是不符合事实的，一方面马克思尽管设想过专门撰写有关辩证法的小册子，但是最终未能实现，所以不存在现成的"马克思辩证法"这一思想工具供他自身应用于政治经济学研究；另一方面，马克思对辩证法的改造是伴随着政治经济学批判的进程而完成的，所以马克思面前也不存在一个现成的他自己的辩证法供其使用。所以，答案似乎有些晦暗不明。

但是我们的感觉是这样的：总是存在这样一个辩证法，它能被应用于政治经济学研究。进而第二个问题便可以被合理地给出，即这样一个辩证法是以何种方式被应用于政治经济学的？是像使用现成的思想工具那样，原封不动地安置在政治经济学的研究过程中吗？显然不是，即使像蒲鲁东这样的经济学也不可能做到，因为他甚至曲解和降低了他所使用的思想工具即黑格尔辩证法。对于马克思来说，政治经济学研究在本质上是对古典经济学、庸俗经济学和当时流行的经济学的批判。因此，马克思要进行政治经济学批判就不可能照搬或套用任何现成的思想方法或工具。唯一合理的方式是在政治经济学批判的过程中对这样一个辩证法进行改造，使之应用于政治经济学批判，而非像蒲鲁东那样（本书第二章将予以详细阐述）。

那么在这个意义上，对于马克思而言，把辩证法应用于政治经济学，实际上也就是在政治经济学研究中改造辩证法，从而实现对其他政治经济学的批判。这样一来，我们便可获知，这样一个辩证法当且应当以被改造的方式应用于政治经济学。这样一来，对第一个问题的回答便有了基本遵循，即马克思把黑格尔辩证法应用于政治经济学，并在其中对它进行了改造以完成他的批判工作。可以说，这就为我们理解马克思辩证法提供了一条最为重要同时也最为实际的探索道路，即只有深入政治经济学批判当中才能获得对马克思辩证法的本真理解。

2. 蒲鲁东的失败与马克思的成功

正如上文所言，这条道路不是我们臆想的，而是在马克思自身的政治经济学研究进程中显示的。实际上，在马克思之前，蒲鲁东就曾做过这样的尝试，即把黑格尔的辩证法应用于政治经济学当中，但是他把黑格尔辩证法降低到了极可怜的程度！毁坏了它！所以，是一次失败的尝试！"蒲鲁东先生从黑格尔的辩证法那里只借用了用语。而蒲鲁东先生自己的辩证运动只不过是机械地划分出好、坏两面而已。"① 言外之意是，在马克思看来，蒲鲁东在他的政治经济学研究中所应用的辩证法却是形而上学，这就是思想的吊诡之处！

在《哲学的贫困》中，马克思尖锐地指出："现在我们看一看蒲鲁东先生在把黑格尔的辩证法应用到政治经济学上去的时候，把它变成了什么样子。蒲鲁东先生认为，任何经济范畴都有好坏两个

① 《马克思恩格斯文集》第 1 卷，人民出版社，2009，第 605 页。

方面。他看范畴就像小资产者看历史伟人一样：拿破仑是一个大人物；他行了许多善，但是也作了许多恶。蒲鲁东先生认为，好的方面和坏的方面，益处和害处加在一起就构成每个经济范畴所固有的矛盾。应当解决的问题是：保存好的方面，消除坏的方面。"① 蒲鲁东这么做的结果将是什么呢？答案是：辩证运动立即终结。他给自己提出消除坏的方面的任务，这一任务本身的提出就是不符合辩证法实质的。在马克思看来，"两个相互矛盾方面的共存、斗争以及融合成一个新范畴，就是辩证运动。"② 这就是蒲鲁东把辩证法应用于政治经济学的全部问题所在：对于黑格尔辩证法，他不仅不懂，而且还毁坏了它！至于以这种方法为基础的政治经学研究，其科学性自然是要受到质疑的。

不过应当承认，蒲鲁东即便是做了一次失败的尝试，但是也是具有启发意义的。这种启发对于马克思而言无疑是深刻的。这意味着：当马克思第一次尝试把辩证方法应用于政治经济学时，现代辩证法的"潘多拉之盒"就已经被打开。一方面，改造黑格尔辩证法的任务才真正被重新提出；另一方面，辩证法与政治经济学研究相结合的任务也被正式纳入人类的"思想菜单"。显然，这就是马克思改造辩证法最为重要也是最为紧迫的事情。对于马克思来说，在将辩证法应用于政治经济学之前，他仅是认识到了黑格尔辩证法的正确形式和积极意义，但并没有对它做出批判性的吸收。

在《政治经济学批判大纲》（以下简称《大纲》）写作过程中，马克思致信恩格斯（1858 年 1 月 14 日）说："我又把黑格尔的《逻辑学》浏览了一遍，这在材料加工的方法上帮了我很大的忙。

---

① 《马克思恩格斯文集》第 1 卷，人民出版社，2009，第 604 页。
② 《马克思恩格斯文集》第 1 卷，人民出版社，2009，第 605 页。

如果以后再有工夫做这类工作的话，我很愿意用两三个印张把黑格尔所发现、但同时又加以神秘化的方法中所存在的合理的东西阐述一番，使一般人都能够理解。"① 事实上，也只是在对政治经济学做出实际批判时，即在《大纲》中，马克思才"使辩证方法摆脱它的唯心主义的外壳并把辩证方法在使它成为唯一正确的思想发展形式的简单形态上建立起来"。②

具体而言，一方面，正是马克思把辩证法应用于政治经济学，才能在"后黑格尔时代"批判地超越黑格尔，而不仅仅像青年黑格尔派那样只是"不断以重复黑格尔的办法'批判地'超过了黑格尔"。③ 这种超越不是形式上的，而是实体性内容上的。简单来说，不是概念先行的观念辩证法，而是以存在为根基的辩证法，有人称其为唯物辩证法，也有人说它是实践辩证法等，不一而足。总之，只有在政治经济学研究中，马克思才可能真正确立起自己的、区别于黑格尔的辩证法。看不到这一点，就无法真正理解马克思辩证法。这与我们传统的仅仅在哲学基本问题的视域中理解马克思辩证法有着重大的区别。在这一意义上，我们只有通过具体考察政治经济学批判的过程，才能正确揭示马克思辩证法的生成和本质。

另一方面，正是借助于辩证法，政治经济学的研究才可能在马克思的手里发生科学革命。在本质上，古典或庸俗经济学的方法论气质是形而上学，主要体现在以下几个方面：自然地以私有财产为前提而不做任何追问；把资本、土地和劳动等社会生产要素割裂来考察而不考察它们内部的联系；将资本主义社会看成永恒的、不变的；等等。可以说，在击穿古典经济学每一个形而上学的结论和方

---

① 《马克思恩格斯文集》第 10 卷，人民出版社，2009，第 143 页。

② 《马克思恩格斯文集》第 2 卷，人民出版社，2009，第 603 页。

③ 《马克思恩格斯全集》第 2 卷，人民出版社，1957，第 133 页。

法时，马克思都将辩证法应用于其中，而且也只有这样，马克思的政治经济学才能说得上是批判的，或者说是超越了古典经济学的。在此意义上，政治经济学批判因为有了辩证法才谈得上是批判的，也正因为如此，马克思的政治经济学批判才显露其革命性。

那么问题在于，它们二者之间的关系到底如何理解呢？换句话说，是马克思先开创了政治经济学批判，才建构起自身独特的辩证法理论，还是先有了自己独特的辩证法理论，才开创出自身的政治经济学呢？这无疑是一个蛋生鸡还是鸡生蛋的问题，任何对它们进行抽象思辨的理解都无助于解开这个谜。可以说，这不是一个谜，而是一堆谜。要解开这一堆谜，笔者认为唯一正确的方式是要深入马克思政治经济学批判的思想史。唯有如此，马克思的辩证法思想才能被恰当地予以揭示。这种恰当性不是指从马克思各种不同的政治经济学著作中抽出一些零碎的概念，并赋予它某种辩证法含义，而是指沿着马克思政治经济学批判的道路，使马克思的辩证法思想从其中被合理地剥离开来，不至于零碎不堪，不至于断章取义，不至于血肉模糊，而是在思想史的意义上，准确地把握马克思建构辩证法的思想进程，进而正确理解它的科学内涵和理论关怀。这对于没有写出辩证法通俗化著作的马克思来说，政治经济学批判就是马克思辩证法的真正诞生地。

坦白地说，在政治经济学批判及其历史中寻求马克思辩证法的思想真谛，是我们当前研究马克思辩证法的思想任务和理论框架。这无疑是困难的，但只要方向正确，就会"道不远人"。

（二）政治经济学批判与马克思辩证法的三重内涵

进一步的疑惑是，当马克思第一次尝试把辩证法应用于政治经济学时，这到底意味着什么呢？是不是也像蒲鲁东曾经做过的那样，只是搬弄黑格尔辩证法的一些术语呢？显然，答案是否定的。正如恩格斯所言："马克思的功绩就在于，他和'愤懑的、自负的、平庸的、今天在德国知识界发号施令的模仿者们'相反，第一个把已经被遗忘的辩证方法、它和黑格尔辩证法的联系以及它和黑格尔辩证法的差别重新提到显著的地位，并且同时在《资本论》中把这个方法应用到一种经验科学的事实，即政治经济学的事实上去。"①尤其值得指出的是，他不是像官方的黑格尔学派那样，把黑格尔辩证法当成可以套在任何论题上的刻板公式，而是把其中的合理内核从其神秘的外壳中剥离出来，并在使它成为唯一正确的思想发展方式的简单形式上建立起来。

可以说，政治经济学批判就是以马克思辩证法为基础的。恩格斯曾这样高度评价马克思的辩证法，他认为"这个方法的制定，在我们看来是一个其意义不亚于唯物主义基本观点的成果"。② 无疑，这一评价是中肯的。于此，接下来的工作是要阐明马克思在政治经济学批判的过程中是如何应用并改造黑格尔辩证法的。事实上，关于马克思辩证法的诸多争论的关键也正是源于对这个问题的不同回答。所以，有必要对此予以进一步澄清。

在《哲学笔记》中，列宁曾明确指出辩证法、认识论和逻辑学是同一个东西。对于其中的深意，后人研究颇多。他后来又指出，不研究和不理解黑格尔的全部逻辑学，就不能完全理解马克思的《资本论》。事实上，不理解《资本论》，也很难理解列宁关于逻辑学、辩证法和认识论是同一个东西的判断。或者说，我们只有放弃对这三者关系做思辨的或形而上学的思考，并将视野转向政治经济

---

① 《马克思恩格斯全集》第 20 卷，人民出版社，1971，第 387 页。
② 《马克思恩格斯文集》第 2 卷，人民出版社，2009，第 603 页。

学批判的广阔天地时，才有可能发现马克思对它们的真正理解，也才有可能建立它们之间的内在联系。

按照马克思对辩证法的理解，我们大致可以将其归结为三层含义：一是作为叙述方法的辩证法，二是作为思想方式的辩证法，三是作为事物运动方式的辩证法。如果把马克思辩证法的这三层含义与列宁的论断做一个对应阐释的话，那么第一层含义即叙述方式指向的是逻辑学，第二层含义即思想方式指向的是认识论，而本体论意义上的事物自身的运动方式则是指三者同一中的那个"辩证法"。在此，我们将从政治经济学批判的角度重新审视马克思辩证法的三层含义及其内在关系。

1. 作为叙述方法的辩证法

对于政治经济学的研究而言，叙述方法的创新使得马克思立即就超越了古典经济学。恩格斯曾经对马克思说："你是严格按照辩证法为德国科学界写作的。"① 古典经济学不能理解从抽象上升到具体的方法，即辩证法，所以形而上学就必然注定成为它们的基本叙述方式。形而上学的叙述方式在于把事物发展的每个环节当作孤立的步骤来看待，对于每一个环节之间的过渡缺乏足够的理解，也就是说对于事物的自我否定没有充分的认识。这是古典经济学、形而上学的主要缺陷。而马克思的叙述方法则是从抽象上升到具体的，是对黑格尔辩证法基本形式的肯定和吸收。这一方法，在黑格尔那里早已被确定下来，并采取了科学的形式，马克思深谙此道。但对于当时的人们来说，马克思曾抱怨他们对《资本论》中应用的方法理解得很差。不过，从马克思对某些评论《资本论》的看法可以得知，他对自己所采取的叙述方法是自觉且自信的。

---

① 《马克思恩格斯全集》第 32 卷，人民出版社，1974，第 29 页。

马克思的叙述方法就是德国辩证法。彼得堡《欧洲通报》一篇专谈《资本论》方法的文章明确指出，马克思的研究方法是"严格的实在论的，而叙述方法不幸是德国辩证法的"。① 他说："这位作者先生把他称为我的实际方法的东西描述得这样恰当，并且在谈到我个人对这种方法的运用时又抱着这样的好感，那他所描述的不正是辩证方法吗？"② 显然，这一方法是德国辩证法的专利，黑格尔"第一个全面地有意识地叙述了辩证法的一般运动形式"。③ 在这个意义上，辩证法成为一种形式上科学的叙述方法，对马克思的政治经济学的叙述方式产生了重要影响，正如他所说："我又把黑格尔的《逻辑学》浏览了一遍，这在材料加工的方法上帮了我很大的忙"。④ 然而，马克思辩证法和黑格尔又有着根本区别，"我的阐述方法不是黑格尔的阐述方法，因为我是唯物主义者，而黑格尔是唯心主义者。黑格尔的辩证法是一切辩证法的基本形式，但是，只有在剥去它的神秘的形式之后才是这样，而这恰好就是我的方法的特点。"⑤

具体而言，这种叙述方法是从抽象上升到具体的方法。马克思认为在形式上，叙述方法和研究方法是不同的。研究方法是从具体上升到抽象，即首先要充分地占有材料，获悉事物的具体信息，分析它的各种发展形式，探索它们之间的内部联系。而叙述方法则是从抽象上升到具体的，也就是说在研究方法完成的地方，现实的运动才能被思维把握，但是它要在观念上被反映出来，则是从抽象开始的。这里的抽象即作为研究过程结果的那个"抽象"，它源于那

① 《马克思恩格斯文集》第 5 卷，人民出版社，2009，第 20 页。
② 《马克思恩格斯文集》第 5 卷，人民出版社，2009，第 21 页。
③ 《马克思恩格斯文集》第 9 卷，人民出版社，2009，第 441 页。
④ 《马克思恩格斯文集》第 10 卷，人民出版社，2009，第 143 页。
⑤ 《马克思恩格斯文集》第 10 卷，人民出版社，2009，第 280 页。

个纯粹的经验的"具体"。"马克思赋予'我的实际方法'或'我的辩证方法'这些概念的真正含义一次比一次，一年比一年变得更清晰了，这一方法在他那里从根本上说是同叙述方法（表面上同研究方法相对立）一致的。"① 如果进一步考察的话，我们便会发现这种叙述方法淋漓尽致地体现在政治经济学批判的写作和思考当中。

2. 作为思想方式的辩证法

马克思辩证法的第二个重要内涵是它作为思想方式而存在的。按照一般的理解而言，这种思想方式的基本特征是实践的、是批判的和革命的。其中实践的思想方式是区别于纯粹思辨的方式而言的。黑格尔的辩证法也是批判的和革命的，但是由于他的理论体系的思辨性，其辩证法的批判性和革命性也曾一度被窒息。显然，要获得彻底的批判和革命的思想方式，它就必须是实践的。对于马克思来说，这里的实践指的就是政治经济学批判经验的基础，即近代资本主义社会实体及其历史和它的意识形态。所以，在这个意义上，马克思的政治经济学批判是在上述两个维度展开的，这也决定了辩证法作为思想方式的实践特质。

简要来说，一是对近代资本主义社会实体及其历史的批判，这是存在论意义上的批判。表现在思想方式上，则是对古典和当时的经济学范畴及其历史关系的批判。我们知道，这些经济学范畴在他们那里是以形而上学的思想方式排列组合的，对于它们的过渡及其历史关系并没有给予科学的解决。"蒲鲁东先生的辩证法背弃了黑格尔的辩证法，于是蒲鲁东先生只得承认，他用以说明经济范畴的

---

① 〔苏〕B. M. 凯德洛夫：《论辩证法的叙述方法》，贾泽林等译，中国社会科学出版社，1986，第 56 页。

次序不再是这些经济范畴相互产生的次序。经济的进化不再是理性本身的进化了。"① 对于马克思而言，用以把握资本主义社会经济现实运动的范畴及其次序和它本身的现实过程应该是一致的，即逻辑与历史的一致。根据这样一种实践的思想方式，马克思辩证法便可以充分地应用于对近代资本主义社会实体及其历史的批判之中。二是对近代资本主义社会意识形态的批判。古典经济学和庸俗经济学的思想方式不是批判的和革命的，而是保守的和机械的，它们作为近代资本主义社会的代言人，不仅把资本家自身特殊的阶级意识论证成永恒真理，而且他们自身还创造了一套所谓的意识形态体系，以维护和实现整个资本家阶级的整体利益。显然，对这种意识形态的批判同样只有通过政治经济学批判才能完成。对于马克思辩证法而言，其革命性和批判性的秘密都蕴含在此。

基于以上论述，马克思在《资本论》第一卷第二版跋中论述辩证法的那段经典表述或许便能被完整地理解。他说："辩证法，在其合理形态上，引起资产阶级及其空论主义的代言人的恼怒和恐怖，因为辩证法在对现存事物的肯定的理解中同时包含对现存事物的否定的理解，即对现存事物的必然灭亡的理解；辩证法对每一种既成的形式都是从不断的运动中，因而也是从它的暂时性方面去理解；辩证法不崇拜任何东西，按其本质来说，它是批判的和革命的。"② 由此可知，辩证法的思想方式，既不同于形而上学的思想方式，也不同于纯粹思辨的思想方式，而是一种蕴含肯定、否定和灭亡、再生的思想过程，是一种处于运动、暂时性状态的思想趋势。

---

① 《马克思恩格斯文集》第 1 卷，人民出版社，2009，第 607 页。
② 《马克思恩格斯文集》第 5 卷，人民出版社，2009，第 22 页。

结合马克思对近代资本主义社会实体及其历史和意识形态这两方面的批判来看，作为思想方式的辩证法是彻底批判的和革命的，而不是论证永恒和不朽的思想工具。

3. 作为事物运动方式的辩证法

事物自身是否存在辩证运动？对这个问题的回答大体分为两类。一是不存在事物自身的辩证运动，如果有的话，那也是精神辩证运动的外化使然。言外之意，是精神的辩证运动导致了现实事物自身的辩证运动，现实事物本身是被动的，不可能进行自我否定，而精神才是主动的因素。显然，这是黑格尔辩证法的答案。二是现实事物自身存在辩证运动，精神的、思维的辩证运动正是源自它的这种辩证法。无疑，这是马克思辩证法的核心要义。关于这一点马克思在《资本论》第二版跋中明确指出："我的辩证方法，从根本上来说，不仅和黑格尔的辩证方法不同，而且和它截然相反。在黑格尔看来，思维过程，即甚至被他在观念这一名称下转化为独立主体的思维过程，是现实事物的创造主，而现实事物只是思维过程的外部表现。我的看法则相反，观念的东西不外是移入人的头脑并在人的头脑中改造过的物质的东西而已。"① 由此可以推论，如果精神具有辩证运动的话，那么它一定是现实事物自身的辩证运动在观念中的反映罢了。这是马克思辩证法的独特之处，也是区别于黑格尔辩证法的根本之处。所以，对于马克思来说，辩证法作为叙述方法也好，作为思想方式也罢，其根源在于事物自身的辩证运动。

那么，马克思是如何证明"作为事物运动方式的辩证法"这一论断的呢？答案显然需要深入他的政治经济学批判当中去寻求，他

① 《马克思恩格斯文集》第5卷，人民出版社，2009，第22页。

认为经济运动中事物运动的次序及其历史发展形式就具有辩证法的一般形式。在《政治经济学批判》和《资本论》第一卷中，他对商品到价值形式，再到货币的辩证运动的揭示，既表明了辩证的叙述方法的必要，也说明了货币形成的辩证发展形式；在《资本论》第二卷中，他对资本流通过程这一辩证运动的深刻把握，使资本内部的辩证运动得以被世人所了解，货币的循环与复归、价值的转移以及资本的再生这些资本的辩证运动方式也得以被一一阐明。在《资本论》第三卷中，他对资本的诸种转化形式和总转化形式的分析，使剩余价值及其现实资本形式的辩证形成过程被思维所把握，特别是他对资本主义社会意识形态幻象的批判，更令人信服地认为辩证法作为思维方法的根源就在于事物自身的辩证运动。对于马克思来说，政治经济学研究中对资本主义社会基本要素及其演化进程的分析，如商品、价值、货币、资本等范畴之间的过渡和演变，背后是人类社会现实经济过程的历史演变过程。这就是所谓的马克思辩证法的实践根基或者生存论基础，别无其他。

当然，马克思是在充分吸收了黑格尔辩证法的成果的基础上才获得这样的认识的。马克思早就充分肯定过黑格尔辩证法，他认为："黑格尔的《现象学》及其最后成果——辩证法，作为推动原则和创造原则的否定性——的伟大之处首先在于，黑格尔把人的自我产生看作一个过程，把对象化看作非对象化，看作外化和这种外化的扬弃；可见，他抓住了劳动的本质，把对象性的人、现实的因而是真正的人理解为他自己的劳动的结果。"[1] 一方面，黑格尔把辩证法的基本形式定义为作为事物的推动原则和创造原则的否定性，使马克思对辩证法进行唯物主义建构得以可能。因为尽管黑格尔指的是精

---

① 〔德〕马克思：《1844 年经济学哲学手稿》，人民出版社，2000，第 101 页。

神的自我否定，但是马克思充分认识了这种自我否定形式所内含的批判性和革命性，以及它对事物基本运动形式的深刻把握。另一方面，马克思准确地把握了黑格尔辩证法的现实底蕴，即黑格尔事实上是在政治经济学领域展开他的思维辩证运动的，把劳动和对人的理解联系起来本身就说明黑格尔辩证法极具深邃的洞察力。这一点对于马克思后来在政治经济学批判中改造黑格尔辩证法提供了可靠的思想根据。

由此可见，在政治经济学批判中，作为叙述方式的辩证法、作为思想方式的辩证法和作为事物自身运动方式的辩证法三者互相统一的基础在于作为事物自身运动方式的辩证法。政治经济学批判所把握的现实经济运动，说到底就是经济事物的自我推动和创造，就是推动现实事物发展的自我否定。于此，从抽象上升到具体的叙述方式所建构的就是事物在头脑中的自我否定过程，而内含批判性和革命性的作为思想方式的辩证法，也是通过思维来把握现实事物的自我否定过程的。于是，我们对卢卡奇这样评价黑格尔辩证法就不足为奇了："黑格尔哲学是与英国古典经济学多么相类似的一种思想运动"。① 进言之，马克思对黑格尔辩证法的改造不就是在批判英国古典经济学的过程中完成的吗？可以说，在这一过程中，二者真正做到了有机统一。

四　本书的基本构思

沿着政治经济学批判的道路，如何深入把握马克思对辩证法的改造则是本书所要研究的问题。我们认为在政治经济学批判中，马克思是在两个维度上展开这种改造的：一是在黑格尔辩证法的维

---

① 〔匈〕卢卡奇：《青年黑格尔》（选译），王玖兴译，商务印书馆，1963，第24页。

度，既以新唯物主义的研究成果批判它的唯心主义性质，又在建构自身政治经济学的过程中积极吸收它的合理因素；二是在社会关系的维度，马克思才有可能做出以上改造。通过以上论述，我们知道黑格尔辩证法不是外在于事物自身的方法，而是内在于事物自身的方法。通过对政治经济学批判的考察可以发现，在马克思那里，这一事物自身便是社会关系，或作为社会关系核心的生产关系。正是在揭示资本主义现实社会关系的过程中，黑格尔辩证法既作为"批判的武器"使用，同时也作为"武器的批判"成为改造的对象。可以说，社会关系概念就是马克思在政治经济学批判中改造辩证法的思想通道。在这个意义上，本书就是围绕黑格尔辩证法和社会关系这两个核心概念进行考察的。具体而言，我们是以马克思政治经济学批判的经典文本如《巴黎手稿》、《哲学的贫困》、《大纲》和《资本论》为思想史线索展开研究的，基本构思大致如下。

第一章，以《巴黎手稿》为中心展开对早期政治经济学批判中辩证法思想的研究。该文本是马克思与国民经济学、黑格尔辩证法正面交锋的主要理论阵地。第一节考察马克思对国民经济学形而上学的批判。在《巴黎手稿》中，国民经济学的形而上学主要表现在劳动、资本和土地以分离的方式存于其中，从而使私有财产充满了形而上学性质。由此，与借助费尔巴哈的异化论来理解马克思的国民经济学批判不同，我们主要从国民经济学批判的视角来理解费尔巴哈，进而彰显马克思辩证法的内在构造。马克思在这一方法论上的超越也预示了他后来整个政治经济学批判的主题及其方法的开端。第二节基于劳动异化考察马克思对黑格尔市民社会辩证法的批判。市民社会辩证法是黑格尔辩证法体系中最"唯物主义"的部分，它对马克思辩证法的形成有着重要意义。劳动概念是黑格尔市民社会辩证法的建构性因素，同时也是一个解构性因素。马克思认为黑格尔根本没有看到劳动的消极方面，而这种消极方面正是其市民社会辩证法中逻辑链条的断裂点。由此，马克思通过国民经济学批判重新指出了劳动消极方面在市民社会结构及进程中的真切意义，在扬弃劳动消极方面的基础上重新建构了市民社会辩证法。第三节基于交往异化考察马克思对黑格尔辩证法的肯定与改造。在《巴黎手稿》中，马克思对黑格尔辩证法的态度事实上经历了一个由否定到肯定的转变，而非仅仅是否定的一面，即在劳动异化的意义上揭示了其消极方面，因为它的抽象形式遮蔽了现实的人的异化；而在交往异化的意义上才发现了其积极方面，因为它以积极的异化形式把握了真正的人的生命形成过程及其运动，所以被给予了充分肯定。通过对"穆勒评注"的分析，马克思的这种肯定可以得到合理的理解和说明。因此，在后来的政治经济学批判过程中，马克思才能把经由交往异化而来的社会关系作为思想通道对黑格尔辩证法的积极方面加以科学改造。

第二章，以《哲学的贫困》为中心，揭示马克思通过对蒲鲁东和黑格尔方法论原则的批判，并由此把握马克思试图初次将辩证法与社会关系结合起来，进而初步建构自身政治经济学的方法论原则的理论努力。第一节研究马克思辩证法与社会关系的初次结合。德拉－沃尔佩对《哲学的贫困》中马克思辩证法的阐释，忽视了它与社会关系的内在结合，所以其所称的"科学辩证法"并不完整。在《哲学的贫困》中，马克思以社会关系为思想坐标批判了蒲鲁东政治经济学的形而上学，揭示了蒲鲁东的政治经济学的形而上学对社会关系的遮蔽，并深入社会的实体性内容当中，在辩证法的原则高度把握了现代社会关系的本质。由此，在蒲鲁东的形而上学深渊中沉沦的社会关系开始正式凸显在他自身的政治经济学中心，从而使得马克思政治经济学的研究对象与方法第一次实现了科学的结合。

在方法论的意义上，这有助于我们明晰将马克思辩证法称为科学辩证法的根本内涵。第二节阐释马克思对政治经济学方法的初步建构。德拉－沃尔佩认为马克思在《哲学的贫困》中通过彻底拒绝黑格尔辩证法才建立起科学的辩证法，这种见解是缺乏根据的。在那里，蒲鲁东将黑格尔辩证法应用于政治经济学研究，一方面为马克思批判黑格尔辩证法提供了实体性内容，另一方面也为他重新确认黑格尔辩证法的合理内核和拯救其神秘形式提供了思想契机。由此，在历史唯物主义的原则高度，马克思正确处理了与黑格尔辩证法的思想关系，而非像蒲鲁东那样仅是将其机械地运用于其中。这为我们理解他后来的政治经济学批判方法提供了本质性的思想线索。

第三章，以《大纲》为中心，考察马克思辩证法在政治经济学中的呈现与应用。第一节主要阐释"导言"部分中马克思的辩证法思想。在"导言"部分，马克思的政治经济学方法得以正面呈现。这是他把作为政治经济学批判对象的社会关系及其方法进一步科学结合起来的结果。对生产一般概念的理解，即对社会关系的合理抽象及其限度的分析，是马克思建构自身政治经济学方法的重要基础。基于此，他通过批判古典经济学，重新阐释了生产力概念与生产关系概念的辩证法。可以说，马克思只有运用辩证法，才能科学理解生产、分配、交换和消费之间的关系。在社会关系或生产关系的意义上，总体的方法才以一种科学的思维方式呈现。第二节探讨从货币向资本转化的辩证法。从货币向资本的过渡或转化是联系这两章的理论枢纽，因而主要蕴含马克思辩证法思想的精髓。马克思在理解货币向资本的转化过程时，所依赖的基础是现实社会关系即资本与劳动关系的生产与再生产过程。基于此，在整个货币章和资本章的阐述中，他的辩证法思想主要在两个方面得以展开：一是货币向资本转化的内在逻辑，即货币的三种形式规定和自我消灭的根源；二是货币转化为资本的社会过程和形式批判。第三节主要聚焦于马克思辩证法在《大纲》中的一个具体应用，即马克思辩证法视域中的未来共同体。在马克思那里，他对共同体的理解是基于肯定—否定—否定之否定的逻辑而获得的。其中，本源共同体之伦理维度属于肯定阶段，而对市民社会的私利原则是否定阶段。这二者的相互结合，即以个体原则的特殊性充实本源共同体的伦理精神，并由此扬弃市民社会中个体原则的庸俗性，是通往未来共同体的现实构想，也是否定之否定阶段。在归根结底的意义上，马克思辩证法在《大纲》中的呈现和应用主要是基于他对社会历史实践的考察和理解而获得的。

第四章，以《资本论》为中心，考察马克思对资本运动及形式的揭示与批判。在此，我们主要围绕《资本论》第二卷和第三卷来讨论关于资本的运动及其形式批判的辩证法，而若要讨论第一卷关于价值形式的辩证法，则需要另辟专文。第一节基于《资本论》第二卷考察资本内部的辩证法，即资本在自身运动中所展开的逻辑，也就是资本自我推动和自我创造的辩证法。《资本论》第二卷关于资本流通过程的研究创造性地建构了这一辩证法，进而揭露了资本所蕴藏的内在危机。资本循环中"货币的复归"、资本周转中的"价值的转移"和社会再生产中的"资本再生"等环节鲜明地揭示了资本自我推动和创造的过程，即资本"外化"与"收回"自身的逻辑。在此意义上，马克思洞悉了资本的运动规律及其基本特征，同时也明晰了资本主义产生危机的内在机理。这对于我们进一步探索《资本论》的哲学意蕴和时代价值具有启示意义。第二节基于《资本论》第三卷考察资本形式的批判性分析。在《资本论》第三卷中，马克思辩证法主要内含于对资本主义生产总过程进行总体的、全面的和现实的批判中。马克思通过对资本转化的各种具体形式和总体形式的考察，并借助平均利润等中介环节实现了对资本形式的批判性分析，这使得他在超越古典经济学和庸俗经济学形而上学的同时，在理论实践的意义上也使其辩证法获得了"完成形态"。

第五章是一项个案分析，即以货币、信用与银行为例讨论政治经济学批判中的概念辩证法。这三个概念遍布在马克思从《巴黎手稿》到《资本论》整个政治经济学批判的过程中，而且在逻辑上呈现辩证的否定过程。深入考察便会发现，这三个概念的辩证运动所赖以存在的基础是现代人的方式，或者说这三个概念在马克思那里，是与人的存在方式的变革过程紧密联系在一起的。而且也只有通过充分认识它们与人的存在方式的内在关联，才能对政治经济学批判中的概念辩证法有更深刻的理解。第一节讨论货币与人的存在方式。在马克思那里，货币概念及其与人的存在方式的关系是一个逐渐明晰的进程。在思想史的层面上，赫斯的《论货币的本质》对马克思产生了积极的影响，但是在理论气质上，他把货币与人的关系理解为一种无机结合；在《巴黎手稿》中，马克思逐渐认识到货币与人的有机结合关系，从而正确看到了货币在人的存在方式及其演变中的作用。基于此，我们重新对《1857—1858年经济学手稿》当中的相关思想进行解读，以进一步勾勒出对马克思的货币概念与人的关系这一主题的整体把握。第二节研究信用与人的存在方式。在政治经济学领域，研究从马克思到希法亭对信用与人的存在方式的理解，会发现马克思的思想经历了两种逻辑：一是在《巴黎手稿》的异化逻辑中对资本主义信用所采取的否定性态度，即信用所蕴含人格的货币化；二是在《1857—1858年经济学手稿》和《资本论》的资本逻辑中，马克思将资本信用视为货币的人格化，即各职能资本家之间的借贷关系，说明了它在资本主义社会建构中的积极意义，以及人更深层次和更系统性的非人化。在资本逻辑的基础上，希法亭建构出资本信用概念作为金融资本的理论基础，进一步揭示了资本主义信用对社会进程统治的秘密方式及其现实对抗性力量。对马克思与希法亭信用学说及其关系的阐释，进一步揭示了当代人的存在方式状况与问题。第三节考察银行与人的存在方式。我们认为马克思在交往异化逻辑和生产关系逻辑两个层面对银行或银行业的基本理解及其与人的存在方式的关系，即银行作为货币、信用的完成，是交往异化的完成形态；以生息资本和虚拟资本为基础的银行，表征着生产关系的最高颠倒。希法亭基于银行资本和产业资本的现代关系而构建的金融资本概念，进一步揭示了银行的现代本质，及其对人的存在的抽象统治。基于对政治经济学批判史的分析，货币、信用与银行的辩证关系，可以被视为理解现代人的存在方式即现代社会存在方式的自我否定和变革的思想线索。可以说，这也是以政治经济学为中心考察马克思辩证法的基本要义和理论旨趣。

基于以上论述，我们对于"导论"一开始提出的"马克思是如何改造黑格尔辩证法并将其应用于政治经济学，进而形成他自身对辩证法的独特建构"这一问题便会有进一步的认识和把握。简言之，本书的问题线索、思想线索和文本线索可以表述如下：从《巴黎手稿》开始，马克思在早期政治经济学批判中便在形而上学与辩证法的关系中，既认识到了国民经济学形而上学的局限，同时也把握了黑格尔辩证法的消极方面和积极方面，特别是在交往异化的意义上充分把握了黑格尔辩证法的积极意义，对于马克思在整个政治经济学批判中建构自身的辩证法具有决定性的意义。经由历史唯物主义的创建，辩证法的唯心主义基础被新唯物主义改造，交往异化也被提升为社会关系和生产关系，所以在《哲学的贫困》中，马克思通过批判蒲鲁东的形而上学对社会关系的遮蔽，实现了辩证法和社会关系的初次结合，即辩证法使社会关系得以显现，社会关系成为马克思建构自身辩证法的思想通道。由此，马克思进一步吸收黑格尔辩证法中"不可消除的恶"这一合理内核，同时批判了"绝对方法"这一神秘形式。在接下来的《大纲》中，马克思在"导言"部分又着重探讨了对黑格尔辩证法的看法，明确指出在考察社会关系时，批判了其唯心主义的理论特质，提炼出了从抽象到具体的科学方法，并将这种方法应用在关于未来共同体的构想中。这为他在考察资本的运动规律及其形式时奠定了坚实的基础。在《资本论》第二卷和第三卷中，资本内部的辩证法和资本形式批判分别被揭示出来。在本书的最后一章，通过分析货币、信用和银行等概念的演化过程，可以明晰马克思所谓的概念辩证法实际是与人的存在方式关联在一起的。或者说，马克思辩证法实质上是关于人的自我生成、沉沦和解放的存在方式以及其对它的把握方式。只不过，这一点只有通过考察现代社会关系与人的内在联系才能被科学地理解。

因此，用政治经济学批判来考察马克思辩证法，一方面可以明确它的本真面相，而不是似是而非地对它做主观化的解释，或者说这种本真面相和它对现代社会关系的理解方式是内在一致的，即科学的政治经济学方法，这是它的理论特质；另一方面也可以把握它的理论旨趣，而非将其理解为外在于人的活动的方法论，通过以社会关系为思想通道和现实基础，马克思辩证法可以被合理地理解为人的存在方式的基本演变方式，以及思维对它的把握方式，这是它的实践特质。这就是本书从事这项工作所大致要揭示的事情本身。

第一章　早期政治经济学批判中的辩证法思想

——以《巴黎手稿》为中心

在早期的政治经济学批判中，马克思的辩证法思想主要是在以下两个方面展开的：一是马克思对国民经济学形而上学的批判，二是对黑格尔辩证法的吸收和改造。这两个方面是本书考察《巴黎手稿》辩证法思想的基本向度。问题在于：马克思在《巴黎手稿》中是以何种方式批判国民经济学的形而上学性质的，又是如何展开对黑格尔辩证法的批判和改造的。本书的基本思路是：通过对"第一手稿"的分析认为，马克思初步批判了国民经济学对劳动、资本和土地及其关系的形而上学解释，进而深刻把握了私有财产的形而上学性质。在"第三手稿"中，马克思对黑格尔辩证法的态度事实上经历了一个由否定到肯定的转变，而非仅仅是否定的一面，即在劳动异化的意义上揭示了其消极方面，因为它的抽象形式遮蔽了现实的人的异化；而在交往异化的意义上才发现了其积极方面，因为它以积极的异化形式把握了真正的人的生命形成过程及其运动，所以被给予了充分肯定。借助于对"穆勒评注"的分析，马克思的这种肯定可以得到合理的理解和说明。由此，在后来的政治经济学批判过程中，马克思才能将由交往异化而来的社会关系作为思想通道对黑格尔辩证法的积极方面加以科学改造。这对于马克思来说，无疑像是找到了一把处理他与黑格尔辩证法关系的钥匙。

第一节　马克思对国民经济学形而上学的批判

　　众所周知，《巴黎手稿》是马克思早期政治经济学研究的成果，包括"第一手稿"、"第二手稿"、"第三手稿"和"穆勒评注"共四个部分。从思想内涵来说，国民经济学、费尔巴哈哲学和黑格尔哲学是它的主要思想对象，也就是一般意义上所指的"经济学哲学"手稿。在这一手稿中，马克思把对这二者的讨论有机地融合在一起。在本书看来，这一融合体现在两个方面：一是马克思借助于费尔巴哈哲学和黑格尔哲学，特别是它们的异化理论展开了对国民经济学的批判；二是马克思在批判国民经济学的过程中，进一步发现了费尔巴哈哲学的重大缺陷，同时也发现了黑格尔辩证法的伟大贡献及其神秘外壳。在这一节中，我们重点考察马克思对国民经济学形而上学的批判。这意味着要从两个维度展开讨论，即国民经济学和形而上学。一方面，国民经济学为什么会以形而上学的方式存在，即劳动、资本和土地为何会以分离的方式存在于其中。另一方面，当马克思以私有财产为中心对国民经济学的形而上学展开批判时，他获得了什么样的辩证法思想以及这些思想之于他对费尔巴哈哲学产生了什么样的影响。简言之，本书试图通过分析马克思对国民经济学形而上学的批判，以管窥其早期辩证法思想的存在样态。

一　为什么国民经济学中劳动、资本和土地会以分离的方式存在

　　无论是文本研究还是思想研究，当今《巴黎手稿》研究的成果是相当丰硕的。在此，本书无意于对它们做逐一梳理和展示，只是

当涉及专门的问题时才会对目前已有的研究成果进行讨论。实际上，当我们把目光聚焦于马克思的辩证法思想时，浮现在眼前的不仅是他对黑格尔辩证法的态度，还有他在"第一手稿"中对国民经济学形而上学的批判。在理论上，国民经济学的形而上学是指它以分离的方式理解劳动、资本和土地的关系，从而没有找到理解资本主义社会的正确道路。当然，马克思在这里也仅是批判大于建构，真正对这三者的关系做科学的阐释则是在发现剩余价值之后，在《资本论》第三卷的"三位一体"一节中才予以阐明。简言之，在那里，他认为无论是资本的利润还是土地的地租，都来源于工人所创造的剩余价值，从而统一于剩余价值，而非以分离的方式存在。其区别在于，国民经济学以形而上学的思维方式对三者的关系做了切割式的理解，以维护资本家及其阶级的利益，而马克思以辩证的思维方式把三者统一于工人的剩余劳动，在理论上为工人利益的斗争奠定了基础。

回到"第一手稿"中，我们先来看"工资"部分，马克思批判了资本、地租和劳动的分离式存在及其对工人的影响。他认为："资本、地租和劳动的分离对工人来说是致命的。"① 而且这种分离对工人来说才是必然的、本质的和有害的；资本和地租却不必停留于这种分离，它们可以联合起来。在理论上，国民经济学恰恰又为这种分离提供了证明。当马克思完全站在国民经济学的立场上，效仿工人的理论要求和实践要求并做出比较的时候，他发现国民经济学是以一种形而上学的方式理解工人及其劳动的。一方面，工人不是作为人而是作为产品生产者而存在的，他们所得到的产品不是为繁衍人类，而是为了繁衍工人所必需的部分；另一方面，工人成为

---

① 〔德〕马克思：《1844 年经济学哲学手稿》，人民出版社，2000，第 7 页。

财富生产的工具，所以劳动本身对于工人而言也会使其遭受灾难，"劳动在国民经济学中仅仅以谋生活动的形式出现"。① 在这个意义上，马克思指责国民经济学抽象地把工人只看作劳动的动物，当作仅仅满足自身肉体需要的牲畜，而把劳动也仅看作物和商品。由此而言，在他看来，国民经济学陷入一种奇怪的"抽象"思维之中，抽象地理解工人及其以劳动为基础的存在方式，而不能正确地看到资本、地租与工人之间的关系，从而孤立地看待工人及其活动。

当然，国民经济学的这种"抽象"思维还体现在它们对资本及其利润的理解中。马克思认为如果说资本是对他人劳动产品的私有权，那么这种私有权的基础是什么呢？萨伊的回答是实在法。正是根据这样的法定权力，资本可以被视为对劳动及其产品的支配权，即购买的权力。马克思此时虽然还不具备探究资本本质的能力，但是他认为萨伊是以外在的因素来解释资本的本质，而没有真正接触资本的内在规定。斯密认为资本是积蓄的劳动，这虽然接触了问题的根源，但是依然不能对资本做出科学的界定。马克思认为其原因在于，他们不能正确理解劳动和资本的关系。显然，这是由他们对资本的形而上学理解造成的。这种理解影响了他们对利润、竞争和垄断等经济学范畴的说明。

事实上，国民经济学对地租的理解也是如此的抽象，以致在马克思看来显得有些荒谬。萨伊认为土地所有者的权利来源于掠夺，而斯密认为土所有者甚至对土地的自然成果也索取地租，地租的数量取决于土地肥力的程度和土地的位置，等等。马克思认为国民经济学在这里颠倒了概念："竟把土地富饶程度变成土地占有者的特

---

① 〔德〕马克思：《1844 年经济学哲学手稿》，人民出版社，2000，第 14 页。

性。"① 为什么？因为土地富饶程度是外在主体的客体性质，而土地占有者是主体，地租作为这一主体的收入，也就是作为他的所有的部分，是内在的因素，但是国民经济学把这种内在的因素归结为外在的客体性质，这显然是一种悖谬。这和他们对资本的理解是一样的，将其理解为外在于主体的客观权力，进而与真正的本质问题背道而驰。虽然此时离马克思提出剩余价值还有相当的距离，但是他依然凭借着"天才的"洞见，发现了国民经济学的谬误。这种天才的洞见，一方面源于他带有英国经验论色彩的理论观察，另一方面则来源于他以德国辩证法的视角对英国经济学的批判。

在对"工资"、"资本的利润"和"地租"分别做了批判之后，马克思说："我们是从国民经济学的各个前提出发的。我们采用了它的语言和它的规律。我们把私有财产，把劳动、资本、土地的互相分离，工资、资本利润、地租的互相分离以及分工、竞争、交换价值概念等等当做前提"。② 由此可知，马克思批判的出发点正是国民经济学当作真理接受的前提。劳动、资本和土地互相分离，导致了工资、利润和地租的分离，国民经济学不去说明它们之间相互分离的原因，而是把它作为一个前提来接受，并以此展开经济学的论述，这确实是一个值得深思的问题。其实这一问题的根源在于他们不去追问资本作为一种权利也好，积蓄的劳动也罢，其真正来源是什么。当他们把这个真正来源设定在外在因素上时，显然资本的劳动主体本质就被撇在一边了。无论如何，马克思认为这是国民经济学的形而上学思维方式导致的，主要体现在以下几个方面。

---

① 〔德〕马克思：《1844 年经济学哲学手稿》，人民出版社，2000，第 37 页。
② 〔德〕马克思：《1844 年经济学哲学手稿》，人民出版社，2000，第 50 页。

一是缺乏根本的批判精神。形而上学以探究最终的存在及其原因为己任，应该说具有相当的批判精神，但在对那个最终存在的追问上又总是缄口不言，这种形而上学的思维方式即是黑格尔所指认的把事物当作一成不变的东西去研究的方法。正如国民经济学把应当加以阐明的东西当作前提，比如它从私有财产的事实出发，但是并没有说明这个事实，从而把私有财产当作一个永恒的存在加以承认，而看不到私有财产的历史和未来。这事实上是国民经济学为资本主义社会的合理性做永恒论证的基本前提。

二是不能理解运动的联系，从而不能对必然性和偶然性的关系做出正确理解。在经济范畴上，国民经济学把诸如竞争和垄断的学说、行业自由和同业公会的学说、地产分割和大地产学说重新对立起来，而不能理解它们之间的内在联系，即运动之中的必然联系。

三是缺乏历史性批判的视角。国民经济学总是置身于一种虚构的原始状态来说明其经济范畴及其运动，把应当加以推论和说明的东西即两个事物之间的关系，比如分工和交换之间的必然关系，假定为一种具有历史的事实，没有从一种历史性批判的视角进行说明。

我们知道马克思本人几乎没有专门对形而上学做过研究，对它的认知主要是在国民经济学批判过程中形成的。倒是恩格斯对此做过简要的概述。他指出，古希腊哲学在总的世界观上是辩证的，即他们对世界总画面的把握是正确的，但是缺少对细节的了解。所以，后来为了认识这些细节，就不得不把它们从自然的或历史的联系中抽出来加以考察，从它们的特性、特殊的原因和结果等方面分别加以研究。这种研究方式显然为人类在认识自然界方面获得巨大进展准备了基本条件，但也养成了一种思维习惯，那就是"把各种自然物和自然过程孤立起来，撇开宏大的总的联系去进行考察，因此，就不是从运动的状态，而是从静止的状态去考察；不是把它们看做本质上变化的东西，而是看做固定不变的东西；不是从活的状态，而是从死的状态去考察"。① 这种考察方式被从自然科学中移植到哲学中以后，就形成了形而上学的思维方式。进而这种思维方式被国民经济学吸纳以后，就成了国民经济学的方法论特征。

在恩格斯看来，这种形而上学的基本特征是："事物及其在思想上的反映即概念，是孤立的、应当逐个地和分别地加以考察的、固定的、僵硬的、一成不变的研究对象"。② 不过，形而上学并非一无是处，他认为在日常应用的范围内，这种思维方式是符合常识的。但是，形而上学的思维方式一旦跨入广阔的研究领域，就会碰到极为惊人的变故，即当这种思维方式碰到事物自身的界限时，就会成为片面的、狭隘的和抽象的，从而陷入无法解决的矛盾中。而辩证法正是对这种矛盾的解决："因为辩证法在考察事物及其在观念上的反映时，本质上是从它们的联系、它们的联结、它们的运动、它们的产生和消逝方面去考察的。"③ 由此，形而上学要突破这样的矛盾就必须得转向和依靠辩证法。

对于浸润在德国辩证法思想中的马克思而言，英国国民经济学的形而上学瓶颈是一目了然的。当然，有人会指出：作为德国辩证法的集大成者黑格尔为什么没有对国民经济学展开批判呢？笔者认为这一问题的本质在于黑格尔并不是一个彻底的辩证法论者，至少在对待私有财产的问题上，他与马克思产生了根本性的分歧。此处言下之意是：黑格尔和国民经济学一样对私有财产采取了形而上学的理解。

---

① 《马克思恩格斯文集》第 9 卷，人民出版社，2009，第 24 页。
② 《马克思恩格斯文集》第 9 卷，人民出版社，2009，第 24 页。
③ 《马克思恩格斯文集》第 9 卷，人民出版社，2009，第 25 页。

二　对国民经济学中私有财产之形而上学性质的初步批判

在马克思以前的空想社会主义文献中，私有财产就曾受到猛烈的批判。但是因为他们不能真正理解私有财产的辩证运动，所以不能在思想中将其根本把握。在卢森贝看来，马克思的批判从开始起就在新的原则上超越了空想社会主义者，因为"马克思的批评从最初起就是唯物主义的和辩证法的"。[①] 显然，卢森贝所谓的新原则即指唯物主义的原则和辩证法的原则。实际上，国民经济学的研究对象是完全物质的、经济的，但他们对待私有财产也像对待物一样，进而在方法上采取了形而上学的阐释方式。卢森贝所说的两个原则确实是马克思从一开始就坚持的。如果缺少唯物主义的原则，就会像黑格尔那样，仅是把私有财产运动视为精神辩证运动的外化；如果缺少辩证法的原则，也就会陷入空想社会主义的思维窠臼，无法在概念的高度把握它。这是在理解马克思批判国民经济学中私有财产之形而上学性质时应当注意的两个方面。

综观《巴黎手稿》，关于私有财产的讨论是核心议题，其思维方式是通过批判国民经济学对私有财产的理解，马克思进而正面阐述自己的观点。大致浏览其主要内容，我们便能感知私有财产这一议题在整个手稿中的分量和地位："第一手稿"中的"异化劳动和私有财产"，"第二手稿"中的"私有财产的关系"，"第三手稿"中的"私有财产和劳动""私有财产和共产主义""私有财产和需要"，以及它的附录"詹姆斯·穆勒《政治经济学原理》一书摘要"中"论交换"部分对私有财产的阐述。问题是：马克思是如

---

① 〔苏〕卢森贝：《十九世纪四十年代马克思恩格斯经济学说发展概论》，方钢等译，三联书店，1958，第 85 页。

何批判国民经济学的私有财产理论的呢？或者说，国民经济学在理解私有财产时有哪些思想方法上的缺陷呢？因为在面对同一个历史时期中同样的一些经济事实时，马克思居然会得出与国民经济学完全相反的结论和看法。这无疑是值得去探究的问题。基于这样的考虑，本书将紧扣国民经济学的理解及马克思的反思来展开论述。

在"第一手稿"的"异化劳动和私有财产"中，马克思首先就指出了国民经济学从私有财产出发，但是并没有对它予以说明。也就是说，私有财产在国民经济学那里是作为前提来接受的，至于私有财产产生的历史则是在他们的视野之外。由于缺乏历史性的视野，所以他们对私有财产的理解便患上了"抽象病"，"它把私有财产在现实中所经历的物质过程，放进一般的、抽象的公式，然后把这些公式当做规律"。① 就此而言，摆在马克思面前的任务便是要阐明私有财产的本质，以批判国民经济学在这一问题上的迷误。在这部分中，异化劳动成了阐明私有财产的关键环节。于此，马克思认为国民经济学的迷误包括以下几个方面。

一是国民经济学由于不考察工人及其劳动同产品的直接关系，进而掩盖了劳动本质的异化。不考察工人及其劳动同产品的直接关系，自然就无法理解私有财产的产生。马克思认为工人和他的劳动产品的分离和疏远，是私有财产存在的前提。二是国民经济学把私有财产看作外化劳动的根据和原因，因而遮蔽了二者的本质关系。"尽管私有财产表现为外化劳动的根据和原因，但确切地说，它是外化劳动的后果……后来，这种关系就变成相互作用的关系。"② 具体表现为，私有财产即外化劳动的产物，也是劳动借以外化的手段，是外

---

① 〔德〕马克思：《1844 年经济学哲学手稿》，人民出版社，2000，第 50 页。
② 〔德〕马克思：《1844 年经济学哲学手稿》，人民出版社，2000，第 61 页。

化的实现。简言之，异化劳动是私有财产的直接原因，而非相反。

不过，以往的研究表明，马克思在这里使用了两个私有财产概念，一个是作为外化劳动、对象化劳动结果的私有财产Ⅰ，它是劳动者和劳动产品统一的表现，只要人类活动存在（物化、对象化、外化），就会产生这种私有财产；另一个是作为异化劳动结果的私有财产Ⅱ，它是劳动者和劳动产品相分离的表现，它是人类劳动异化的产物。国民经济学的迷误大致就在于把私有财产Ⅰ当成私有财产Ⅱ，从而造成了对它的形而上学阐释。所以，这里便形成了新的思想任务，即要从私有财产对真正人的财产和社会的财产的关系来考察私有财产的普遍本质。也就是从社会关系的视角而非物的实体视角来理解私有财产，这样才能克服国民经济学的思维缺陷。

按照这个思路来说，对于存在争议的"穆勒评注"就应该置于"第一手稿"之后，"第二手稿"之前。① 在"穆勒评注"中，马克思高度肯定了国民经济学的思路："国民经济学以交换和贸易的形式来探讨人们的社会联系或他们的积极实现着的人的本质，探讨他们在类生活中、在真正的人的生活中的相互补充"。② 这样一来，他们在社会关系的高度把握了真正的人及其活动的本质。然而，国民经济学发现了问题，却做出了错误的回答。"国民经济学把社会交往的异化形式作为本质的和最初的、作为同人的使命相适应的形式确定下来了。"③ 在这一思想框架中，马克思触及了国民经济学对私有财产的本质性理解。他们的思想出发点是将人与人的关系作为私

① 关于"穆勒评注"在整个《巴黎手稿》中的位置存在两种基本的观点：一是认为异化劳动要高于交往异化，因而"穆勒评注"应放在"第一手稿"之前；二是认为交往异化高于劳动异化，所以应置于"第一手稿"之后，"第二手稿"之前。其讨论的焦点在于马克思的思想进展，是从劳动异化进展到交往异化的，还是从交往异化进展到劳动异化的。因为"穆勒评注"部分主要是从社会关系视角论述私有财产的。
② 〔德〕马克思：《1844年经济学哲学手稿》，人民出版社，2000，第171页。
③ 〔德〕马克思：《1844年经济学哲学手稿》，人民出版社，2000，第171页。

有者与私有者的关系，每个人都以私有者的身份呈现自身。

那么，每个人所拥有的私有财产就是他的本质存在，而私有财产的丧失或放弃就是人和私有财产的外化。这里的深刻之处在于，马克思通过对国民经济学的反思把握了近代社会的本质，即人们之间的社会关系是以物与物的关系表现出来的。国民经济学认为私有财产的物质特性使得社会关系的发生得以可能。也就是说，人们为了相互满足需要，就必须进行物与物的交换，每个私有者必须放弃自己的私有财产，从而让渡给他人，才能从他人那里获得自己需要的东西。这就是私有财产的相互让渡和相互外化。在这个意义上，马克思便站在了社会关系的高度把握了私有财产的社会本质，所以"私有财产本身由于它的相互外化或异化而获得外化的私有财产这个定义"。①

对于国民经济学来说，作为私有财产拥有者的私有者是地位平等的，他们的相互让渡和外化也是自愿的。这当然是对现实社会关系的一种田园诗式的描绘。在这个意义上，国民经济学对私有财产的描绘是玫瑰色的。但在马克思看来，现实的社会关系表现在私有财产的关系上，是资本和劳动的关系。在"第二手稿""私有财产的关系"中，他指出："私有财产的关系潜在地包含着作为劳动的私有财产的关系和作为资本的私有财产的关系，以及这两种表现的相互关系"。② 作为劳动的私有财产和作为资本的私有财产是不对等的。在劳动一方，人的生产活动是完全异己的，人是作为单纯的劳动人而存在的，最后被抽象为生产工具。而在资本一方，生产活动对象的一切自然的和社会的规定性都消失，私有财产也表现为无差异化或同质化的资本，完全丧失了它自身的自然的和社会的特质。

① 〔德〕马克思：《1844 年经济学哲学手稿》，人民出版社，2000，第173页。
② 〔德〕马克思：《1844 年经济学哲学手稿》，人民出版社，2000，第67页。

从这个意义上，马克思是切中了国民经济学对私有财产的幻象，发现了私有财产背后所蕴藏的现实社会关系，即劳动和资本之间的不对等的和强制的关系，而非以平等和自由的方式存在的私有者之间的关系。

不过，相对于货币主义或重商主义体系的拥趸来说，国民经济学终究是进步的。因为前者仅仅把私有财产看作对象性的，外在于人的财富，人之外的一种状态，而后者至少把劳动视为自己的原则，确立了私有财产的主体本质即劳动，从而扬弃了财富的那种外在的、无思想的对象性存在。在"第三手稿"中的"私有财产和劳动"部分，马克思认为："只有这种国民经济学才应该被看成私有财产的现实能量和现实运动的产物（这种国民经济学是私有财产在意识中自为地形成的独立运动，是现代工业本身），现代工业的产物；而另一方面，正是这种国民经济学促进并赞美了这种工业的能量和发展，使之变成意识的力量"。① 正因为如此，这种国民经济学却又陷入了形而上学的困境当中。他们在深刻地把握了私有财产的主体本质的同时，又对劳动与私有财产的关系做了片面的理解，把劳动是财富的唯一本质这一论点推向了极致。这样做的后果是什么呢？在马克思看来，"以劳动为原则的国民经济学表面上承认人，毋宁说，不过是彻底实现对人的否定而已"。② 它们把私有财产的本质移入人自身的本质之中，使之不再受民族的、地域的限制，私有财产的世界主义和普遍主义性质被得以规定，这显然是启蒙国民经济学试图扬弃私有财产的特殊性、实现其普遍性的思想步骤。只是这样一来，它们变得更加排斥人、贬低人，使人与世界的关系变得

---

① 〔德〕马克思：《1844 年经济学哲学手稿》，人民出版社，2000，第 73 页。
② 〔德〕马克思：《1844 年经济学哲学手稿》，人民出版社，2000，第 74 页。

更加支离破碎，从而走向形而上学的深渊。

总的来说，马克思所批判的国民经济学是现代工业的产物，对于封建性质的经济学而言还是取得了长足的进步，但是在思维方式上是形而上学的，它们顾此失彼，看似彻底，实质却是充满了矛盾，无法对现实社会的真实矛盾，如劳动与资本的关系做出科学的解释。在触及私有财产的主体本质的过程，马克思将目光转向了劳动、主体、人的世界，转向了社会关系。无疑，这是马克思在这一阶段所取得的重大思想成果，为后来进一步批判国民经济学和吸收黑格尔辩证法，实现自身对辩证法的独特建构奠定了思想基础。在这个意义上，马克思的辩证法不是"无人身"的历史理性，而是植根于人之社会存在的实践理性。

三　国民经济学批判视域中的费尔巴哈与辩证法

对于初涉政治经济学的马克思来说，要想立即超越他们进而建构自己的政治经济学，显然是不现实的。可以说，他对国民经济学的批判是从哲学立场和视角出发的，特别是他当时所倚重的费尔巴哈哲学。这也是以往研究的一个基本遵循，即认为马克思从费尔巴哈哲学的立场批判了国民经济学。这样的做法本身倒是有文本根据的，比如马克思在《巴黎手稿》的"序言"中就明确指出："对国民经济学的批判，以及整个实证的批判，全靠费尔巴哈的发现给它打下真正的基础。从费尔巴哈起才开始了实证的人道主义的和自然主义的批判。费尔巴哈的著作越是得不到宣扬，这些著作的影响就越是扎实、深刻、广泛和持久；费尔巴哈著作是继黑格尔的《现象学》和《逻辑学》之后包含着真正理论革命的惟一著作"。① 显然，

---

① 〔德〕马克思：《1844 年经济学哲学手稿》，人民出版社，2000，第 4 页。

这里的费尔巴哈的"伟大发现"是指他的唯物主义理论。它既区别于黑格尔的精神哲学，也区别于青年黑格尔派的自我意识哲学。

众所周知，这种唯物主义理论在当时具有广泛影响。那么，为什么马克思当时会如此倚重费尔巴哈的唯物主义呢？在吴晓明教授看来，这是因为当时他把唯物主义"主要规定为对形而上学的拒斥和进攻，并就其整个传统而言，把它规定为对一切形而上学的拒斥和进攻。"① 显然，早期马克思在这里扩展了唯物主义的含义和边界，从而将其视为批判所有形而上学的一个"符号"。由此，我们便能理解在上文论述马克思的国民经济学批判时，费尔巴哈的身影为什么会随处可见。但是在严格意义上，即在哲学基本问题的理论框架中，唯物主义不仅不能真正地批判形而上学，而且还曾与它结合在一起。事实上，正如本书一贯主张的那样，马克思是把黑格尔辩证法应用于政治经济学才克服了其形而上学性质。

不仅对唯物主义如此，马克思对费尔巴哈的辩证法思想也给予了高度评价。他认为现代德国的批判专注研究旧世界的内容，拘泥于所批判的材料，对批判的方法却采取完全非批判的态度。"对于我们如何对待黑格尔的辩证法这一表面上看来是形式的问题，而实际上是本质的问题，则完全缺乏认识。"② 与此同时，当时德国理论界如斯特劳斯和布鲁诺·鲍威尔等人，对黑格尔辩证法完全无能为力，甚至只能亦步亦趋地模仿和抄袭。所以，马克思才会由此发出如下感慨："费尔巴哈是惟一对黑格尔辩证法采取严肃的、批判的态度的人；只有他在这个领域内作出了真正的发现，总之，他真正

---

① 吴晓明：《形而上学的没落：马克思与费尔巴哈关系的当代解读》，人民出版社，2006，第 447 页。
② 〔德〕马克思：《1844 年经济学哲学手稿》，人民出版社，2000，第 94 页。

克服了旧哲学。"① 但是费尔巴哈到底克服了什么样的旧哲学呢？马克思的答案是：黑格尔的哲学，尤其是辩证法。他认为黑格尔辩证法从异化、实体和绝对的、不变的抽象出发，而费尔巴哈是从肯定的东西，即从感觉确定的东西出发。所以，费尔巴哈对黑格尔辩证法做这样的解释是一个伟大的功绩。总而言之，马克思认为费尔巴哈创立了真正的唯物主义和实在的科学，确立了人与人之间的社会关系这一基本理论原则，进而对黑格尔辩证法做出了革命性的改造。

白纸黑字之间，费尔巴哈的崇高形象在马克思心中树立，以至于当人们在他若干月之后写就的《关于费尔巴哈的提纲》中发现对费尔巴哈的批判时，难免会有恍如隔世之感。在提纲的第一条，马克思就指出："从前的一切唯物主义（包括费尔巴哈的唯物主义）的主要缺点是：对对象、现实、感性，只是从客体的或者直观的形式去理解，而不是把它们当做感性的人的活动，当做实践去理解，不是从主体方面去理解。因此，和唯物主义相反，唯心主义却把能动的方面抽象地发展了，当然，唯心主义是不知道现实的、感性的活动本身的。费尔巴哈想要研究跟思想客体确实不同的感性客体，但是他没有把人的活动本身理解为对象性的［gegenständliche］活动。因此，他在《基督教的本质》中仅仅把理论的活动看做是真正人的活动，而对于实践则只是从它的卑污的犹太人的表现形式去理解和确定。因此，他不了解'革命的'、'实践批判的'活动的意义。"② 显然，他这是批评费尔巴哈不懂辩证法，或者说不懂黑格尔的辩证法。因为他没有从主体、从对象性的活动去理解对象、现实

---

① 〔德〕马克思：《1844 年经济学哲学手稿》，人民出版社，2000，第 96 页。
② 〔德〕马克思：《1844 年经济学哲学手稿》，人民出版社，2000，第 499 页。

和感性。而这与他在《巴黎手稿》中的评价完全不同。

更进一步而言，他还否定了费尔巴哈所确立的社会关系原则，他认为费尔巴哈所称的"人"是抽象的、孤立的个人，它根本不具备构成现代社会关系原则的要素，因为"人的本质不是单个人所固有的抽象物，在其现实性上，它是一切社会关系的总和"。①对此，"费尔巴哈没有对这种现实的本质进行批判，因此他不得不：（1）撇开历史的进程，把宗教感情固定为独立的东西，并假定有一种抽象的——孤立的——人的个体。（2）因此，本质只能被理解为'类'，理解为一种内在的、无声的、把许多个人自然地联系起来的普遍性。"②显然，马克思把当初认为费尔巴哈对黑格尔辩证法进行批判的理论原则或基础都完全否定了。或者说，原来他当初指认的那些原则并不是费尔巴哈的。换言之，费尔巴哈并没有像他说的那样，在社会关系原则和辩证法方面做出了"伟大功绩"。而真正实现这种批判的和革命的是他以人类社会，而非以市民社会为立足点的新唯物主义。

问题在于：在短短数月时间内，马克思为什么会有如此大的思想转变呢？答案或许就藏在《巴黎手稿》之中。所以，当回到《巴黎手稿》来解剖这一问题时，从国民经济学批判的视域来审视费尔巴哈及其辩证法的贡献就成为必要。也就是说，不能仅从费尔巴哈来理解马克思对国民经济学的批判，更要从国民经济学批判的视域来理解费尔巴哈，尤其是他与辩证法的关系。因为当马克思把费尔巴哈当成"理论武器"来批判国民经济学时，殊不知，在这一批判的过程中，他获得了超越费尔巴哈的理论成果。所以，最后

---

① 《马克思恩格斯文集》第 1 卷，人民出版社，2009，第 505 页。
② 《马克思恩格斯文集》第 1 卷，人民出版社，2009，第 501 页。

"批判的武器"变成了"武器的批判"。这也就是我在本书的"导论"中所提出的：马克思把黑格尔辩证法应用于政治经济学的时候，实际上也是他改造黑格尔辩证法的时候，这两个方面其实是同一个过程。同理，当马克思把费尔巴哈的唯物主义和方法应用于国民经济学批判时，实际上他也在改造费尔巴哈的唯物主义和方法。简言之，对于马克思来说，费尔巴哈的方法也好，黑格尔的方法也罢，绝不是一件现成的、上手就可用的理论武器，当将武器付诸批判时，武器必然也会遭遇批判和改造。

那么，马克思在国民经济学批判中是如何超越费尔巴哈方法的呢？本书认为对于马克思的辩证法而言，在五花八门的答案中最为要紧的一个是：在国民经济学批判过程中，马克思把握到了近代社会的感性客体，并在对象性活动中理解实践。国民经济学的理论中心是劳动、资本和土地等社会生产要素，并在近代社会试图对它们的存在状态及其关系寻找合理论证。所以，假定人性自私、资本永恒等形而上学方法便成为它们的内在规定。尽管如此，马克思在批判国民经济学时却深入了真正的实践世界当中，价值、价格、竞争、垄断等标志对象性活动的范畴逐渐占据他的思想场域。言外之意，在这一过程中，马克思已经完全跃出青年黑格尔派的自我意识哲学，把目光转向了实践世界中的感性客体。按照马克思的说法，费尔巴哈哲学"想要研究跟思想客体确实不同的感性客体，但是他没有把人的活动本身理解为对象性的［gegenständliche］活动。因此，他在《基督教的本质》中仅仅把理论的活动看做是真正人的活动，而对于实践则只是从它的卑污的犹太人的表现形式去理解和确定。因此，他不了解'革命的'、'实践批判的'活动的意义。"①

---

① 《马克思恩格斯文集》第1卷，人民出版社，2009，第499页。

综观《巴黎手稿》的国民经济学批判过程，经济活动作为对象性活动，具有"天然的"否定意义。在自然的意义上，人通过自身的活动改造自然界，其实是一种主体对客体的否定活动，同时，主体自身在这一否定中也获得了肯定；在社会的意义上，主体之间相互让渡和外化自身的私有财产，是一种相互否定的过程。通过这一否定，主体之间相互得到满足。由此，费尔巴哈的唯物主义方法虽然可拒斥形而上学，但难以承担把握近代社会的任务。这一方法论上的超越也预示了马克思后来的整个政治经济学批判主题及其方法的开端。

第二节　马克思对黑格尔市民社会辩证法的批判：基于劳动异化的考察

在《巴黎手稿》中，马克思的辩证法思想主要来源于两个基本方面：一个是本章第一节中所阐述的对国民经济学形而上学的批判，另一个就是对黑格尔辩证法的吸收与改造。关于马克思与黑格尔辩证法的关系，本书在此从两个维度展开论述：一是马克思对黑格尔辩证法的批判，二是马克思对黑格尔辩证法的重新发现。本节的主要任务在于阐述马克思对黑格尔市民社会辩证法的批判。黑格尔的市民社会辩证法是他整个辩证法体系中最"唯物主义"的部分，无论是其深刻性还是其局限性，对于马克思辩证法的形成都有着非常重要的作用。其中，劳动概念是黑格尔市民社会辩证法的建构性因素，同时也是一个解构性因素。马克思认为黑格尔根本没有看到劳动的消极方面，而这种消极方面正是其市民社会辩证法中逻辑链条的断裂点。因此，马克思通过国民经济学批判重新勘定了劳动消极方面在市民社会结构及进程中的真切意义，在扬弃劳动消极方面的基础上重新建构了市民社会辩证法。然而，在以往考察黑格尔和马克思辩证法的关系时，这一点是被我们有意无意地忽视或遮蔽了的。即使我们把马克思辩证法理解为实践辩证法，似乎也多是在实践或劳动的积极意义上来理解它，而没有充分注意到马克思在批判黑格尔市民社会辩证法时，对劳动的消极方面进行的深刻批判以及这种批判在形成马克思辩证法的革命性本质的重要意义。

一　为什么马克思说黑格尔没有看到劳动的消极方面？

在《巴黎手稿》笔记本Ⅲ"对黑格尔的辩证法和整个哲学的批判"一节中，马克思指出黑格尔把辩证法视为一种推动原则和创造原则的否定性，"把人的自我产生看作一个过程，把对象化看作非对象化，看作外化和这种外化的扬弃；可见，他抓住了劳动的本质，把对象性的人、现实的因而是真正的人理解为他自己的劳动的结果"。① 在这里，马克思充分肯定了黑格尔对辩证法的改造，这种改造的完成是由于黑格尔真切地领会了劳动的本质，把现实的人理解为自己的劳动结果。与此同时，马克思也注意到了黑格尔辩证法的另一个独特之处，即所谓的对象化与非对象化、外化与外化的扬弃是同一个过程，这个过程便是以劳动为中介的人的自我产生过程。马克思正是在这里第一次意识到了黑格尔辩证法的经济学底蕴，即他意识到黑格尔是借助"劳动"这个中介，才使辩证法的推动原则和创造原则在现代社会中获得重生。正如卢卡奇所言："马克思在这里指出黑格尔哲学（其实就是指他的辩证法，笔者注）是

---

① 〔德〕马克思：《1844年经济学哲学手稿》，人民出版社，2000，第101页。

与英国古典经济学多么类似的一种思想运动",① "而且黑格尔是唯一理解这个运动的辩证性质并从而发展出普遍的辩证法的人。"② 这或许正是马克思特别肯定这种否定性辩证法的关键原因。于此，卢卡奇所谓的黑格尔从中发展出普遍辩证法的 "这个运动的辩证性质"，一方面固然它是一种思想运动，另一方面其实也是指古典经济学在思维中所把握到的市民社会活动。因而这种特殊的辩证性质也即黑格尔意义上的 "市民社会的辩证法"。③

然而马克思突然话锋一转，说 "黑格尔是站在现代国民经济学家的立场上的。他把劳动看作人的本质，看作人的自我确证的本质；他只看到劳动的积极的方面，没有看到它的消极的方面。劳动是人在外化范围之内的或者作为外化的人的自为的生成。黑格尔惟一知道并承认的劳动是抽象的精神的劳动"。④ 显然，马克思是在批判黑格尔的局限性和片面性，即他没有看到劳动的消极方面，而只看到它的积极方面。在这里，我们也不禁要追问马克思为什么说黑格尔没有看到劳动的消极方面？劳动的消极方面对黑格尔的市民社会辩证法具有何种破坏作用？马克思在劳动的消极方面的视野中又是如何重新认识市民社会辩证法的？

先来看第一个问题，马克思说黑格尔没有看到劳动的消极方面，他的这种指认是否确切，应如何理解，这在学界是有不同看法的。研究黑格尔哲学的著名学者张世英先生最先敏锐地注意到了这个问题。他认为，黑格尔在其他著作中已经关注了劳动的消极方

---

① 〔匈〕卢卡奇：《青年黑格尔》（选译），王玖兴译，商务印书馆，1963，第 24 页。
② 〔匈〕卢卡奇：《青年黑格尔》（选译），王玖兴译，商务印书馆，1963，第 25 页。
③ 黑格尔在《法哲学原理》第 246 节谈及 "市民社会的这种辩证法"，就是根据市民社会的原则，即在利己主义的原则和需要与需要的满足对等的原则下，无论是通过占有过剩财富，还是增加生产，都不能防止过分贫困和贱民的产生，即市民社会活动的悖论。关于黑格尔的市民社会辩证法概念，我们将在后文中加以阐释。
④ 〔德〕马克思：《1844 年经济学哲学手稿》，人民出版社，2000，第 101 页。

面，比如在《法哲学原理》中，他虽然没有明确地提出劳动分工的消极方面，但是明确指出生产的抽象化使劳动越来越机械化，到了最后人就可以走开，而让机器来代替他。还比如在格里斯海姆1824～1825年的听课笔录中，在《耶拿现实哲学》中，黑格尔更为明确地指出了劳动者在劳动过程中的异化状态。因而在张世英先生看来，马克思认为黑格尔没有看到劳动的消极方面，"显然是因为他当时未能看到黑格尔的这些资料的缘故。"① 对此，邓晓芒先生是有不同意见的。在他看来，先不说张世英先生的论据是否充分，"即使马克思没有见到上述资料，他总熟悉席勒、康德以至于卢梭关于劳动分工导致人的异化学说，是否他就以为黑格尔在这个问题上连这些先驱都不如呢？显然不是。"② 在邓晓芒先生看来，马克思批评黑格尔没有看到劳动的消极方面，"应是指黑格尔把这些消极方面归根结底看作具有积极意义的，因为他们最终成全了资产阶级市民社会、普鲁士国家和黑格尔哲学，因而其消极性已被精神、意识所扬弃、所抵消。马克思虽然也看到劳动异化的历史进步作用，却认为它和它所成全的市民社会、警察国家以及黑格尔哲学归根结底都应当扬弃，因此最终应看作劳动的消极方面，还有待于在现实中加以克服。对这同一个事实，戴着有色镜来看与从彻底扬弃异化的立场来看是完全不同的。"③ 事实上，在黑格尔的市民社会辩证法中，或者说在他的精神辩证法中，劳动的积极方面是应该被剥离从而能够被意识收回到自身当中去的，它被司法、警察和同业公会所融合、所保护，而劳动的消极方面在这个过程中则可以被轻而易举地抵消。但是，在马克思看来，劳动的消极方面无法这样被抵消，

---

① 张世英：《论黑格尔的精神哲学》，上海人民出版社，1986，第152页。
② 邓晓芒：《思辨的张力——黑格尔辩证法新探》，湖南教育出版社，1998，第212页。
③ 邓晓芒：《思辨的张力——黑格尔辩证法新探》，湖南教育出版社，1998，第212页。

从而被丢在精神辩证法的废弃物中，因为劳动的消极方面与人本身的真正生命活动相关，它涉及现实的人的本真存在，而这是不能被随意处理的。

我们认为，邓晓芒教授无疑洞察了马克思和黑格尔之间的深层分歧和深刻差异。黑格尔确实是看到了劳动的消极方面，但是由于其保守的立场，他没有意识到或不理解这个消极方面在市民社会辩证法中的深刻意义，没有把劳动的消极方面视为市民社会发展的深层问题所在。也可以这么说，尽管黑格尔也看到了劳动者在劳动中的机械化、呆滞化等现象，却未对之进行深入的思考，他唯一知道并承认的是精神设定的抽象的劳动，现实的造成人之异化的异化劳动始终是在他的视野之外的。也正是在这个意义上，对劳动消极方面的理解和重视成为马克思批判黑格尔市民社会辩证法的切入点。

二　劳动的消极方面是黑格尔市民社会辩证法的断裂点

黑格尔对市民社会辩证法的成熟表述主要集中在《法哲学原理》中。在《黑格尔法哲学批判》中，马克思逐条对《法哲学原理》的"国家章"进行了批判，提出了"市民社会决定国家"的著名论断。事实上，马克思在这部专门批判黑格尔法哲学的著作中，并没有详细考察"市民社会"本身。而在《巴黎手稿》中，"马克思在问题意识上是想批判黑格尔的市民社会理论，然而批判方法却不是逐条对《法哲学》第三部分第 2 章'市民社会'进行解说批判，分析工具和其固有材料都是英国国民经济的学问和状况"。① 这样来看，马克思并未放弃对市民社会概念的批判，但也并

---

① 〔日〕望月清司：《马克思历史理论的研究》，韩立新译，北京师范大学出版社，2009，第 12 页。

未为专门开辟空间来实现这一批判。对照《法哲学原理》中黑格尔
对市民社会辩证法的论证，我们发现马克思在《巴黎手稿》中对
"私有财产与劳动""私有财产与需要""分工""货币"等市民社
会或国民经济学的基本要素进行了批判研究。从这个角度来说，将
黑格尔"需要的体系"一节联系起来①阅读马克思的这部分内容，
才更会理解其深刻之处。

市民社会辩证法是黑格尔逻辑体系的一部分。其中，市民社
会是对"家庭"的否定，也是跃向"国家"的中介环节。在他的
设定中，市民社会包含"需要的体系""司法""警察和同业公
会"等三个环节："第一，个人的劳动以及通过其他一切人的劳
动与需要的满足，使需要得到中介，个人得到满足——即需要的
体系；第二，包含在上述体系中的自由这一普遍物的现实性——司
法对所有权的保护；第三，通过警察和同业公会，来预防遗留在上
述两体系中的偶然性，并把特殊利益作为共同利益予以关怀"。②
从黑格尔的逻辑进展来看，市民社会辩证法的否定之否定链条，
即需要的体系—司法—警察和同业公会。"需要的体系"作为肯
定的一方，是市民社会的逻辑出发点，也是其现实基础。而在
"需要的体系"中，"需要—劳动—享受或需要的满足"则是构成
市民社会辩证法的逻辑底蕴。可以看出，劳动作为需要与享受的
中介，在黑格尔那里扮演着相对不重要的角色。一方面，劳动的
目的是要满足个人的需要，这是劳动作为手段的天然使命；另一
方面，劳动本身并没有得到黑格尔的真切关注，因为它在其理论

---

① 如果要把这《1844 年经济学哲学手稿》相关部分和《法哲学原理》的"需要的体系"
一节做一个对照阅读的话，那么"私有财产与需要"及紧接着的"增补"部分该对应
于"需要及其满足的方式"，"分工"部分对应于"劳动的方式"，而"私有财产与劳
动"则对应于"财富"。

② 〔德〕黑格尔：《法哲学原理》，范扬等译，商务印书馆，2009，第 203 页。

设定中是要被享受扬弃的。在需要与享受的辩证法中，劳动或劳动的消极方面显然是黑格尔的一个破绽，而它也正是黑格尔市民社会辩证法的断裂点。

在市民社会的辩证法中，黑格尔将劳动和需要的满足指认为一对相互依赖和相互关系的活动，他说："主观的利己心转化为对其他一切人的需要得到满足是有帮助的东西，即通过普遍物而转化为特殊物的中介。这是一种辩证运动。其结果，每个人都在为自己取得、生产和享受的同时，也正为了其他一切人的享受而生产和取得。"① 在马克思看来，黑格尔的这种"劳动—享受"的逻辑是建立在等价交换基础上的，是一种理想化或者说是一种抽去现实的残酷剥削的精神建构，当一方不劳动而享受着他人的劳动成果时，或者说当一方劳动而不能享受其成果时，这种辩证运动就只能是一种想象。这也就是马克思在《巴黎手稿》"第一手稿"中所论述的异化劳动，他从当时国民经济的事实出发指出："工人生产的财富越多，他的产品的力量和数量越大，他就越贫穷。工人创造的商品越多，他就越变成廉价的商品。物的世界的增值同人的世界的贬值成正比。"② 当然，无论是工人与劳动产品的异化，还是工人在劳动过程中的异化以及人的类本质的异化，或者是人与人之间的异化，事实上马克思所反驳的正是黑格尔这种"劳动—享受"的市民社会辩证法，即在现实的经济活动中，劳动者在劳动中得到的并不是享受，而是处于一种全面异化的状态。换句话说，在黑格尔那里，劳动者在市民社会的辩证法中既是劳动的手段，又是享受的主体，而在马克思的批判中，劳动者仅仅是劳动手段。无

---

① 〔德〕黑格尔：《法哲学原理》，范扬等译，商务印书馆，2009，第 239～240 页。
② 〔德〕马克思：《1844 年经济学哲学手稿》，人民出版社，2000，第 51 页。

疑，这是黑格尔市民社会辩证逻辑的断裂点，同时也是马克思攻击的最为猛烈之处。

对于黑格尔的市民社会辩证法而言，劳动使市民成为这个社会成员的中介，人们通过劳动这个中介得以相互承认。这种相互承认需要在分工和等级的界面得以实现。正如黑格尔所言："个人只有成为定在，成为特定的特殊性，从而把自己完全限制于需要的某一特殊领域，才能达到他的现实性。所以在这种等级制度中，伦理性的情绪就是正直和等级荣誉，这就是说，出于自己的决定并通过本身的活动、勤劳和技能，使自己成为市民社会中某一个环节的成员，使自己保持这一成员的地位，并且只是通过普遍物的中介来照料自己的生活，以及通过同样的办法使他的意见和别人的意见都得到承认。"① 在这段话中，黑格尔事实上阐述了两个层面的意思：一是个人只有介入劳动的分工当中，即把自己限制于需要的某一特殊领域，才能具备市民社会成员的资格。也就是说，处于分工中的个人才是市民社会的定在。二是黑格尔以正直、等级荣誉来遮蔽处于不同分工中的劳动者的现实状况，使劳动阶级即靠本身活动、勤劳和技能维持生存的劳动者阶级成员获得一种廉价的相互承认。对此，马克思肯定黑格尔在国民经济学的立场上对劳动分工和社会等级的积极认识，但是不满于黑格尔把这种认识当成一种既定的必然性，以至于他要用司法、警察和同业公会来维持这种基于分工的等级划分。司法保护了私人占有，但是它也将人们局限于某一特定领域；警察和同业公会确保了等级内部的稳定性，但是也阻碍了等级之间的流动性。马克思批判道："'市民'，即具有同普遍东西对立的特殊利益的人，市民社会的成员，被看作'固定

---

① 〔德〕黑格尔：《法哲学原理》，范扬等译，商务印书馆，2009，第216页。

不变的个人'……"① 这种个人的固定性显然来源于黑格尔对分工的过分理解，即他没有充分理解分工所导致的劳动异化结果。基于此，马克思在《巴黎手稿》《德意志意识形态》，以至于在后来的《资本论》中都深刻地批判了现代分工对人类解放的限制性。此外，马克思批判了市民等级的确定性，他在《黑格尔法哲学批判》导言中便提出了无产阶级话语，尽管他当时对无产阶级的内容并无实质性的阐释，但是至少表明他看到了黑格尔市民等级中的不确定因素，即无产阶级。这种导致未来社会变革的不确定性等级既来源于对私人占有的重新认识和更高级的承认，更来源于对劳动及其劳动者自身的重新认识。在这个意义上，卢卡奇后来写作《历史与阶级意识——关于马克思主义辩证法的研究》完全可以被看作他那个时代最为"马克思"的作品了，他无疑是真正理解了马克思辩证法的实践特质，在劳动、阶级意识与历史辩证法之间建构了一种理论与时代交相辉映的联系。

劳动的消极方面使得黑格尔完美的市民社会辩证法逐渐暴露它的时代局限性和逻辑断裂性。马克思的这一敏锐发现，在为他批判黑格尔提供新视角的同时，也为他自身重新认识市民社会辩证法找到了思想坐标。

三　改造市民社会辩证法

《巴黎手稿》的细心读者会发现，"市民社会"一词在那里几乎绝迹。我们知道，"市民社会"概念曾经引起马克思的极大兴趣，那么它的突然消失意味着什么？在望月清司看来，这并不意味着马克思已经放弃了"市民社会"概念，正相反，马克思已经"彻底

---

① 《马克思恩格斯全集》第 3 卷，人民出版社，2002，第 54 页。

解读英国经济学所表现的'市民社会'（civil society）"。① 然而，马克思的这个理论转向过程并没有想象的那样洒脱，他没有依靠这样的"转向"来掩盖市民社会问题的复杂性。在之后的思考和论著中，马克思仍然不断返回到黑格尔的地基上来审视"市民社会"概念。换句话说，他必须要对黑格尔的市民社会概念进行彻底的批判，才能彻底"远离"黑格尔的"体臭"，才能完成改造黑格尔"唯物主义"辩证法这一任务。

在黑格尔的市民社会辩证法中，"需要的体系"作为个别性的主观意志主要有两个本质规定，一个是所有权问题，另一个是福利问题。一方面，黑格尔通过"司法"这个特殊性领域使个人的所有权得到普遍承认，他说："在需要的关系中，只有法本身才是固定的东西。但是这个法只局限于一个范围，它仅与所有权保护有关"。② 另一方面，福利作为需要体系的一个本质规定，它是外在于法这种东西的，因而需要被具普遍性的领域所统摄，而这就需要通过警察和同业公会来实现。黑格尔说道："在市民社会中，正义是一件大事。"③ 但是，他所理解的正义和马克思所理解的正义显然是不同的，至少马克思是将正义与所有权问题联系在一起考虑的，而不是仅仅将增进个人福利作为正义的本质规定。从更为准确的意义上说，马克思是站在现代国民经济学批判的立场上来看待所有权、财富、分工、需要与享受等市民社会基本要素的。而这个所谓的现代国民经济学批判的支点便是对劳动消极方面的真切理解。

---

① 〔日〕望月清司：《马克思历史理论的研究》，韩立新译，北京师范大学出版社，2009，第 37 页。
② 〔德〕黑格尔：《法哲学原理》，范扬等译，商务印书馆，2009，第 237 页。
③ 〔德〕黑格尔：《法哲学原理》，范扬等译，商务印书馆，2009，第 237 页。

　　首先，市民社会"需要与享受"辩证法的重建。与斯密一样，黑格尔通过"需要—劳动—享受"的辩证法，找到了实现个体与社会或者说特殊与普遍的和解通道。但与此同时，黑格尔也认识到了需要的异常形态，他指出"需要并不是直接从具有需要的人那里产生出来的，它倒是那些企图从中获得利润的人所制造出来的"。① 从后现代的消费主义视角来看，黑格尔的这个"灵光闪现"对于当时的思想界来说已经走得太远。马克思敏锐地看到了这一点，而且更为深刻地指出，在私有制的范围内，"每个人都力图创造出一种支配他人的、异己的本质力量，以便从这里面找到他自己的利己需要的满足"。② 更为深刻的地方在于，马克思看到了需要的满足不再是黑格尔意义上的享受，而是一种支配他人的异己力量。从而在私有制条件下，黑格尔"需要—劳动—享受"的辩证法不再是一种肯定意义上的东西，在马克思那里它被赋予了否定意义，因为归根结底私有制不懂得把粗陋的需要变为人的需要。这种粗陋的需要与需要的殊多化和细致化相关。黑格尔认为，"社会状况趋向于需要、手段和享受的无穷尽的殊多化和细致化"。③ 并且指出这种细致化的过程像自然需要和高尚需要之间的差别一样没有质的界限。然而，在马克思看来，"一方面所发生的需要和满足需要的资料的精致化，另一方面产生着需要的牲畜般的野蛮化和最彻底的、粗陋的、抽象的简单化，或者毋宁说这种精致化只是再生出相反意义上的自身"。④ 这里的意思大致是说，在私有制条件下，粗陋的需要是精致的需要自身的产物，即一部分的精致化需要的满足以另一部分

① 〔德〕黑格尔：《法哲学原理》，范扬等译，商务印书馆，2009，第 206～207 页。
② 〔德〕马克思：《1844 年经济学哲学手稿》，人民出版社，2000，第 120 页。
③ 〔德〕黑格尔：《法哲学原理》，范扬等译，商务印书馆，2009，第 208 页。
④ 〔德〕马克思：《1844 年经济学哲学手稿》，人民出版社，2000，第 121 页。

人的粗陋的需要为代价。简言之，二者像挥霍和节约、奢侈和困苦、富有和贫穷一样是可以画等号的。如果说有质的区别的话，那就是精致化的需要属于富有阶层的人，而粗陋的需要属于贫穷阶层的人。这是马克思对当时市民社会的基本认识。从这个意义上说，市民社会中的享受，也只能看成对别人劳动的挥霍，是资本对他人的统治罢了。从而享受也只是服从于资本，而享受的个人则服从于资本化的个人。于此，市民社会的"需要与享受"都应基于劳动与资本的关系才能得到建构。在此视野下，马克思的"资本—需要—享受"的异化辩证法比黑格尔的"需要—劳动—享受"的理想辩证法要更为深刻地把握了那个时代的市民社会特征。

其次，对所有权的批判，积极扬弃私有财产实质上是扬弃劳动消极方面的真谛。黑格尔认为，"在市民社会中，所有权就是以契约和一定手续为根据的，这些手续使所有权具有证明能力和法律上的效力。"① 比如，我占有某物，它是在无主状态下被我占有的因而成为我的所有物，但这种占有还必须经过承认和设定才能成为我的。那么什么是黑格尔所指的"物"呢？他指出所谓物是指其一般意义上的，即一般对自由来说是外在的那些东西，甚至包括我的身体生命在内。一方面，这种将占有的对象看成外在于人本身的东西，显然不能得到正在从事国民经济学批判的马克思的认可。在《巴黎手稿》笔记本 Ⅲ 的"私有财产和劳动"部分，马克思指出"私有财产的主体本质，作为自为地存在着的活动、作为主体、作为个人的私有财产，就是劳动"。② 他指出正像路德扬弃了外在的宗

① 〔德〕黑格尔：《法哲学原理》，范扬等译，商务印书馆，2009，第 226 页。
② 〔德〕马克思：《1844 年经济学哲学手稿》，人民出版社，2000，第 73 页。

教笃诚一样，财富或私有财产的这种外在的、无思想的对象性也将被扬弃，无论是在重农学派眼中，还是在现代工业的视域中，一切财富都是劳动的财富，这样一来财富的主体本质就已经被移入了劳动中。另一方面，黑格尔以"契约"和"手续"使所有权具有法律效力，事实上正是把私有财产当作一种现成的"物"来看待，即把私有财产当作前提，他没有对私有财产本身加以思考。在对这个前提加以考察的情况下，即将劳动视为私有财产的本质时，所谓对物的占有其实正是对人自身劳动能力及其结果的占有，所以黑格尔的"人格权本质上就是物权"倒过来说也是正确的，即"物权本质上就是人格权"。我们得承认这一观点对马克思的影响是积极而深刻的，这也正是马克思据理力争的东西，因为在他看来，"对私有财产的积极的扬弃，作为对人的生命的占有，是对一切异化的积极的扬弃，从而是人从宗教、家庭、国家等等向自己的人的存在即社会的存在的复归"。① 如果私有财产在黑格尔"司法"的保护下成为一种永恒的存在，那么马克思的扬弃便是一种非法侵害他人所有权的行为了，是一件不正义的事情了。从表面上看，黑格尔和马克思的分歧是由采取不同的私有财产扬弃方式导致的，但实质上是由他们对所有权和私有财产本质的不同理解造成的。简言之，在马克思那里，扬弃私有财产是扬弃异化劳动本身，是扬弃劳动的消极方面，是将人的生命占有还给人本身，是一种彻底的解放。

　　在此，我们以讨论马克思和黑格尔对劳动消极方面的不同理解为契机，获得了马克思批判黑格尔市民社会辩证法的新印象：一是黑格尔的市民社会辩证法得益于他对劳动的理解，但也蕴藏着内在

---

① 〔德〕马克思：《1844 年经济学哲学手稿》，人民出版社，2000，第 82 页。

的风险，即马克思认为他根本没有看到劳动的消极方面，或者说没有理解劳动的消极方面在市民社会结构及进程中的真切意义；二是对于整个黑格尔的市民社会辩证法来说，劳动的消极方面是其断裂点，其要旨在于"需要—劳动—享受"这一市民社会辩证法基础部分的撕裂，它是通过马克思对劳动消极方面的批判获得揭示的；三是借助这种批判，马克思在国民经济学批判的视野中对市民社会辩证法进行了改造。

第三节　马克思对黑格尔辩证法的肯定与改造：基于交往异化的考察

综观马克思的理论创作过程，可以知悉政治经济学批判是他理解和改造黑格尔辩证法的主要理论阵地。具体而言，我们可以在如下两个方面把握二者的关系。一是他在费尔巴哈唯物主义的基础上，充分吸收英国古典经济学理论成果，通过构建以现代社会关系为基础的新唯物主义，为改造黑格尔辩证法奠定了思想基础；二是被改造后的辩证法主要体现在他的政治经济学批判中，并被具体地应用于其中。由此，只有深入政治经济学批判之中，方能理解马克思辩证法的本真面相。《巴黎手稿》作为他早期政治经济学批判的成果，内含了马克思对辩证法的基本理解，特别是他对黑格尔辩证法的消极和积极方面的明确区分，是我们切近其辩证法思想的关键所在。如果说在《巴黎手稿》中，他沿袭《黑格尔法哲学批判》时期的唯物主义进路，借助批判古典经济学的成果，在劳动异化的意义上，以对现实之人的异化的遮蔽为根据揭示了黑格尔辩证法的消极方面，那么他又是在何种意义上，以何为根据发现了黑格尔辩证法的积极方面，以及在后来的政治经济学批判中又对它做了怎样的改造呢？对上述问题的厘清，有助于我们进一步把握马克思辩证法的理论框架及其形成过程。

一　马克思对黑格尔辩证法的两种态度及其根据

众所周知，在《巴黎手稿》中，马克思对黑格尔辩证法的两种态度主要是在"第三手稿"（对黑格尔的辩证法和整个哲学的批判）一节中呈现的。马·莫·罗森塔尔在《马克思主义辩证法史：从马克思主义产生到列宁主义阶段之前》中曾明确指出："马克思（以及恩格斯）起初是很少谈论黑格尔辩证法的积极方面的，有时候只是就此问题略谈数语……然而这些片段的表述本身具有充分的说服力……总的来说，马克思在这部著作中专门提出关于'黑格尔辩证法的积极的环节'的问题，诚然只是在异化这个范畴的范围内。"① 在此，他正确地认识到了马克思对黑格尔辩证法的两种基本态度：一是对其消极方面的批判，二是对其积极方面的肯定。事实上，马克思本身的论述就已经内含这种明确的区分，无须赘言。进言之，罗森塔尔也正确地意识到异化是理解马克思与黑格尔辩证法的关系的钥匙，特别是将劳动异化视为这种理解的尺度。无疑，这为我们进一步阐释该问题提供了有益启示。但是，他把马克思对黑格尔辩证法这两种态度的根据都归结于劳动异化则是值得进一步商榷的。

当然，把劳动异化视为马克思批判黑格尔辩证法消极方面的根据是对的。在"第三手稿"中，马克思明确指出："黑格尔站在现代国民经济学家的立场上。他把劳动看作人的本质，看作人的自我

---

① 〔苏〕马·莫·罗森塔尔主编《马克思主义辩证法史：从马克思主义产生到列宁主义阶段之前》，汤侠声译，人民出版社，1982，第45页。

确证的本质；他只看到劳动的积极的方面，没有看到它的消极的方面"。① 正如在本章第二节对"为什么马克思说黑格尔没有看到劳动的消极方面？"这一议题做的分析所表明的那样：黑格尔的辩证法虽然得益于他对现代劳动的理解，但也蕴藏着内在的风险，即"他根本没有看到劳动的消极方面，或者说没有理解劳动的消极方面在市民社会结构及进程中的真切意义"。也就是说，在劳动异化的意义上，马克思主要针对的是黑格尔辩证法的消极方面，即遮蔽了对现实的人的异化。可以说，劳动异化正是黑格尔辩证法的逻辑断裂点。对此，也有观点指出："黑格尔的异化理论暴露了其固有的'片面性和局限性'，即他无法看到劳动者在资本主义条件下不能领有自己的劳动产品这一事实，而总是把人的自我异化看成一个能够自我复归的循环运动；他没有看到由于具体的社会制度不同，这一完美的循环可能会在'狭义的异化'阶段中断，从而使人永远处于自我丧失的'空壳状态'，得不到补充"。② 由此可见，这正是马克思批判黑格尔辩证法的消极方面或神秘形式的症结所在。

正如卢卡奇所言："马克思对《精神现象学》的基本概念的全部哲学批判，是建立在下面这个思想基础上的：既然黑格尔没见到劳动的这个消极方面，那么在他那里就必然地产生出哲学上错误的分割、错误的统一和唯心主义的神秘化。发现资本主义劳动的实际辩证法，乃是对这样一种哲学进行唯物主义批判的前提，这种哲学，根据对资本主义劳动的片面观点，试图从哲学上理解人类的发展。"③ 显然，他倒是抓住了问题的关键，即黑格尔试图以哲学的方

---

① 〔德〕马克思：《1844 年经济学哲学手稿》，人民出版社，2000，第 101 页。
② 韩立新：《〈巴黎手稿〉研究》，北京师范大学出版社，2014，第 463 页。
③ 〔匈〕卢卡奇：《青年黑格尔》（选译），王玖兴译，商务印书馆，1963，第 119 页。

式来理解人类的发展。事实上，通过文本分析便可以发现，马克思当时在费尔巴哈"真正的唯物主义和实在科学"的理论观照下就已认识到了这一问题的实质。一方面，黑格尔仅仅是把否定之否定的方面即神学看作唯一肯定的东西，而不是把现实的、感性的东西看作肯定的；另一方面，他把精神的自我展现活动，即从异化出发、从无限的、抽象的东西出发，从扬弃到有限的、现实的阶段，进而再重新恢复到无限的和抽象的东西即神学，看作唯一真正的活动和自我实现的活动，但并没有把人的现实的生命活动作为这种现实活动来看待。诚然，这是由黑格尔辩证法的抽象形式导致的。与把劳动看成意识、精神自身外化和收回自身的中介环节不同，马克思是在现代存在论的意义上来理解劳动的，即当劳动者与劳动产品相分离，当劳动者在劳动过程中丧失自身，进而不能由自身的外化进展到收回自身阶段时，黑格尔辩证法的消极性或虚幻性便完全暴露了。

然而，把马克思肯定黑格尔辩证法积极方面的根据也归结于劳动异化是值得商榷的。正如上文所言，马克思已然在劳动异化的意义上对它采取了否定性态度，那么为何又会在这一意义上肯定它呢？罗森塔尔没有给出回答，或者说受制于时代的限制，他几乎难以对此做出回答。在我们看来，无论是从文本依据，还是从理论逻辑方面来说，都无法在劳动异化的意义上说明马克思对黑格尔辩证法的肯定或对其积极方面的发现。对该问题的解答还需要把《巴黎手稿》"穆勒评注"中的交往异化引入做进一步的考察。换言之，我们认为马克思是在交往异化的意义上才发现了黑格尔辩证法的积极方面。至于为什么会在交往异化的意义上才能对此予以阐明，我们将在本节的第二部分专门予以分析。在此，让我们先来看马克思对它所做的肯定性理解。按照"第三手稿"展开的思路来说，这种肯定性理解主要有三个方面，而且每次都是在将它批判一番之后做出的。

其一，在批判黑格尔辩证法在"神学—哲学—神学"的循环运动中所采取的抽象形式之后，马克思接着指出"要说明这一在黑格尔那里还是非批判的运动所具有的批判的形式"。① 因为虽然黑格尔在阐述历史时采取了抽象的、逻辑的、思辨的表达，而把现实的人的历史裹挟其中，但是马克思还是敏锐地洞见了其积极意义，即它以批判的形式表达出来的人的产生活动和人的形成历史。这种态度显然不同于费尔巴哈，更不同于青年黑格尔派的其他成员。

其二，在指出黑格尔辩证法有双重错误后，马克思认识到"因为《现象学》坚持人的异化，——尽管人只是以精神的形式出现，——所以它潜在地包含着批判的一切要素，而且这些要素往往已经以远远超过黑格尔观点的方式准备好和加过工了"。② 也就是说，他此时已经充分洞察到《精神现象学》中出现的各种不同异化形式，虽然是纯思想的辩证法的结果，但是黑格尔辩证法却正是以"作为推动原则和创造原则的否定性"③ 存在着。可以说，这是马克思在最为积极的意义上对它所做的肯定。由此，他才道出这种辩证法的伟大之处"作为推动原则和创造原则的否定性——的伟大之处首先在于，黑格尔把人的自我产生看作一个过程，把对象化看作非对象化，看作外化和这种外化的扬弃"。④ 与此相对照的是，费尔巴哈的辩证法却正是缺少推动原则和创造原则的否定性，是一种纯粹的或消极意义上的否定性。

① 〔德〕马克思：《1844 年经济学哲学手稿》，人民出版社，2000，第 97 页。
② 〔德〕马克思：《1844 年经济学哲学手稿》，人民出版社，2000，第 100 页。
③ 〔德〕马克思：《1844 年经济学哲学手稿》，人民出版社，2000，第 101 页。
④ 〔德〕马克思：《1844 年经济学哲学手稿》，人民出版社，2000，第 101 页。

　　其三，在通过《精神现象学》的最后一章"绝对知识"详细说明黑格尔辩证法的片面性和局限性之后，马克思饶有兴致地转向对其积极方面的探讨："现在应该考察——在异化这个规定之内——黑格尔辩证法的积极的环节。"① 具体而言，在他看来这种积极环节主要有以下几个方面。一是扬弃作为把外化收回到自身的、对象性的运动，是一种积极的异化形式，"它主张人的现实的对象化，主张人通过消灭对象世界的异化的规定、通过在对象世界的异化存在中扬弃对象世界而现实地占有自己的对象性本质"。② 由此，他把握了共产主义的实质在于以扬弃私有财产作为自己的中介，把真正的人的生命即人的财产归还给人自身。二是他认为黑格尔把自我产生、自我对象化的运动，即自我外化和自我异化的运动，看作以自身为目的、达到自己本质的人的生命表现，"因此，［这个运动］在其抽象［XXXI］形式上，作为辩证法，被看成真正人的生命"。③ 在此，作为这一运动过程的主体可以被定义为实体，即它使自身外化并从这种外化中返回到自身，从而收回在不同外化环节中所内含的内容以完善自己。

　　综上所述，在《巴黎手稿》中，马克思对黑格尔辩证法的两种态度及其根据可以被规定如下：在劳动异化的意义上，马克思之所以批判黑格尔辩证法的消极方面，是因为它所采取的抽象形式遮蔽了现实的人的异化，也就是说在黑格尔"神学（肯定）—哲学（否定）—神学（否定之否定）"的辩证法中，它对现实的人的异化漠不关心。而在肯定黑格尔辩证法积极方面的一端，即在剥离其抽象形式之后，真正的人的生命形成过程及其运动得以呈现，并在

① 〔德〕马克思：《1844 年经济学哲学手稿》，人民出版社，2000，第 112 页。
② 〔德〕马克思：《1844 年经济学哲学手稿》，人民出版社，2000，第 112 页。
③ 〔德〕马克思：《1844 年经济学哲学手稿》，人民出版社，2000，第 113 页。

一种积极的异化形式即对象化—消极的异化—扬弃（把外化收回自身）中被把握了。

二　在交往异化的意义上发现黑格尔辩证法的积极方面

现在摆在眼前的问题是：马克思为什么能够发现黑格尔辩证法的积极方面？而不是像同为青年黑格尔派的其他成员那样，要么停留于黑格尔辩证法的内部，只是逐字逐句地重复其话语，如布鲁诺·鲍威尔，要么倒退到黑格尔辩证法的后面，即只停留在否定阶段，而不能继续往前进展到否定之否定阶段，如费尔巴哈。显然，要对这一问题做出回答应当深入《巴黎手稿》内部，特别是"穆勒评注"部分中寻求解答，从而才能进一步说明他在交往异化的意义上对黑格尔辩证法积极方面的发现。

我们知道马克思主要是在"詹姆斯·穆勒《政治经济学原理》一书摘要"（"穆勒评注"）部分探讨交往异化的。目前学界对"穆勒评注"在《巴黎手稿》中的位置存有争议，主要有以下两种基本观点。一是把它设置在"第一手稿"之前，二是把它设置在"第一手稿"之后、"第二手稿"之前。① 根据这两种看法，从逻辑上可以推论出来的结论是：它不是与前三个手稿无关的"附录"，而是作为整个手稿的内在构成部分而存在的，是先于"第三手稿"

---

① 鉴于马克思本人没有指明"穆勒评注"的具体写作时间，以及没有说明它在整个手稿中的顺序安排，所以学界关于"穆勒评注"在整个《巴黎手稿》中的位置存有争议，主要有以下两种基本观点。一是认为劳动异化要高于交往异化，所以以交往异化为主题的"穆勒评注"应放在以劳动异化为主题的"第一手稿"之前；二是认为交往异化高于劳动异化，所以"穆勒评注"应置于"第一手稿"之后，"第二手稿"之前。讨论的焦点在于马克思的思想进展是从交往异化到劳动异化，还是从劳动异化到交往异化。由于主题的限定，本书不对这两种看法做进一步评判，但是从两者的逻辑推论可以得知："穆勒评注"应是在"第三手稿"之前的。这里的任务在于：以这一推论为前提，阐明交往异化对于马克思发现黑格尔辩证法积极方面的合理性和必然性。

的。基于这样的理解，我们有理由认为在文献学的意义上确认交往异化对于马克思发现黑格尔辩证法的积极方面具有前提正当性。更进一步的问题在于必须给予它逻辑的说明和阐释。

在"穆勒评注"中，马克思是通过货币这一交往异化的中介才深刻把握了近代社会本质的。他认为："货币的本质，首先不在于财产通过它转让，而在于人的产品赖以互相补充的中介活动或中介运动，人的、社会的行动异化了并成为在人之外的物质东西的属性，成为货币的属性。"① 言中之意在于，人与人的关系通过各自产品的相互补充和满足建立起来，但正因为如此，人与人的关系就异化成了外在于人的物质的属性，这个物质便是货币。在这里，马克思并没有按照国民经济学的人性假定行事，而是认为人与人之间的关系应该是一种直接的、无中介的，即以爱来交换爱、以信任来交换信任的关系。也正是在这一意义上，所有被中介了的关系都可以被称为异化了的交往关系。在近代社会，它主要表现为以货币为中介的交往异化。

由此可知，交往异化的核心在于中介，在于中介是如何改变人与人之间的关系这一问题。在马克思看来，由于人与人之间的关系需要通过中介来表现，所以中介就具有了超出人并支配人的权力，因而"这个中介就成为真正的上帝。对它的崇拜成为目的。同这个中介脱离的物，失去了自己的价值"。② 也就是说，中介本来是人与人交往的一个环节和手段，但是这个环节和手段现在却演变成了目的。人在其中消失掉了！人与人的关系被掩盖在了物象与物象的关系下面！由此，"进行交换活动的人的中介运动，不是社会的、人

① 〔德〕马克思：《1844 年经济学哲学手稿》，人民出版社，2000，第 164～165 页。
② 〔德〕马克思：《1844 年经济学哲学手稿》，人民出版社，2000，第 165 页。

的运动，不是人的关系，它是私有财产对私有财产的抽象的关系，而这种抽象的关系是价值。货币才是作为价值的价值的现实存在。"① 可见，人与人的交往活动及其运动形式事实上是以中介活动及其运动形式表现的。

这种表现按照基督的运动形式来说分为三个阶段，即"基督最初代表：（1）上帝面前的人；（2）人面前的上帝；（3）人面前的人"。② 马克思认为"同样，货币按照自己的概念最初代表：（1）为了私有财产的私有财产；（2）为了私有财产的社会；（3）为了社会的私有财产。"③ 这即是说，货币在第一阶段所代表的是为了获得其他人的私有财产而必须让渡给其他人的私有财产，这是它的最初形态，是人格化的，富有个性的；在第二阶段，货币获得了私有财产相互之间让渡的中介地位，进化成为非人格化的存在，具有社会化的特征；第三阶段，货币取得了完全的普遍化，它作为私有财产的中介，能够与所有的社会产品进行交换，获得了对社会的完全支配权。这很容易让我们想起马克思在《资本论》第一卷中对价值形式的分析，也就是对货币形成过程的分析，即它从个别等价物到特殊等价物，再到一般等价物和货币的发展过程。在这里，马克思按照基督作为人与上帝的中介这一基本理论框架把握了货币这一中介的运动形式。

由此，这一中介运动向前推进，再由货币发展到信用业的阶段，马克思认为此时出现了一种迷惑人的假象，即认为异己的物质力量的权力开始被打破了，"自我异化的关系被扬弃了，人又重新

---

① 〔德〕马克思：《1844 年经济学哲学手稿》，人民出版社，2000，第 166 页。
② 〔德〕马克思：《1844 年经济学哲学手稿》，人民出版社，2000，第 165 页。
③ 〔德〕马克思：《1844 年经济学哲学手稿》，人民出版社，2000，第 165 页。

处在人与人的关系之中"。① 其典型代表就是圣西门主义者，他们把货币的发展、信贷、银行业等看作逐渐扬弃人同物、资本同劳动、私有财产同货币、货币同人的分离的各阶段，同时也看作对人同人的分离逐渐扬弃的各个阶段。但是，他指出这是一种幻觉："这种扬弃〔ⅩⅩⅥ〕异化、人向自己因而也向别人复归，仅仅是一个假象；何况这是更加卑劣的和极端的自我异化，非人化，因为它的要素不再是商品、金属、纸币，而是道德的存在、社会的存在、人自己的内在生命，更可恶的是，在人对人的信任的假象下面隐藏着极端的不信任和完全的异化"。② 在这一意义上，马克思指认纸币和货币的其他代表、信贷、银行等，都是货币这一中介运动的环节，它构成了人们相互之间活动及其关系的纽带。信用作为这一中介活动的环节并没有改变人与人交往异化的实质。因为在信贷中，人本身取代货币成为交换的中介。虽然交换的中介物从物质形式返回到人自身了，但是人此时已经变成了在人之外的某种物质形式。这就是人在自我异化道路上的沉沦！

从这里可以看出，马克思在"第三手稿"之前就已经把握了人的生命活动在交往异化中的产生和形成过程。这和黑格尔辩证法所内含的人的产生活动和形成历史、人的自我产生和自我对象化运动是何其一致！由此他才能在交往异化的剖析过程中真正发现黑格尔辩证法的积极方面，进一步的理由如下。

一方面，黑格尔辩证法的首要积极意义在于其内含人的自我外化和自我异化的过程，它是作为人的真正生命活动而出现的。马克思在劳动异化中看到的是人的自我丧失过程，这虽然对批判其神秘

① 〔德〕马克思：《1844 年经济学哲学手稿》，人民出版社，2000，第 167 页。
② 〔德〕马克思：《1844 年经济学哲学手稿》，人民出版社，2000，第 168 页。

形式有推动作用，但是具有一种消极意义，主要体现在它不能在外化和异化的过程中收回自身。事实上，交往异化活动也内含人的自我丧失过程，虽然圣西门主义者把信用业看作扬弃人的自我异化、向自身复归的运动环节是一种假象，但是在交往异化中，人必须而且应该经历这种异化，因为只有这样人才能在自我异化中收回自身，而且这种异化越是普遍，人收回自身的丰富性越大。也正是如此，马克思从交往异化出发才能在"第三手稿"中充分肯定黑格尔辩证法的这一积极意义。

另一方面，黑格尔辩证法的基本特征在于借助中介活动及其环节展开其自我异化的过程。在交往异化中，马克思深刻地把握了货币作为交往的中介及其运动形式。也就是说货币中介作为人的交往活动的必然环节，也是人的自我异化活动的展开。有一种观点把自我异化逻辑和交往异化的物象化逻辑对立起来，其实是没看到自我异化所要借助的中介及其活动。自我异化要实现自身必然要在中介活动中展开，而交往异化正是这种中介活动的必然环节。实际上，黑格尔辩证法的合理内核也就在于它对异化活动过程内中介活动的把握。没有这一中介活动，从抽象上升到具体的逻辑是空洞的和贫乏的。"黑格尔的异化概念是主客关系逻辑的同时，还是社会关系逻辑。"[1] 也就是说，黑格尔的自我异化逻辑中也同时包含交往异化的逻辑。由此，马克思在交往异化意义上对黑格尔辩证法坚持"人的异化"所秉持肯定的态度也就不难理解了，从而作为推动原则和创造原则的否定性也只有在中介的意义上才能被正确把握。

当马克思指认黑格尔辩证法作为青年黑格尔派的"母亲"时，

---

[1]　韩立新：《〈巴黎手稿〉研究》，北京师范大学出版社，2014，第385页。

事实上这也是他在告诫自己要认真对待它。很明显，马克思是通过政治经济学的早期研究才可能发现黑格尔辩证法的积极方面的，这显然不是一种庆幸，而是一种必然结果。可以说，没有早期的政治经济学研究，就没有马克思对黑格尔辩证法的全面认识，更何谈对青年黑格尔派和费尔巴哈的超越。进言之，马克思充分吸收了黑格尔辩证法的积极方面，才为他在后来的政治经济学批判中对其进行改造奠定了思想前提和理论基础。

三　政治经济学批判对黑格尔辩证法积极方面的改造

如果说国民经济学批判为马克思建构自身的辩证法奠定了新唯物主义基础的话，那么在交往异化意义上重新发现黑格尔辩证法的积极方面，则为马克思辩证法吸收其合理内核规定了正确方向，从而使他能够超越古典经济学和庸俗经济学建构起自身科学的政治经济学。就其思想线索而言，在政治经济学批判中，交往异化概念经演化为交往形式，进而被擢升为以生产关系为核心的社会关系概念。此后，马克思才以社会关系为思想通道对黑格尔辩证法的积极方面做了科学的改造。可以说，政治经济学批判是以社会关系和辩证法的有机结合为原则确立起来的。或者说，在这个意义上，社会关系作为政治经济批判对象和辩证法作为政治经济批判方法的有机统一才能被能合理地理解。

一是以社会关系的运动改造了黑格尔辩证法中精神的自我产生、自我对象化的运动。《精神现象学》所呈现的精神的自我产生和自我对象化的运动过程，在其抽象的形式上，蕴含人的生命的异化过程和形成过程。马克思把这种辩证法理解为真正的人的生命及其表现。诚然，表现是外化、对象化，即客观化。所以，通过这样一个自我对象化的运动，人的生命的主观性被扬弃了，它被融合在了对象化的客观过程之中。在这个意义上，马克思倒是洞见了黑格尔辩证法的内在本质，即不是将其看作与人的生命无关的外在客观规律，而是认为这些客观规律内含人的生命活动，或者说是由人的生命活动铸成的。言中之意在于，黑格尔辩证法不是与人的生命活动无关的自在规律，而是自为的活动规律。无疑，马克思在政治经济学批判过程中充分吸收了辩证法的这一积极环节。继而在《哲学的贫困》中，马克思借助社会关系这一思想通道改造了它。他没有再遵循早期把感性的人作为出发点的逻辑，而是在社会关系中来理解现实的人及其生命活动。在那里，他指认是社会关系而不是经济范畴作为辩证法的对象和运动主体。在经济活动中得以形成和展开的社会关系，内在地规定了真正的人的生命活动，从而经济活动作为人的生命活动的表现，便以社会关系的历史运动过程作为其中介。所以，经济规律在归根结底的意义上是社会关系的运动规律。由此，人的生命的自我异化、自我对象化运动，在马克思的社会关系思想中获得了现实的、实践的特质。

二是在资本主义生产关系的内在规定中改造了黑格尔辩证法关于事物自我扬弃的运动。在黑格尔辩证法中，扬弃是肯定和否定相结合的运动方式，具有独特的地位。在马克思看来，"扬弃是把外化收回到自身的、对象性的运动"。① 当然，"主体—外化—对象—收回—主体"这一运动过程是黑格尔辩证法的有意设定。它的这一积极环节，对于马克思在政治经济学批判中理解货币和资本的自我运动显然具有极大的启示意义。与此同时，马克思又对它加以了改造。在《资本论》第二卷中，他对资本流通过程的把握便是以这一逻辑为根据的。在那里，资本运动按照它外化自身进而收回自身的

---

① 〔德〕马克思：《1844 年经济学哲学手稿》，人民出版社，2000，第 112 页。

逻辑和过程展开。其中，货币以复归的方式收回自身，价值转移自身进而收回自身的方式被视为区分流动资本和固定资本的根据，资本的再生产也是以资本内部各要素之间的相互补充来实现自我收回的过程。尽管如此，马克思并不是全盘接受黑格尔的外化和收回的过程，而是发现了它的内在危机，正如他在资本收回自我的运动中发现危机一样。显然，这种危机的内在规定在于资本主义社会的生产关系，即资本家和雇佣工人之间根本利益的对立。或者说资本家无限制地追逐利润，以及雇佣工人对资本统治的反抗将会导致资本循环运动在某一刻终止，从而使得危机爆发。不过，对资本这一自我运动方式的把握只有在生产关系的意义上才能呈现。

三是在生产关系的意义上改造了黑格尔辩证法中的主体及其活动方式。一般而言，黑格尔将主体就看作实体。马克思认为黑格尔所设定的人的神性过程，即被抽象化的人的生命活动过程必须有一个主体。"但主体只作为结果出现；因此，这个结果，即知道自己是绝对自我意识的主体，就是神，绝对精神，就是知道自己并且实现自己的观念。"① 在这一意义上，黑格尔的主体和实体关系便以颠倒的方式获得了统一。在这里，主体使自身外化并从这种外化中返回自身，但同时又把外化收回到自身，从而以圆圈的方式构成了自身的运动轨迹。马克思在政治经济学批判中也对它进行了改造。具体而言，在《大纲》和《资本论》中，马克思是在主体和它的活动对象、产物即实体的关系中来理解的，这是马克思改造黑格尔辩证法的结果。他认为必须要把主体和思维等要素放在它与社会存在，特别是与经济活动及其要素的关系中来理解。在那里，主体即劳动力是作为资本主义社会的生产要素而出现的，它与劳动资料相

---

① 〔德〕马克思：《1844 年经济学哲学手稿》，人民出版社，2000，第 113 页。

结合，一同构成生产活动的基本要素。由此，主体沉沦在受资本支配的生产运动过程中，犹如主体在黑格尔的精神运动中沉沦进而丧失自身一样。所以，主体要从中获得解放就必须再以颠倒的方式把自身还给自身，即主体成为生产的目的，而不是生产作为主体的目的。这样一来，主体外化自身的运动过程便构成了真正的生产运动，并使主体自身塑形，进而改变这一运动由资本主导的异化状态。

整个《巴黎手稿》以《精神现象学》的辩证法作为思想对象，那么在本质上也就规定了马克思对辩证法的基本理解，即把辩证法理解为真正的人的生命活动的形成过程和展开方式。在政治经济学批判中，经济活动作为人的基本生命活动，便实质性地内含它的辩证运动形式和过程。也正是在此意义上，马克思在社会关系这一本质层面展开对黑格尔辩证法积极方面的改造，既切中了辩证法作为科学思想方式的理论本质，也把握了辩证法作为事物运动和展开自身的现实逻辑。

四　小结

在《巴黎手稿》中，马克思虽然没有对辩证法做系统的研究，但当他把辩证法和政治经济学研究结合起来时，却使辩证法获得了时代感和生命力。特别是当他以社会关系为思想通道对黑格尔辩证法的积极方面进行改造时，他便为建构自身独特的辩证法找到了正确的理论道路。总而言之，以《巴黎手稿》为中心，我们试图要阐明的东西在于以下几点。

（1）在劳动异化的意义上，马克思所发现的仅是黑格尔辩证法的消极方面，即认为它掩盖或漠视了现实的人的异化；而在交往异化的意义上，他发现了黑格尔辩证法的积极方面，即它以积极的异化形式把握了真正的人的生命形成过程及其运动，因而充分肯定了它。可以说，马克思秉持着对人的生命活动及其形式的本真性理解，才使他对黑格尔辩证法的态度发生了决定性转变。

（2）马克思对劳动异化的理解没有为他把握人的生命活动提供积极的异化形式，而交往异化中蕴含的人的自我外化和自我收回的辩证过程，以及人通过货币、信用等社会中介来规定自身和展开自身的逻辑，则促使他发现了黑格尔辩证法中积极的异化形式。这也就是马克思只有在交往异化的意义上才能发现其积极意义的原因。

（3）这一发现在根本上规定了政治经济学批判的思想形式，但反过来，马克思也得以用政治经济学批判来改造黑格尔辩证法的积极方面。其一，以社会关系的运动改造了黑格尔辩证法中精神的自我产生、自我对象化的运动；其二，通过分析资本主义生产关系的运动批判了黑格尔辩证法中事物自我扬弃的运动，发现了其内在危机；其三，在生产关系的高度改造了黑格尔辩证法中的主体及其活动方式，认为劳动力主体陷入以资本获利为目的的生产运动之中，主体只有使这种生产再次回到它自身的目的中才能获得彻底的解放。

第二章　蒲鲁东、黑格尔与马克思的政治经济学方法

——以《哲学的贫困》为中心

　　"新实证主义的马克思主义"的代表人物德拉－沃尔佩（以下称沃尔佩）把马克思的辩证法称为"科学辩证法"。他认为在《哲学的贫困》中，"打开一般的'科学辩证法'之'奥秘'的钥匙已经作为一种逻辑的批判的形式的阐述呈现在了我们的面前。"① 这与马克思自身的论述是一致的，正如他在《政治经济学批判》"序言"中所言："我们见解中有决定意义的论点，在我的 1847 年出版的为反对蒲鲁东而写的著作《哲学的贫困》中第一次作了科学的、虽然只是论战性的概述。"② 显然，这种具有决定意义的论点是指他和恩格斯从《德意志意识形态》开始制定的历史唯物主义基本理论，只是在《哲学的贫困》中才以论战的形式做了第一次科学的概述。在这个意义上，沃尔佩所指认的科学辩证法便是建立在历史唯物主义理论基础上的。

　　但是沃尔佩站在新实证主义的立场，把马克思辩证法理解为现代实验科学的唯物主义逻辑，并强调它与黑格尔辩证法的绝对对立，且拒绝将二者联系起来考察。显然，这种看法是值得商榷的，

---

① 〔意〕德拉－沃尔佩：《卢梭和马克思》，赵培杰译，重庆出版社，1993，第 180 页。
② 《马克思恩格斯文集》第 2 卷，人民出版社，2009，第 593 页。

或者说是本书不敢苟同的。一方面，他把马克思辩证法指称为科学辩证法，是以他的逻辑批判形式为根据的，而没有看到马克思真正把辩证法引向科学的道路，是因为他在《哲学的贫困》中站在历史唯物主义的地基上，以社会关系为中心展开对政治经济学形而上学的批判和黑格尔辩证法的改造，从而实现了辩证法与社会关系的第一次科学结合。也就是说，在政治经济学研究中，马克思只有在把政治经济学的方法（辩证法）和对象（社会关系）正确结合起来时，才能建构科学辩证法。另一方面，在《哲学的贫困》中，硬生生地切割马克思辩证法与黑格尔的关系，既不符合马克思思想进路的原意，也不符合马克思辩证法的真意，即马克思是站在历史唯物主义的原则上批判了蒲鲁东的方法，同时吸收了黑格尔辩证法的合理内核，也改造了它的神秘外壳，而这项工作的展开也是以对现实社会关系的研究为中心展开的。

第一节　马克思辩证法与社会关系的初次结合

以社会关系为中心对政治经济学的形而上学展开批判是《哲学的贫困》的思想线索。事实上，正如本书在第一章所论证的那样，在《哲学的贫困》之前，即在《巴黎手稿》的政治经济学批判中，马克思并没有在劳动异化的层面吸收和改造黑格尔辩证法，而仅是批判了它，因为他指认劳动的消极方面恰恰消解了黑格尔辩证法。而劳动的消极方面只有在整个社会关系中才能显现或者说施展其效应。所以，他是在交往异化的层面上肯定了黑格尔辩证法的积极意义，并加以吸收的。可以说，如果马克思没有在交往异化的意义上肯定黑格尔辩证法，那么就没有他后来对政治经济学形而上学的批判和对黑格尔辩证法的改造。在这个意义上，由交往异化演进而来的"社会关系"才能成为马克思政治经济学批判的对象并在其辩证法的照耀下为历史唯物主义思想奠基。在《哲学的贫困》中，马克思通过批判蒲鲁东的政治经济学形而上学，第一次把辩证法和社会关系有机地结合起来，即以社会关系为中心来建构和把握现代资本主义社会的思想方法，同时通过辩证法更深刻地阐释了现代社会关系的本质及其表现形式，诸如分工、机器、竞争、垄断、土地所有权或地租，罢工和工人同盟等。而不是像蒲鲁东那样把社会关系看成经济范畴的外化表现，从而真正遮蔽了投向社会关系的目光，更不是像他那样把辩证法看成经济范畴的消毒剂，成为范畴转化的思想工具。这无疑深刻地影响了马克思后来在《资本论》及其手稿中对自身辩证法的建构。

一 蒲鲁东的形而上学与社会关系的遮蔽

根据史料记载，蒲鲁东对所生活的时代状况和自身不幸的生活经历充满了"愤怒"，并以建立一个平等的社会作为学术创作和社会实践的旨趣。对实现自由、平等等社会目标的追求，无疑激发了蒲鲁东的理论想象力和创造力。他于1837年创作的第一本著作《普通语法论》，试图通过确定人类的共同性以及所有部族都起源于犹太民族这一理论想象，来为人类的平等原则寻找根据，从而为劳动者的平等权利和诉求提供理论保证。在1840年问世的《什么是财产》一书中，非常尖锐和全面地批判了一切维护财产的论据，惊世骇俗地提出了"财产就是盗窃"的论断。其意图在于批判财产私有，从而实现私有和公有的合题即自由，因为他把自由看作平等和独立的合题。更进一步，他在1843年又发表了一部哲学著作《论人类秩序的建立》，宣称把他所提出的新的形而上学，不是德国的形而上学，作为人类平等要求的哲学根据。在他提出的新形而上学中，组定律被认为是主要发现。蒲鲁东认为"组是统一性和多样性的合题"。① 组不仅是思维和认识的最高方法，同时也是存在的原则，自然界和人类社会的活动都是以组的方式存在的，不存在孤立的现象。由此，在蒲鲁东的理论想象中，平等便可以由组推论出来，因为社会是一个组，那么这个组内的所有成员便具有同等的地位，并彼此制约构成一个统一的整体。

由此可见，蒲鲁东对于社会关系的理解主要依托于他的形而上学方法，即组定律。他对这一方法评价甚高，认为："组定律的理论是冥冥之中支配着一切科学的一个绝对方法……由于这个方法，那些尚未建立的东西，如政治经济学，就能建立起来"。② 他把"组的方法"看作辩证法的雏形，也就是后来在《贫困的哲学》中所指认的黑格尔的三段式逻辑，即正题、反题和合题。实际上，他的"经济矛盾的体系"也正是根据"组定律"而建立的政治经济学。在卢森贝看来，"'经济矛盾的体系'是蒲鲁东智力发展中继续前进的一个阶段、也是他以前两部著作即'什么是财产'和'论人类秩序的建立'的一种特殊综合。"③ 因为在《什么是财产》中，蒲鲁东从法学的观点寻找财产的法律根据，而在《论人类秩序的建立》中，他又根据一般哲学的见解进而否定财产，最后在《贫困的哲学》中，他摒弃了法学和哲学的观点，从经济学的视角来研究财产。可以说，蒲鲁东由此确实找到了探索社会关系的正确道路，即从政治经济学的观点来理解财产或私有财产。但遗憾的是，他所采用的形而上学方法却遮蔽了对社会关系真谛的透视。

蒲鲁东虽然借鉴黑格尔辩证法的三段式，但是并没有正确地理

---

① 〔苏〕卢森贝：《政治经济学说史》第 3 卷，郭从周等译，三联书店，1978，第 233 页。
② 〔苏〕卢森贝：《政治经济学说史》第 3 卷，郭从周等译，三联书店，1978，第 234 页。
③ 〔苏〕卢森贝：《政治经济学说史》第 3 卷，郭从周等译，三联书店，1978，第 235 页。

解其合理内核，所以，当他把所改造过的黑格尔辩证法应用于政治经济学研究时，产生了完全出乎意料的结果，即走向了黑格尔所反对和批判的形而上学道路，从而遮蔽了对资本主义社会及其制度的科学理解。正如马克思所言："谁用政治经济学的范畴构筑某种意识形态体系的大厦，谁就是把社会体系的各个环节割裂开来，就是把社会的各个环节变成同等数量的依次出现的单个社会。"① 这里所说的政治经济学的范畴即以形而上学的方式构建起来的，完全以纯粹思辨的方式推论出来的产物。由此，马克思断言：单凭范畴的运动、顺序和时间的逻辑公式是无法说明一切关系同时存在而又同时相互依存的社会机体的。不过，蒲鲁东对马克思的这个评语甚是恼火，"在他那里找到的一本'哲学的贫困'的页边空白地方有他写的字迹：'这是谁告诉您的?'——您的评语简直是一片中伤"。② 可见，蒲鲁东对于马克思的批判到了无力回应的地步。因为马克思一针见血地指出了他以组定律来构建社会的形而上学方法。这一方法的核心是把现实存在的社会关系安置到组定律的逻辑范畴当中，活生生地割裂了社会体系，从而一个整体的社会有机体被看成同等数量的互相连接的单个社会。蒲鲁东试图在范畴、概念的高度把握现代社会，但是他的范畴、概念在组定律的规范下显得如此机械和呆板，因而也就失去了切中现实社会关系的力量。

　　无疑，对社会关系的解剖必须要深入政治经济学当中去。在蒲鲁东看来，"政治经济学是迄今为止对财富的生产与分配的各种现象进行观察的成果的综合，也就是对劳动与交换的最一般、最自发，因而也是最现实的形式的观察成果的综合"。③ 虽然蒲鲁东在这

---

① 《马克思恩格斯文集》第 1 卷，人民出版社，2009，第 603～604 页。
② 〔苏〕卢森贝：《政治经济学说史》第 3 卷，郭从周等译，三联书店，1978，第 280 页。
③ 〔法〕蒲鲁东：《贫困的哲学》上卷，余叔通、王雪华译，商务印书馆，2010，第 46 页。

里把生产、劳动也看作政治经济学的研究对象，还没有准确地把社会关系作为对象，但是从中我们可以看到他对以财富的分配和交换为核心的社会关系的把握。更为重要的是，他认为政治经济学依据经验观察的结果来描述财富的生产与分配，因而不论在事实或法律方面都是可取的。对于蒲鲁东来说，"政治经济学是有关人类在财富的生产与分配方面的最明显和最普遍的习惯、传统、成规与实例的最原原本本的历史"。① 显然，他认为这样一种历史恰恰具有绝对的确定性，所以经济学作为一切科学中最渊博、最纯粹和最适合于实践的科学，是一种具体的逻辑学或形而上学。"对于我来说，经济学是形而上学的一种客观形式和具体体现，是在行动中的形而上学，是以不断流逝的时间为背景的形而上学。因此，谁要是研究劳动与交换的规律，谁就是真正的形而上学专家。"② 蒲鲁东在这里尽情地发挥了他的方法论特色，即以上帝存在为权威和依据，为政治经济学的各种材料寻找一种理性的逻辑安置。所以，在他的理论中，经济学必然是一种关于观念的理论，也是自然神学，总之是依托于理性设定的永恒规律而外化的现实表现，进而可以保证人类财富生产和分配最原本的历史的绝对确定性。由此可见，蒲鲁东用之于政治经济学的这一形而上学方法是如何遮蔽社会关系的。

不得不说，政治经济学确实如他所言是自然神学，自然是经验事实，而神学是理性逻辑，经验事实被理性逻辑包裹和剪裁，按照观念的运动规律表现自身。所以，平等和自由等社会关系的理想目标，只是逻辑推演的结果。不过，蒲鲁东把经济学视为"在行动中的形而上学"也表现出了他思想的独特性。在《贫困的哲学》中，

① 〔法〕蒲鲁东：《贫困的哲学》上卷，余叔通、王雪华译，商务印书馆，2010，第46页。
② 〔法〕蒲鲁东：《贫困的哲学》上卷，余叔通、王雪华译，商务印书馆，2010，第44页。

他以"在行动中的形而上学"建构起了庞大的社会体系，把社会的发展分成分工、机器、竞争、垄断、警察或捐税到贸易的平衡、信用、所有权、共有制和人口等时期。显然，这与现实社会关系的进展无关，因为这是他按照形而上学的方法，即纯粹思辨的方法构建起来的。范畴的演进代替了社会的演化，或者说他把社会的演化就视为这些范畴演进的现实表现。蒲鲁东认为这是自己在政治经济学研究领域做出的重大发现，颇为得意。"我们不妨把政治经济学看作一片辽阔的空地，到处堆满建筑大厦的材料。工人们正等待着信号，他们满腔热情，急于动手干活；可是建筑师不见了，也没有留下图样。"① 可见，他的言中之意充满了自信，因为他正是用形而上学为政治经济学勾勒了建筑大厦的图样。依靠这种形而上学，蒲鲁东使得那些杂乱的材料在思想观念中、在逻辑范畴演变中获得了结构性的安置。这种安置与其说是让社会历史及其要素显现自身，倒不如说是蒲鲁东的经济范畴外化的结果。

简言之，在蒲鲁东政治经济学的形而上学中，现实的社会关系被彻底遮蔽了！

二 马克思的辩证法与社会关系的显现

蒲鲁东《贫困的哲学》及其理论旨趣在于从经济学入手为自由和平等寻找永恒的根据，以确保现代社会关系的合理和正当。自然，《哲学的贫困》作为对它的批判，其主线也必然是对社会关系的探讨。不过，马克思的重点不是在于对社会关系的具体内容做深入分析，而是通过剖析和解构蒲鲁东理解社会关系的形而上学方法，进一步正面阐述对社会关系的科学内涵。在这一过程中，马克

---

① 〔法〕蒲鲁东：《贫困的哲学》上卷，余叔通、王雪华译，商务印书馆，2010，第69页。

思的辩证法打碎了蒲鲁东包裹在社会关系外面的那层形而上学外壳，使现实的社会关系冷酷地摆在了试图在观念中追求自由、平等的蒲鲁东面前。可以说，正是现实的社会关系的呈现，在行动和观念上为马克思辩证法奠定了坚实的基础。在这个意义上，马克思的社会关系就是"行动中的辩证法"。

在《哲学的贫困》中，在与社会关系同义的意义上，马克思同时使用了"生产关系""交换关系""经济关系"等概念。它们之间有区别，亦有联系。对于马克思来说，其联系在于，生产关系、交换关系和经济关系是社会关系的核心。或者说，生产关系是社会关系的本质范畴。在历史唯物主义的视野中，这一点本身并无问题。可以说，这也是马克思历史唯物主义思想的重大发现。一般而言，社会关系主要包括经济关系、法律关系、伦理关系等，而生产关系占据主导地位。但是，社会关系又有别于以经济关系为核心内容的生产关系。除了刚才所讲的概念内涵不同外，还有对人与人关系的价值评价一维。诸如蒲鲁东所追求的自由、平等等理念，适用于社会关系，而不适用于生产关系。或者说，对于蒲鲁东而言，建构合理的生产关系只是实现自由、平等之社会关系的手段罢了。因此，虽然马克思并没有对此予以明确说明，但在这个意义上，做出如此区分是合理的。另外，直到《哲学的贫困》为止，马克思才明晰生产关系的概念，因而社会关系还是他使用的主要范畴。可以说，从交往异化到交换关系（形式），再到社会关系，进而到生产关系，这一变化可以表明马克思的思想轨迹。

在第一章"科学的发现"中，马克思批评蒲鲁东把剩余产品的生产归结为普罗米修斯的赠予，"但是蒲鲁东先生使之复活的这个普罗米修斯究竟是什么东西呢？这就是社会，是建立在阶级对抗上的社会关系。这不是个人和个人的关系，而是工人和资本家、农民和地主的关系。抹杀这些社会关系，那就是消灭整个社会，而你的普罗米修斯也就变成一个没有手脚的怪影，就是说既没有工厂也没有分工，总之，没有最初你为了使他能获得这种劳动的剩余而给他的一切东西"。① 在这里，马克思明确表明了自身对现实社会关系的洞见：其一，现实的现代社会关系是建立在阶级对抗上的，而不是什么普罗米修斯的造化结果；其二，这种对抗关系表现为工人和资本家、农民和地主的关系，而不是表现为个人与个人的关系，即抽离了具体经济关系之后的所谓的平等人格之间的关系；其三，现实的社会关系就是社会，否定这些社会关系就是抽空社会的实体性内容。由此可知，马克思对社会关系的理解与蒲鲁东有着根本性区别，这种区别正是击碎了政治经济学形而上学的结果。

在这个意义上，马克思是深入了社会的实体性内容之中，并在辩证法的原则高度把握了社会关系。在第二章"政治经济学的形而上学""第一个说明"中，马克思以辩证法的历史原则批判了蒲鲁东对社会关系的形而上学理解。在他看来，"经济学家们都把分工、信用、货币等资产阶级生产关系说成是固定的、不变的、永恒的范畴。蒲鲁东先生有了这些完全形成的范畴，他想给我们说明所有这些范畴、原理、规律、观念、思想的形成情况和来历。"② 无疑，蒲鲁东要进一步推进对这些生产关系的理解，就必须要说明这些生产关系的历史运动。遗憾的是，蒲鲁东接受了这些经济学家们的前提，即把生产关系看成固定不变的和永恒的范畴，把这些关系称为原理、范畴和抽象的思想。"经济学家的材料是人的生动活泼的生活；蒲鲁东先生的材料则是经济学家的教条。"③ 所以，他解决生产

---

① 《马克思恩格斯全集》第 4 卷，人民出版社，1958，第 135 页。
② 《马克思恩格斯文集》第 1 卷，人民出版社，2009，第 598 页。
③ 《马克思恩格斯文集》第 1 卷，人民出版社，2009，第 599 页。

关系历史运动的方式就是把表征生产关系的范畴按照字母表再编一下次序，或者说按照他的"经济矛盾体系"的逻辑，即正题、反题和合题的思辨方式对那些范畴做排列组合。最终的结局就是生产关系的历史运动变成了"无人身的理性"的自我运动。

由此，在"第二个说明"中，马克思指出："经济范畴只不过是生产方面社会关系的理论表现，即其抽象"。[①] 这一论断的给出方式是根据抽象与具体的辩证法而形成的。诚然，这一给出方式颠倒了蒲鲁东对经济范畴与社会关系的理解，即社会关系不是经济范畴的外化，相反，经济范畴只是社会关系的抽象。对于蒲鲁东来说，现实的社会关系只是睡在"人类的无人身理性"怀抱里的一些原理和范畴的化身。但在马克思看来，"人们按照自己的物质生产的发展建立相应的社会关系，正是这些人又按照自己的社会关系创造了相应的原理、观念和范畴"。[②] 作为"无人身的理性"范畴的社会关系，是包裹在形而上学的方法论中，这种方法无视社会关系的历史运动和现实表现，以意识决定存在的方式来说明社会关系；而建立在生产力基础上的社会关系，随着生产力的改变，人们的生活方式也在发生改变，继而也会改变一切社会关系。"手工磨产生的是封建主为首的社会，蒸汽磨产生的是工业资本家为首的社会。"[③] 在这里，马克思理解社会关系的方式与蒲鲁东有着根本的区别，那就是在运动中、在历史中来理解它，而不是在抽象的、永恒的范畴中来把握它。所以，任何特定的社会关系只是历史的暂时的产物。这就使社会关系冲出了抽象范畴的笼罩，将自身显现。这种显现的方式是以外部的客观现实性为基础的，而不是以观念、原理和范畴等

---

①　《马克思恩格斯全集》第 4 卷，人民出版社，1958，第 143 页。
②　《马克思恩格斯全集》第 4 卷，人民出版社，1958，第 144 页。
③　《马克思恩格斯全集》第 4 卷，人民出版社，1958，第 144 页。

主观性为基础的。也就是说，社会关系的现实存在也好、历史运动也罢，它以人的活动的客观现实性为原则，而非以内在的主观想象为准则。在这一说明中，马克思正是借助于外部客观的现实性这一中介使得社会关系得以显现。可以说，这是马克思对黑格尔辩证法改造的结果，而蒲鲁东在这一点上恰好误解了黑格尔。这一点我们在后文详谈。

在蒲鲁东的政治经济学的形而上学中，经济关系被视为同等数量的社会阶段，它们按照正、反、合的逻辑安置自身。在"第三个说明"中，马克思指出："这个方法的唯一短处就是：蒲鲁东先生在考察其中任何一个阶段时，都不能不靠所有其他社会关系来说明，可是当时这些社会关系尚未被他用辩证运动产生出来。当蒲鲁东先生后来借助纯粹理性使其他阶段产生出来时，却又把它们当成初生的婴儿，忘记它们和第一个阶段是同样年老了。"① 这是蒲鲁东思想方法导致的混乱，经济关系的历史运动被割裂开来，按照他给它们设置的逻辑顺序发展着。对于蒲鲁东而言，所谓的正反合逻辑就是辨析出事物的好的方面和坏的方面，进而提出消除坏的方面的任务，使事物过渡到下一个阶段。他对经济关系的历史运动正是按照这一逻辑描述的。在《贫困的哲学》中，从第一个时期的分工进展到第十个时期的人口，他就是以这种方式描述社会经济学关系运动的。然而，马克思认为："谁用政治经济学的范畴构筑某种意识形态体系的大厦，谁就是把社会体系的各个环节割裂开来，就是把社会的各个环节变成同等数量的依次出现的单个社会。其实，单凭运动、顺序和时间的唯一逻辑公式怎能向我们说明一切关系在其中

---

① 《马克思恩格斯文集》第 1 卷，人民出版社，2009，第 603 页。

同时存在而又互相依存的社会机体呢"？① 这是什么意思呢？也就是说，社会体系作为一个有机的整体而存在，要在思想、观念中把握它们的联系，或者说把它们把握成一个整体，用现有的政治经济学的形而上学逻辑是行不通的。社会关系的同时存在，以及它们的相互依存，进而各种社会关系的过渡及其环节，只有通过辩证法才能理解。这种辩证法不是一味地提出消除坏的方面的任务，而是在好的和坏的这两方面历史性形成的共同存在中，把握其过渡环节，而不是人为地、主观地去消除"恶"的因素使之符合范畴的逻辑。这是事物自身运动的辩证法，它取决于事物自身的客观运动条件和趋势。

在此，马克思将辩证法诉诸外部的客观现实性，而不是主观范畴的逻辑运动，使得社会关系这一本来作为客观存在的现实运动得以显现。在这一意义上，它就是"行动中的辩证法"。反之，社会关系的显现为马克思批判蒲鲁东的形而上学、改造黑格尔的辩证法提供了关键思想线索。需要指出的是，当我们说马克思的辩证法是批判的和革命的时候，其所指向的是对现实社会关系的批判与革命行动。简言之，马克思这一"行动中的辩证法"把社会关系和辩证法紧密地结合在一起。

三 辩证法与社会关系：政治经济学研究对象与方法的科学结合

如上文所言，蒲鲁东把形而上学的方法应用到政治经济学当中去的结果便是对社会关系的遮蔽，而马克思正是将辩证法应用于政治经济学当中，敲碎了将其包裹于内的形而上学的外壳，从而使社

---

① 《马克思恩格斯文集》第 1 卷，人民出版社，2009，第 603 ~ 604 页。

会关系得以显现，作为外部客观性的现实也进而得以显现。这意味着什么呢？这意味着马克思和蒲鲁东的政治经济学研究对象和方法的根本不同。当蒲鲁东以形而上学的方式解决经济范畴的排列顺序问题时，很明显他的研究对象不是社会关系，而是经济范畴，因为在他那里社会关系仅是经济范畴的外化。对于马克思而言，当社会关系从思辨的方法中冲出来显现其本真面目时，它就开始被确立为政治经济学的研究对象。无疑，在政治经济学的形而上学中，经济范畴、原理、观念才是它们的研究对象，所以它们的结合是一种必然，甚至是一种合理的结合。然而，当把辩证法应用于政治经济学的时候，社会关系也必然取代经济范畴成为它的研究对象，这种结合也是合理的，而且是科学的结合。在这一意义上，政治经济学的任务首先不在于建构各范畴之间的关系或顺序，而在于"必须透过现象去抓住本质，即认识隐藏在物—物关系之后的人—人的社会关系"。①

　　政治经济学形而上学的最大特征在于，自然地就接受以往经济学家们给定的经济范畴了，古典经济学家和蒲鲁东先生就是这样以它们为自己的政治经济学前提。他们不曾对此前提予以反思和追问。这也就难怪马克思说经济学家们的材料是人的生动活泼的生活，而蒲鲁东的材料则是经济学家的教条。比如本书在第一章讨论《巴黎手稿》中马克思批判古典经济学的形而上学时所显示的那样，古典经济学和蒲鲁东都是把以前的经济学从生动活泼的生活中得出的经济范畴作为前提而加以应用，当然，这种应用只是在思想的观念范围内重新整理和排序。对于马克思而言，他要做的是对这些经

济学范畴重新进行考察，或者说要对政治经济学的前提进行批判，像经济学家们那样深入生动活泼的生活中再次反思和界定他们所秉持的政治经济学范畴结论和原理。这是马克思在思想方法上对政治经济学形而上学的超越，即越出思辨的范围，深入历史和现实的经验当中，以此批判前人所占有的观念和范畴，进而再次在概念的高度把握社会关系。在历史唯物主义的方法原则中，观念不可能驳倒观念，只有依靠观念的外部客观性才能超越它自身，正如他所言："批判的武器当然不能代替武器的批判，物质力量只能用物质力量来摧毁"。① 在这里，马克思以现实社会关系的实体性内容为基础，运用辩证法对政治经济学的范畴、原理和观念的前提进行批判，是马克思把辩证法与社会关系结合起来的第一个步骤，也是政治经济学的研究对象和方法第一次以正确的方式被把握了。

那么，接下来的问题就是如何展开辩证法对政治经济学前提的批判，马克思的答案显然是以历史的方法来说明被视为前提的范畴和原理，进而打破视资本主义社会关系为永恒的观念。从这个角度而言，马克思对辩证法的历史原则的改造是以说明社会关系的产生和发展为载体的。这种历史的原则在黑格尔的辩证法中表现得尤为明显，但是"黑格尔认为，世界上过去发生的一切和现在还在发生的一切，就是他自己的思维中发生的一切。因此，历史的哲学仅仅是哲学的历史，即他自己的哲学的历史。没有'适应时间次序的历史'，只有'观念在理性中的顺序'。他以为他是在通过思想的运动建设世界；其实，他只是根据自己的绝对方法把所有人们头脑中的思想加以系统的改组和排列而已"。② 显然，黑格尔是坚持并贯彻

① 《马克思恩格斯文集》第 1 卷，人民出版社，2009，第 11 页。
② 《马克思恩格斯全集》第 4 卷，人民出版社，1958，第 143 页。

历史原则的，但是他的观念论前提，导致这种历史原则在他体系中的窒息，即根据绝对方法对范畴、原理和观念进行系统的改组和排列，而真正的历史则被抛在了脑后。蒲鲁东最多也就是学会了这样的改组和排列，但是是以歪曲了绝对方法的方式进行的。这一点后文再谈。诚然，马克思充分吸收了历史原则，但他的历史原则不是"观念在理性中的顺序"，而是"适应时间次序的历史"。在辩证法的历史原则上，这是他与黑格尔和蒲鲁东的根本不同。

那么何为真正的历史？在《德意志意识形态》中，马克思指出："全部人类历史的第一个前提无疑是有生命的个人的存在。因此，第一个需要确认的事实就是这些个人的肉体组织以及由此产生的个人对其他自然的关系。……任何历史记载都应当从这些自然基础以及它们在历史进程中由于人们的活动而发生的变更出发。"[1] 由此，马克思为人类历史划定了两条线索，一是自然基础，二是在人们的活动中发生改变的个人对自然以及人与人之间的关系。所以，对于马克思而言，他所讨论的不是没有任何前提预设的历史，而是根据常识和经验来说的历史。这种常识包括人们要创造历史就必须能够生活，即进行物质生产，进而才有了意识、思想和观念的产生和历史。这第一个常识对于德国古典哲学观念来说则是颠覆性的。第二个常识或事实是在为满足物质生活而产生的新的需要，第三个常识则是社会关系的生产和再生产。对于家庭这样的原初社会关系，他认为也应该根据现有的材料和经验来阐明它，而不是根据家庭的概念来阐明它。基于上述分析，马克思得出结论："始终必须把'人类的历史'同工业和交换的历史联系起来研究和探讨"。[2]

---

① 《马克思恩格斯文集》第 1 卷，人民出版社，2009，第 519 页。
② 《马克思恩格斯文集》第 1 卷，人民出版社，2009，第 533 页。

这一论断为我们理解马克思的历史原则以及真正的历史提供了规范：一是所谓真正的历史不是发生在头脑中的历史，而是工业（人与自然的关系）和交换（人与人的关系）的历史，它具有超越观念的客观现实性；二是历史原则的确立必须在现实的人类社会生产和交换关系中，而不是在观念中。显然，马克思把这种思想方法正确地应用到了政治经济学批判当中。

所以，当我们深入马克思对蒲鲁东形而上学的批判和黑格尔辩证法的改造时，便会发现一方面，他所建构起来的辩证法的前提批判和历史原则事实上是在考察社会关系这一实体上实现的，另一方面，他坚持从前提批判和历史原则的方法论出发探讨社会关系，又超出了蒲鲁东对社会关系的理解。简言之，在《哲学的贫困》中，辩证法和社会关系作为政治经济学的方法和对象第一次实现了科学的结合。或者说，适应时间次序的历史在马克思把握和阐明社会关系的过程中第一次以"理论实践"的方式呈现了。

第二节　马克思对政治经济学方法的初步建构

在《哲学的贫困》中，马克思把辩证法和社会关系有机地结合起来，建构了自身的科学辩证法。不过，就辩证法本身而言，还有一些关键的思想环节需要厘清。以往在研究《哲学的贫困》辩证法时，往往只是关注马克思对蒲鲁东方法论的批判，而对黑格尔辩证法的研究不够深入。或者说，即使是关注了黑格尔辩证法，也仅是在纯粹批判的意义上，而没有充分注意到马克思对黑格尔辩证法的肯定和吸收的一面。这是本书在阐释马克思对政治经济学方法的改造和建构时所必须回应的问题。简言之，在《哲学的贫困》中，马克思改造和建构政治经济学的方法是以蒲鲁东和黑格尔为思想对象的，但是他对二者的态度却有着根本的区别。蒲鲁东试图将黑格尔辩证法应用于政治经济学，却背弃了它，走向了形而上学的深渊，所以马克思对蒲鲁东的态度除了批判还是批判，简直视它为一无是处。① 而黑格尔作为蒲鲁东方法论的来源，在这里使得马克思不得不重新面对和思考它，其结果在于：既发现了黑格尔辩证法的合理内核，同时也对它的神秘外壳进行了改造，从而进一步建构了自身独特的辩证法。其思想环节主要表现在以下几个方面：一是他把蒲鲁东经济范畴的运动从适应观念的顺序改造为适应时间的次序；二是通过批判蒲鲁东对"坏的方面"的解决方式，确认不可消除的"恶"是黑格尔辩证法的一个合理内核；三是绝对方法作为黑格尔阐述事物自我运动的逻辑，具有完全的形而上学性质，马克思在历史唯物主义的意义上对它做了改造。由此，马克思改造与建构政治经济学方法的思想环节和理论轮廓便能显现。

一　经济范畴运动：从适应观念顺序到适应时间次序

如果像黑格尔那样把形而上学指向一种方法的话，那么这种方法是与辩证法相悖的。在这里，形而上学是观念论中的纯粹思辨方法，它与经验无关，或者说把它应用于具体的经验科学中正是它的野心与欲望。蒲鲁东就是一个具有这样的野心和欲望的"形而上学家"。在严格的意义上，他自始至终都把经济学理解为一种关于经济范畴运动的理论。所以，在《贫困的哲学》中，他"提醒读者

---

① 马克思后来在 1865 年 1 月 24 日《给约·巴·施韦泽的信》中说："1844 年，我居住在巴黎的时候，曾经和蒲鲁东有过私人的交往。……在长时间的、往往是整夜的争论中，我使他感染了黑格尔主义，这对他是非常有害的，因为他不懂德文，不能认真地研究黑格尔主义。我被逐出巴黎之后，卡尔·格律恩先生继续了由我开始的事情。他作为德国哲学的教师，还有一个胜过我的地方，就是他自己一点也不懂德国哲学。"《马克思恩格斯全集》第 16 卷，人民出版社，1956，第 31 页。由此可见，马克思对黑格尔辩证法在蒲鲁东那里的应用心知肚明，并且给予了最为"刻薄"的批评。

注意，我们要叙述的并不是那种符合时间顺序的历史，而是一种符合观念顺序的历史。各个经济阶段或经济范畴有时同时出现，有时又先后颠倒；因此，经济学家总是感到很难把自己的观念系统化，从而他们的著作也就是杂乱无章的，即使像亚当·斯密、李嘉图和让·巴·萨伊等人的著述，尽管在其他方面十分可取，也难免有上述的弊病。不过，经济理论有它自己的逻辑顺序和理性系列。我高兴的是，这种顺序和系列已经被我所发现，从而，我这本书也就既成为一部哲学著作，又成为一部历史著作"。① 这是他在论述经济进化的第二个时期"机器"时穿插的一段方法论说明，足见其志在必得。

　　显而易见，他认为其伟大贡献在于发现了经济理论的逻辑顺序和理性系列，各个经济阶段或范畴在经验的历史或符合时间顺序的历史上是杂乱无章的，但是当它们被置于符合观念顺序的历史中时，就是科学和理性的了。在此，他所谓的哲学便是观念论的或者说是纯粹思辨的哲学罢了。可见，这种哲学的首要任务是将经验材料置于概念的笼罩之中，应以形而上学这一方法装置排列起来，从而做成一个符合理性系列的历史模型。这也就难怪他认为："哲学史和历史哲学本质上是一回事；而且这两门思辨学科，即哲学史和历史哲学，表面上虽然区别很大，实际上都不过是各种形而上学概念的运用，因为形而上学就是全部哲学。"② 言中之意在于，无论是哲学史还是历史哲学，都是以形而上学的方式组建起来的概念系统，必须要适应观念顺序的历史，即历史要符合观念顺序，而不是观念顺序符合历史。而当蒲鲁东把这种历史哲学应用于经济进化的

---

① 〔法〕蒲鲁东：《贫困的哲学》，余叔通、王雪华译，商务印书馆，2010，第177页。
② 〔法〕蒲鲁东：《贫困的哲学》，余叔通、王雪华译，商务印书馆，2010，第164页。

演进时，所有人类历史的客观化过程便成了概念的演化史，既和经验的时间顺序无关，也和人类的历史进程无关，或者说这些东西只是观念的材料罢了。

在蒲鲁东《贫困的哲学》中，人类经济进化的演进过程被分成了十个时期（见表2-1）。

表2-1　人类经济进化的演进过程

时期	观念	根据
第一个时期	分工	分工是实现平等的方式
第二个时期	机器	重建被分工破坏的平衡——自由
第三个时期	竞争	分工自由和对公平的鼓励
第四个时期	垄断	自由取得胜利的表现
第五个时期	警察或捐税	社会对垄断的反抗
第六个时期	贸易的平衡	从外部寻求对无产者的补偿
第七个时期	信用	生产与消费的均衡手段
第八个时期	所有权	使人人平等最终成为可能
第九个时期	共有制	实现个人之间的重新联合和财富的平等
第十个时期	人口	保证财富持续增长

具体而言，从分工到人口这些经济范畴就是按照蒲鲁东的哲学进行运动的。其中，一个经济范畴向另一个经济范畴的过渡，都是由前一个经济范畴的"坏的方面"推导出来的。对"坏的方面"的研究本书将予以专门阐释。在蒲鲁东这里，为了说明这些范畴的形成情况和来历，也只能在纯粹理性的运动去寻找了。在他看来，分工在本质上被认为是实现生活条件平等和知识平等的方式，所以它既是经济进化的第一个阶段，也是智能发展的第一个阶段。但是它在实现社会财富增长的同时，也造成了"坏的方面"即人类的精神衰退和文化的贫乏，成为贫困的根源，所以必须消除由分工造成的这种坏的方面，而机器范畴就是为了重建被分工破坏的平衡而产

生的，它把被分工分割的各部分劳动重新联结起来，从而人的自由便突飞猛进了。诚然，机器也有其自身的矛盾，即资本和雇佣劳动的矛盾，所以为了消除这种坏的方面，竞争范畴就适时地出现在第三个环节。依此类推，① 每个范畴的产生和退场就这样在观念的头脑里完成了。

在马克思看来，"'没有与时间次序相一致的历史'，只有'观念在理性中的顺序'。他以为他是在通过思想的运动建设世界；其实，他只是根据绝对方法把所有人们头脑中的思想加以系统的改组和排列而已"。② 这样做的结果是：蒲鲁东割裂了现实的社会机体，当他试图去说明一个经济范畴时，又不得不借助于其他的经济范畴，而所借助的这个经济范畴在他的经济范畴运动中却尚未产生，所以这些经济范畴之间经常相互矛盾，进而违背了当初按照观念顺序对它们进行排列的愿望。由此，蒲鲁东试图通过借鉴黑格尔的辩证法来建构经济范畴运动的行动却背弃了它自身。"于是蒲鲁东先生只得承认，他用以说明经济范畴的次序不再是这些经济范畴相互产生的次序。经济的进化不再是理性本身的进化了。"③

那么，问题的根源何在？蒲鲁东把现实的社会关系看成睡在"人类的无人身的理性"怀抱里的一些原理和范畴的化身，而不是把经济范畴看作生产方面社会关系的理论表现，即其抽象。在《论蒲鲁东（给约·巴·施韦泽的信）》中，马克思认为蒲鲁东在以下两个方面的缺陷导致了他对经济范畴运动的观念论阐释。一是对科学辩证法的理解过于表面。"由于他不是把经济范畴看做历史的、

① 参见杨洪源《政治经济学的形而上学：〈哲学的贫困〉与〈贫困的哲学〉比较研究》，中国人民大学出版社，2015，第 83~84 页。
② 《马克思恩格斯文集》第 1 卷，人民出版社，2009，第 602 页。
③ 《马克思恩格斯文集》第 1 卷，人民出版社，2009，第 607 页。

与物质生产的一定发展阶段相适应的生产关系的理论表现，而是荒谬地把它看做历来存在的、永恒的观念，这就表明他对科学辩证法的秘密了解得多么肤浅，另一方面又是多么赞同思辨哲学的幻想，而且，他是如何拐弯抹角地又回到资产阶级经济学的立场上去。"① 二是对政治经济学的认识不够。"他对他所批判的'政治经济学'的认识是多么不够，有时甚至是小学生式的；他同空想主义者一起追求一种所谓'科学'，以为由此就可以先验地构想出一个'解决社会问题'的公式，而不是从对历史运动的批判的认识中，即对本身就产生了解放的物质条件的运动的批判的认识中得出科学。"② 可见，对辩证法和政治经济学认识的肤浅化，使蒲鲁东的辞藻胜过内容、形式大于内容。

在这里马克思虽然只是以论战的形式表达了自己的观念，但是我们也能够从中获知他是从适应时间顺序的科学辩证法来理解经济范畴的运动的。简言之，科学辩证法首先所秉持的是唯物主义原则，即经济范畴是历史的、与物质生产的一定发展阶段相适应的生产关系的理论表现，在这个意义上，经济范畴的运动则是生产关系在一定发展阶段的理论表现，从而经济范畴之间的过渡也应该到特定生产关系之间的过渡中去寻求，而不是到纯粹思辨中寻求。要获得这样的认识，就必须科学认识政治经济学，深入经济的历史运动当中去，才能展开对政治经济学的批判，而不是一头钻进政治经济学的范畴之中，只是在头脑中将它们再排列一遍。"生产力的增长、社会关系的破坏、思想的产生都是不断变动的，只有运动的抽象即'不死的死'才是停滞不动的。"③ 在这一意义上，要恢复科学辩证

---

① 《马克思恩格斯全集》第 16 卷，人民出版社，1964，第 31～32 页。
② 《马克思恩格斯全集》第 21 卷，人民出版社，2003，第 58 页。
③ 《马克思恩格斯全集》第 4 卷，人民出版社，1958，第 144 页。

法，必须拆解掉范畴顺序的脚手架，将目光投射于现实的生产关系及其一定发展阶段的研究上才有可能。从之后马克思对分工、机器、竞争和垄断等范畴的科学分析中可以看出，蒲鲁东确实已成为他自己观念辩证法的牺牲品，而马克思的辩证法则在自身的政治经济学批判中获得了科学的形式和实在的内容。

二　不可消除的恶：对黑格尔辩证法合理内核的确认

正如上文所言，在蒲鲁东的经济范畴运动中，一个核心的环节是每一个经济范畴的"坏的方面"决定了它向下一个经济范畴过渡的运动。可以说，在蒲鲁东的方法论及其以此制定的整个"适应观念次序"的运动中，这个"坏的方面"起着承上启下的作用。在他看来："为了确定价值，换句话说，为了在社会内部把财富的生产与分配组织起来，社会所经历的过程恰恰和理性所创造概念的过程完全一样。首先，社会提出一个原始事实，做出一个假定，就是分工。分工是一种真正的二律背反现象，它的对抗性后果像观念上演绎出的结论一样，体现在社会经济中；因此，工业运动随着观念的演绎而分为两股洪流，一股是产生有益结果的洪流，另一股是产生有害结果的洪流，两者都是必要的，都是同一个规律的合理产物。为了协调地构成这个两重性的原则和解决这个二律背反，社会便创造出第二个二律背反，随后很快又创造出第三个二律背反，社会天才一直就是这样前进，直到解决了自己的全部矛盾为止（我假定人类的矛盾是有止境的，尽管这点还没有得到证实）。然后再跳回原来的各个出发点，按照一项统一的公式解决自己所面临的一切问题。"①

---

① 〔法〕蒲鲁东：《贫困的哲学》，余叔通、王雪华译，商务印书馆，2010，第166页。

工业的历史实践就这样按照观念的演绎被分为两个方面，即所谓的二律背反，好的方面和坏的方面。这就是蒲鲁东建构经济范畴运动的全部秘密所在。虽然他强调好的和坏的方面都是必要的，且都是同一个规律的产物，但是在他那里催生第二个二律背反的正好是这个"坏的方面"。这就是他的"经济矛盾体系"的核心秘密。所以，蒲鲁东一定要想方设法消除坏的方面，以便经济范畴运动能够继续下去，直到全部矛盾解决为止。在这一意义上，保存好的方面，消除矛盾的坏的方面便成为蒲鲁东哲学的理论使命。或者说，在他看来，这个坏的方面是造成人的不自由和不平等的原因，是不符合观念发展的环节，必须在观念中将其清除。"这样，蒲鲁东先生把所有经济范畴逐一取来，把一个范畴用作另一个范畴的消毒剂，用矛盾和矛盾的消毒剂的混合物写成两卷矛盾，并且恰当地称为'经济矛盾的体系'。"①

蒲鲁东如此机械地将矛盾的两方面划分为好的和坏的方面，马克思认为这是对黑格尔辩证法的背叛，完全是曲解了黑格尔方法的核心，即坏的方面在辩证法中是不可被消除的。因此他指出："两个矛盾方面的共存、斗争以及融合成一个新范畴，就是辩证运动的实质。谁要给自己提出消除坏的方面的任务，就是立即使辩证运动终结。"② 在此，马克思认识到了黑格尔辩证法的实质，或者说从不可消除的恶的维度，重新确认了黑格尔辩证法的合理内核。由于蒲鲁东把黑格尔辩证法的矛盾的两个方面做了肤浅和表面化的处理，所以黑格尔辩证法中的善与恶的概念在他这里成了好的方面和坏的方面。而且进一步把好的方面定义为对平等的肯定，而否定平等和

---

① 〔法〕蒲鲁东：《贫困的哲学》，余叔通、王雪华译，商务印书馆，2010，第 147 页。
② 《马克思恩格斯全集》第 4 卷，人民出版社，1958，第 146 页。

肯定不平等的则是坏的方面。这显然确实是把黑格尔辩证法降低到了可怜的程度！尽管它是所谓的"社会天才"创造的！

在《精神现象学》的"精神章"中，黑格尔对善与恶做了本质规定。他认为在相互对立的双方中，对立的一方激活另一方，每一方都通过自身的异化赋予对方以持存，并且同样靠对方来维持自身。这事实上是在强调对立双方的共存性，每一方都以对立方的存在为前提和条件。这是对立双方的一种内在规定，显然，蒲鲁东并未真正理解这一规定，所以才会提出消除"坏的方面"的任务。进一步而言，在黑格尔那里，对立双方的每一个环节都拥有自己的规定性。于此，黑格尔又强调对立双方的独立性，这种规定性将被另一个环节所吸收和肯定，而不是像蒲鲁东一样，为了克服上一个二律背反，就需要下一个二律背反出现，他所谓的保存好的方面、消除坏的方面也只是就它们的外在性而言的，而不是就黑格尔对它们所做的内在规定性而言的。"思维将这种区别以最普遍的方式通过善与恶的绝对对立而固定下来，善与恶互不相谋，以任何方式都不能变成同一个东西。但是这种固定的存在却把向对立面的直接过渡作为自己的灵魂；这种固定的存在毋宁是每个规定性都颠倒为自己的对立面，而且只有这种异化才是本质，是整体的维持。"① 由此可见，在黑格尔的辩证法中，作为善的对立面的恶是不可被消除的，这是维持事物自身整体的一个基本要素。黑格尔不会、也不可能提出消除恶的任务，因为一旦他这样做，就会使事物的辩证运动终结。

对此，恩格斯在《路德维希·费尔巴哈和德国古典哲学的终结》中有过明确的表述，他认为："在黑格尔那里，恶是历史发展

---

① 〔德〕黑格尔：《精神现象学》，邓晓芒译，人民出版社，2017，第300页。

的动力的表现形式。这里有双重意思，一方面，每一种新的进步都必然表现为对某一神圣事物的亵渎，表现为对陈旧的、日渐衰亡的、但为习惯所崇奉的秩序的叛逆；另一方面，自从阶级对立产生以来，正是人的恶劣的情欲——贪欲和权势欲成了历史发展的杠杆……"① 在这里，"恶作为历史发展的动力的表现形式"是黑格尔辩证法的一个本质表达。有观点将其指认为恶作为历史发展的动力，这是不符合黑格尔本意的。因为善与恶的对立才是作为历史发展的动力，而恶是这种动力的表现形式。在这个意义上，恩格斯才特意将恶的两重意思凸显，即一方面是对旧事物的破坏，另一方面是情欲成为历史发展的杠杆。这显然与蒲鲁东对黑格尔的理解相去甚远，与恩格斯所批判的费尔巴哈的理解也是大相径庭。

对于黑格尔的历史哲学而言，观念和热情是他考察世界历史进程的两个基本要素，它们的交织便成为世界历史的经纬线。所谓热情，便是恶，它"被人看作是不正当的、多少有些不道德的东西、人类不应该有热情。……我现在所想表示的热情这个名词，意思是指从私人的利益，特殊的目的，或者简直可以说是利己的企图而产生的人类活动。"② 与此相对的是，观念是内在的、普遍的东西，二者不可分离。在黑格尔的辩证法中，作为热情的恶是推动人们行动的东西，是促成观念外化为现实的东西。它最后产生观念这种普遍的理性，"那个普通观念并不卷入对峙和斗争当中，卷入是有危险的。它始终留在后方，在背景里，不受骚扰，也不受侵犯。它驱使热情为它自己工作，热情从这种推动里发展了它的存在，因而热情

---

① 《马克思恩格斯文集》第 4 卷，人民出版社，2009，第 291 页。
② 〔德〕黑格尔：《历史哲学》，王造时译，上海世纪出版集团、上海书店出版社，2001，第 21 页。

受了损失，遭到祸殃——这可以叫作‘理性的狡计’”。① 由此，恶在黑格尔的历史运动中便成为推动主观意志去行动的表现形式，但是在整个观念、理性和热情的双重结构中，它仅是理性的手段和工具，成为“理性的狡计”的行动力量。足见，恶在黑格尔辩证法中具有举足轻重的意义。

与黑格尔一样，马克思也充分认识到了恶的历史意义。一方面，他指出如果把辩证运动全部过程归结为简单的善恶对比，并由此提出消除恶的任务，从而把一个范畴变为另一个范畴的消毒剂，那么范畴的运动就会失去自身的独立性，成为思维混乱的杂乱组合。由此，“辩证法已不是绝对理性的运动了。辩证法没有了，代替它的至多不过是最纯粹的道德而已”。② 另一方面，他在批判蒲鲁东时举例说：封建的生产也有两个对抗的因素，即封建主义的好的方面和坏的方面，“可是，却没想到结果总是坏的方面占优势。正是坏的方面引起斗争，产生形成历史的运动”。③ 言中之意在于，坏的方面是事物对立双方斗争的积极力量，它作为推动历史运动的动力形式而具有不可消除性。可以说，这是马克思充分认识和吸收了黑格尔辩证法把恶作为合理内核的思想产物。

三　绝对方法的错：对黑格尔辩证法神秘形式的拯救

在《哲学的贫困》中，如果说马克思洞见了蒲鲁东的“坏的方面”与黑格尔的“恶”的根本区别，从而批判了蒲鲁东而肯定了黑格尔，那么在当蒲鲁东试图将黑格尔的“绝对方法”应用到政

① 〔德〕黑格尔：《历史哲学》，王造时译，上海世纪出版集团、上海书店出版社，2001，第 30 页。
② 《马克思恩格斯全集》第 4 卷，人民出版社，1958，第 147 页。
③ 《马克思恩格斯全集》第 4 卷，人民出版社，1958，第 154 页。

治经济学当中时，马克思也注意到了二者的原则差别，但这一次，马克思不仅批判了蒲鲁东的这种应用，同时也将黑格尔"绝对方法"从其神秘形式中拯救出来。

那么何为黑格尔的绝对方法呢？马克思认为它就是运动的抽象，就是抽象形态的运动，或者说是运动的纯粹逻辑公式或者纯理性的运动，即理性自己安置自己，自己把自己设置为对立面，自相结合，把自己规定为正题、反题和合题。换句话说，就是理性自我肯定、自我否定和否定自我的否定。① 显然，这是对黑格尔绝对方法的形式的分析。可以说，马克思在政治经济学批判中几乎很少如此正面地谈及黑格尔的辩证法，但是在《哲学的贫困》第二章"政治经济学的形而上学"第一节的"第一个说明"中，就以较大的篇幅阐述了它。马克思为什么要在这里大谈这种绝对方法的形式呢？其原因在于他认为蒲鲁东把它弄得模糊不清，更令其变得神秘不堪，而且把它降低到了可怜的程度。所以，他首先必须澄清被蒲鲁东歪曲的绝对方法，进而以将二者做比较的方式批判他的理解及其应用。接下来的问题是，蒲鲁东到底是怎样歪曲黑格尔的绝对方法呢？对这一问题的回答，就需要回到黑格尔纯理性的运动机制中。

在这里，马克思正确地把握到了黑格尔纯理性的运动机制。在他看来，理性将自我设定为正题之后，它便会把自身分为两种互相对立的思想，即肯定和否定、是和否。进而，这两个对抗性因素的相互斗争便形成辩证运动："'是'转化为'否'，'否'转化为'是'。'是'同时成为'是'和'否'，'否'同时成为'否'和

---

① 参见《马克思恩格斯全集》第 4 卷，人民出版社，1958，第 142 页。

'是'"。^① 其实，这里包含两个同时进行的过程。其一，肯定和否定通过相互转化、融合，形成新的思想即合题，而这一新思想又会分为相互矛盾的两方面，它们之间的融合也会形成新的合题。事物自身所设置的对立面就是通过这样无穷无尽的分与合而相互融合，扬弃旧思想，形成新思想，达致它们的合题。在形式上，这种正、反、合的辩证运动可以无限制地进行下去。依此类推，思想便开始自行增殖，从而构成思想群。相互对立的思想群也遵循这个形式的辩证运动，产生新的思想群，即它们的合题。这样继续下去的结果是，"正如从简单范畴的辩证运动中产生出群一样，从群的辩证运动中产生出系列，从系列的辩证运动中又产生出整个体系"。^② 其二，另一个过程也与此同时进行，在这个相互转化和融合的过程中，肯定也将自身分为肯定和否定，否定也将自身分为否定和肯定，并随着新思想的产生和转化不断进行下去。

　　上述就是黑格尔"绝对方法"的公式及其运动机制。马克思将这种绝对方法称为"无人身的理性"，它是脱离了个体的纯理性语言，一切特殊的具体事物都被抽象为逻辑范畴，所以黑格尔的绝对方法即"肯定—否定—否定之否定"就成了神圣公式。在这一意义上，事物自我运动的逻辑范畴才是该事物自身的实体，而事物自身已经形成的具体存在最终是要被抽象掉的。这一抽象法如此强大，以至于"那么一切存在物，一切生活在地上和水中的东西经过抽象都可以归结为逻辑范畴，因而整个现实世界都淹没在抽象世界之中，即淹没在逻辑范畴的世界之中"。^③ 进一步而言，当蒲鲁东把这个绝对方法应用到政治经济学中去建构它们的逻辑范畴关系时，就

---

① 《马克思恩格斯文集》第 1 卷，人民出版社，2009，第 601 页。
② 《马克思恩格斯文集》第 1 卷，人民出版社，2009，第 601 页。
③ 《马克思恩格斯文集》第 1 卷，人民出版社，2009，第 600 页。

形成了政治经济学的方法即逻辑学和形而上学。显然，黑格尔所谓的主体即实体在此表现得淋漓尽致，经由主体的理性生发的逻辑运动最后代替具体世界的存在而成为实体。这是黑格尔绝对方法的基本特征，与德国传统观念是一致的。但马克思此时早已超越了费尔巴哈，能够站在历史唯物主义的地基上对它做出改造。这意味着，他不仅能够在唯物主义的层面对其唯心主义性质做批判，还能站在人类社会历史实践的具体存在层面对黑格尔的辩证法即绝对方法加以改造。当然，在这里，马克思是通过批判蒲鲁东将这种绝对方法应用于经济范畴运动而完成这一初步改造的。

在《哲学的贫困》中，马克思深入现实的历史实践中分别对分工、机器、竞争、垄断、土地所有权或地租、罢工和工人同盟等范畴做了批判性分析。因为在蒲鲁东那里，这些范畴正是以正题、反题和合题这一辩证三段论建构其内在联系的。在马克思看来，① "真正的机器只是在 18 世纪末才出现。把机器看做分工的反题，看做使被分散了的劳动重归统一的合题，真是荒谬之极"。① 这就彻底反驳了蒲鲁东在观念、理性的推演中把机器视为分工的反题。通过现实的历史考察，马克思发现机器作为劳动工具的结合，并没有否定分工，而是使分工进一步加剧了，二者在实践中是相互推动发展的。②在实际的历史进程中，竞争是由封建垄断产生的，是它的反题，而现代垄断是作为它们的合题出现的，不是在蒲鲁东那里作为竞争的一个单纯反题而出现的。所以，蒲鲁东建构起来的竞争、垄断、捐税的正、反、合是纯粹理性推论的结果，"在实际生活中，我们不仅可以找到竞争、垄断和它们的对抗，而且可以找

---

① 《马克思恩格斯文集》第 1 卷，人民出版社，2009，第 626 页。

到它们的合题，这个合题并不是公式，而是运动"。① 通过这种深入实际社会历史运动的考察方法，马克思进一步批判了所有权和地租、罢工和工人同盟等范畴，在蒲鲁东那里以正、反、合的方式出现的纯粹理性逻辑，解构了将它们组合起来的"神圣公式"这一概念脚手架。

由此，马克思在以下两个方面与黑格尔的绝对方法划清了界限。一方面，这种绝对方法本身是纯粹理性的逻辑公式，是将实际的人类社会活动实践抽离出来的产物，在这里，"神圣公式"成了先验的逻辑结构，而经验的历史运动则烟消云散，历史变成了哲学的历史，而哲学的历史却成了真正的历史。所以，绝对方法本身披上了神秘的外衣。另一方面，当把这种绝对方法应用到政治经济学时，蒲鲁东把在黑格尔那里还具有形式合理性的逻辑公式演变成了一套歪曲实际历史进程的概念脚手架，使其成了为他的主观意见服务的思想工具。也就是说，社会历史的实体性内容在这里成了他用正、反、合公式任意打扮的东西。在这个意义上，马克思把黑格尔的绝对方法从其神秘形式中拯救出来，正是通过深入实际社会历史生活的考察，把它的实体性内容以逻辑与历史相统一的方式揭示出来而完成的。当然，这是马克思历史唯物主义思想发展的一个必然结果，而《哲学的贫困》恰恰是将历史唯物主义应用于改造政治经济学方法的一个重要思想成果，这为我们理解马克思后来的政治经济学批判及其方法提供了本质性的思想线索。

---

① 《马克思恩格斯文集》第 1 卷，人民出版社，2009，第 636～637 页。

第三章　辩证法在政治经济学中的
呈现与应用

——以《政治经济学批判大纲》为中心

在政治经济学批判方面，自 1847 年写完《哲学的贫困》后数十年，马克思没有再发表相关鸿篇巨制，直到《1857—1858 年经济学手稿》（"导言"和第 1~7 手稿被称为《政治经济学批判大纲》，简称《大纲》），我们才得以窥见他政治经济学研究的突破性进展。学界关于《大纲》和《资本论》的关系的讨论表明，虽然在谋篇布局和具体内容上，二者有一定的差异，比如前者是由生产逻辑主导，后者是由资本逻辑主导，但是在政治经济学的方法上，它们又具有同一性。这种同一性就体现在马克思以社会关系为思想通道对黑格尔辩证法的改造与应用上。具体而言，"导言"呈现了以社会关系为思想对象的政治经济学方法，"货币章"和"资本章"体现了由货币向资本转化的辩证法。深入《大纲》文本，可以发现马克思是以社会关系、生产关系及其历史发展为思想通道进一步建构了自身的辩证法。同时，马克思把辩证法思想也应用到了社会历史发展的过程中去，赋予了它们以逻辑与历史相一致的表述。特别是在"原始积累""资本主义生产以前的各种形式"等章节中，马克思对未来共同体的理解就是在这样一种思维方式下被把握和表述的。

第一节　以社会关系为思想对象的
政治经济学方法

在"导言"部分，马克思的政治经济学方法得以正面呈现。这是他把政治经济学批判的对象和政治经济学批判的方法进一步科学结合起来的产物。对生产一般概念的理解，即对社会关系和合理抽象及其限度的分析，是马克思建构自身政治经济学方法的重要基础。基于此，他通过批判古典经济学，重新阐释了生产力概念与生产关系概念的辩证法。可以说，马克思只有运用辩证法，才能科学理解生产、分配、交换和消费之间的关系。在社会关系或生产关系的意义上，具体的、总体的方法才能以一种科学的思维方式呈现。

一　生产一般：对社会关系的合理抽象及限度

《大纲》"导言"目录的第一条赫然写着"生产一般"。何为生产一般？马克思对此做了明确表述："生产的一切时代有某些共同标志，共同规定。生产一般是一个抽象，但是只要它真正把共同点提出来，定下来，免得我们重复，它就是一个合理的抽象。"① 在此，这个一般是对不同社会发展阶段上生产的共同点的抽象，是在比较之中抽离出来的，它本身由许多部分组成，且具有不同的规定。如果要理解一定社会时代中的生产，那么这种生产一般就是不可或缺的。但并不是有了生产一般就可以理解这些特殊的生产了。因为"对生产一般适用的种种规定所以要抽出来，也正是为了不致因为有了统一（主体是人，客体是自然，这总是一样的，这里已经

---

① 《马克思恩格斯文集》第 8 卷，人民出版社，2009，第 7 页。

出现了统一）而忘记本质的差别。"① 这里的"统一"是指，马克思把生产一般理解为主体即人改造客体即自然的过程，就其本身来说，这是物质代谢活动，或者说是人类与自然的物质变换过程；而"本质的差别"就是各种特殊生产之间的本质规定的差异，马克思认为不应该混淆生产的一般形式和特殊形式，比如像近代经济学家们所做的那样，"无论在不同社会阶段上分配方式如何不同，总是可以像在生产中那样提出一些共同的规定来，可以把一切历史差别混合或融化在一般人类规律之中"。② 从而把资本主义条件下的生产理解为贯穿整个历史过程的生产一般。

在内田宏看来，马克思在这里明确"指出所谓的生产一般中混入了资本的各种规定，分析了社会诸个人所进行的物质生产创造了与此相适应的统治形态和意识形态"。③ 所以，马克思在以下两个方面对生产一般做了界定：一是抽象出生产一般的可能性和合理性；二是抽出生产一般的限度，即它对特殊生产形式的关系。那么更进一步的问题在于：马克思是在何种意义上抽象出生产一般这一概念的呢？或者说他是通过何种方式界定和给出生产一般概念的呢？这对我们理解生产一般这一抽象概念的合理性及其限度是非常关键的。

事实上，在正式阐述生产一般之前，马克思首先论述了关于个人和社会的关系问题。当然，其目的不在于阐释个人概念，而在于理解生产。因为在斯密和李嘉图那里，单个的孤立的个人是理解生产的出发点。当然，这是自 16 世纪新兴生产力兴盛以来，直到 18

① 《马克思恩格斯文集》第 8 卷，人民出版社，2009，第 7 页。
② 《马克思恩格斯文集》第 8 卷，人民出版社，2009，第 11 页。
③ 〔日〕内田宏：《新版〈政治经济学批判大纲〉的研究》，王青等译，北京师范大学出版社，2011，第 40 页。

世纪的市民社会所形成的结果，反映在思想上则是孤立个体的形而上学思维。"在他们看来，这种个人不是历史的结果，而是历史的起点。因为按照他们关于人性的观念，这种合乎自然的个人并不是从历史中产生的，而是由自然造成的。"① 我们知道在《关于费尔巴哈的提纲》中，马克思提出旧唯物主义的立足点是市民社会，而新唯物主义的立足点是人类社会或社会化的人类。借助于《巴黎手稿》以货币为中介的社会概念，马克思对人类社会的理解此时已经非常接近对历史唯物主义的理解了。在《德意志意识形态》中，马克思、恩格斯便直接把"现实的个人"作为历史的出发点。何为人类社会或现实的个人？它既不是作为肉体组织的个人，也不是鲁滨逊式的个人，而是处于一定交往形式中的个人。在这个意义上，所谓现实的个人也就是人类社会，而人类社会也可以被界定为现实的个人。后来经由《哲学的贫困》提出生产关系概念，马克思则立足于生产关系来理解现实的个人。所以，在导言伊始，他就开门见山地指出，"在社会中进行生产的个人，——因而，这些个人的一定社会性质的生产，当然是出发点"。②

　　基于这样的理解，马克思把个人视为进行生产的社会中的个人，而生产则是处于一定社会性质中的个人生产，即社会生产。在单个家庭和扩大为氏族的家庭以及各种公社中，个人从属于整体，而生产也表现为从属于这种整体的个人的生产。"只有到 18 世纪，在'市民社会'中，社会联系的各种形式，对个人说来，才表现为只是达到他私人目的的手段，才表现为外在的必然性。但是，产生这种孤立个人的观点的时代，正是具有迄今为止最发达的社会关系

---

① 《马克思恩格斯全集》第 30 卷，人民出版社，1995，第 25 页。
② 《马克思恩格斯文集》第 8 卷，人民出版社，2009，第 5 页。

（从这种观点看来是一般关系）的时代。"① 此处的言中之意在于，市民社会作为迄今最发达的社会关系，却产生了孤立个人的观点。那么为什么在不发达的社会关系中，孤立个人的观点却没有大行其道呢？显然，这与当时的生产及其方式有关，即不发达的社会关系中个人的生产必须从属于整体，才能获得相应的生产条件。而在发达的社会关系中，市民社会中的个人脱离家庭、公社，作为独立的个体出现在社会分工和交换体系中，反映在思想中则是孤立个人的相互竞争与协作。为了实现私人目的，每一个人包括私人目的拥有者自身都成为他人的手段。在这一意义上，社会联系的各种形式本来是由各种私人目的的实现方式构成，而在实现的过程中，它却不得不以他人为手段，由此便表现为对于个人来说的外在必然性。在黑格尔那里，外在必然性不是外在于内在必然性的，而是作为内在必然性外化自身的过程或环节而表现出来的。"外在的必然性，如果我们抛开了个人的和个别情况的偶然性，而以一种一般的形式来理解，那么它和内在的必然性就是同一个东西，即外在必然性就在于时间呈现它自己的发展环节时所表现的那种形态里。"② 也正因为如此，社会关系在近代社会中便以有机的方式表现自身。或者说，个人在近代社会获得了更丰富和更多样的规定。

由此，马克思批判了以斯密和李嘉图为代表的古典经济学从孤立观点理解生产的思维方式。在历史和实践的意义上，确立了生产一般的理论前提和现实基础。或者说，也只有如此，才能把作为永恒的人类与自然之间的物质变换形式与资本主义特殊生产区别开来。一方面，"一切生产都是个人在一定社会形式中并借这种社会

---

① 《马克思恩格斯文集》第 8 卷，人民出版社，2009，第 6 页。
② 〔德〕黑格尔：《精神现象学》，贺麟、王玖兴译，商务印书馆，1979，第 3 页。

形式而进行的对自然的占有"，① 这种观点抹杀了上述两者的实质性差别，用生产一般为以私有财产为基础的资本主义生产形式辩护；另一方面，"每种生产形式都产生出它所特有的法的关系、统治形式等等"，② 这其实也是一种以生产一般为资本主义生产辩护观点的变形。资本主义的强权产生于它的生产形式，但是并不能以此来掩盖其本质。由此，马克思得出结论：一切生产的一般条件，即生产一般作为一切生产阶段共有的、被思维当作一般规定而确定下来的东西不可能用来理解任何一个现实的历史的生产阶段。可见，经由对社会关系的抽象，马克思对生产一般做了合理把握，而这一把握的前提或限度便是将其与特殊的生产形式的界定明晰并确定下来。

二　生产力概念和生产关系概念的辩证法

在《大纲》导言的第四节，马克思试图继续再探讨生产。他把提纲拟定成如下："生产。生产资料和生产关系。生产关系和交往关系。国家形式和意识形式同生产关系和交往关系的关系。法的关系。家庭关系。"③ 由各拟定的标题可以看出，马克思是立足于生产关系来理解生产的。当然，国家形式和意识形式、法的关系和家庭关系都可以从生产关系出发来做相应说明。这是历史唯物主义的基本思想方式。在他为提醒自己不该忘记的各要点中，他分别提到以下几点。①生产力和生产关系的历史发展形式，特别是在军队中的表现方式。②历来的观念的历史叙述同现实的历史叙述的关系。其中文化史研究被视为重点。其中涉及历史叙述的各种不同方式。③派生的、转移来的、非原生的生产关系。④对这种见解中的唯物主

---

① 《马克思恩格斯文集》第 8 卷，人民出版社，2009，第 11 页。
② 《马克思恩格斯文集》第 8 卷，人民出版社，2009，第 12 页。
③ 《马克思恩格斯全集》第 12 卷，人民出版社，1962，第 759 页。

义的种种非难。"这种见解"指的是对非原生的生产关系的历史唯物主义观点。马克思还试图指出它与自然主义的唯物主义的关系。⑤生产力（生产资料）的概念和生产关系的概念的辩证法。马克思试图确定这样一种辩证法的界限，而不抹杀现实的差别。⑥物质生产的发展同艺术发展的不平衡关系。马克思认为这里的难点在于生产关系作为法的关系如何进入不平衡的发展。⑦这种见解表现为必然的发展。这里的"这种见解"意为把握生产关系方面的不平衡发展的见解。⑧自然规定性作为出发点。自然规定性是在现实的历史叙述中得以表现的东西。这里指的还是他对生产关系的把握方式的问题。

通过对以上提纲的梳理，我们认为在马克思的写作计划中，生产力（生产资料）和生产关系的概念辩证法是贯穿其中的一条主线，或者说是理解其他关系和方面的一把钥匙。对它们之间关系的理解，涉及观念的历史叙述和现实的历史叙述之间的关系，以及生产关系内部不平衡发展问题，等等。所以，生产力概念和生产关系概念的辩证法在这里就显得尤为重要。但是作为一个研究提纲，马克思又没有对此展开论述，而只是将其作为要点列出。因而要对此做出说明，还需要将其置于整个导言或《大纲》中来理解。一方面，就生产而言，在导言的第二节中，马克思对此做了较为详细的阐述，即生产与分配、交换、消费的一般关系。对于生产一般来说，生产力概念和生产关系概念都从属于它。在黑格尔的意义上，作为概念的生产力和作为概念的生产关系，不仅是形式上的名词，还内含了多种具体规定的普遍性，因而具有现实性。所以，生产力概念和生产关系概念的辩证法应当到生产与分配、交换和消费的一般关系中去寻求。另一方面，对于整个《大纲》来说，正是导言第二节的具体论述为生产力概念和生产关系概念的辩证法做了恰如其分的注脚。

马克思在表达生产力时，注明它指的是生产资料，或者说具体是指主体运用生产资料的能力。它涉及生产资料的使用、消耗即消费，也涉及生产资料如生产工具的分配和交换。在这个意义上，离开生产资料的使用、消耗、分配和交换，就无法理解生产力本身。换句话说，生产力概念正是建立在以上范畴基础上的。而生产关系则是内含于生产力的概念，生产、分配、交换和消费以生产关系为前提，又产生新的生产关系。于此，我们需要沿着马克思的思路来具体论述生产力概念与生产关系概念的辩证法。

在理解生产与消费的关系时，马克思认为"生产直接是消费，消费直接是生产。每一方直接是它的对方。可是同时在两者之间存在着一种中介运动。生产中介着消费，它创造出消费的材料，没有生产，消费就没有对象。但是消费也中介着生产，因为正是消费替产品创造了主体，产品对这个主体才是产品。产品在消费中才得到最后完成"。① 就生产直接是消费来说，包括两个方面。一是个人在生产行为中，发展自身的能力，同时也耗费这种能力。这种能力就是生产力，个人改造自然的能力，其主体是处于生产之中的个人。二是生产资料在生产行为中被使用和耗费，这实际上取决于个人在生产中的能力。在这个意义上，生产力概念在上述两个方面得到了规定，即在主体和客体消费意义上被理解。就消费直接是生产来说，也从两个方面得到了规定。一是产品只有在消费中才成为现实的产品。马克思指出："消费是在把产品消灭的时候才使产品最后完成，因为产品之所以是产品，不在于它是物化了的活动，而只是

---

① 《马克思恩格斯文集》第 8 卷，人民出版社，2009，第 15 页。

在于它是活动着的主体的对象。"① 二是消费创造出新的生产的需要，即消费在观念上提出生产的对象，将其作为生产的观念上的内在动机和目的提出来。显然，作为直接生产的消费在主体和客体的双重意义上规定着生产力，即一方面产品只有被主体消费才能外化为生产力，另一方面消费创造着主体的内在需要和欲望，推动生产力的发展。可以说，生产力概念在生产与消费的关系中得到了本质规定。

关于生产与分配的关系，当时的经济学家认为分配关系和分配方式只是表现为对生产产品这一结果的分配。"就对象说，能分配的只是生产的成果，就形式说，参与生产的一定方式决定分配的特殊形式，决定参与分配的形式。"② 在此，分配似乎是独立于生产之外的经济活动。但马克思认为，分配本身是一种生产关系范畴。对于个人来说，分配先于生产。也就是说，在生产之前，个人就已经处于特定的生产关系之中。个人处于雇佣劳动的地位，资本家和地主作为独立的生产要素而存在，在生产关系中则处于主导地位。对于社会来说，分配也先于生产。整个社会对于生产资料的分配关系，决定了生产及其性质。马克思以征服民族为例来说明分配安排和决定生产。由此可见，生产关系概念作为生产的基本范畴，内在地规定了生产本身的方式和性质。而那种把生产关系看作生产的次要和附属的观点，事实上并没有把握生产概念的实质。进一步而言，在生产关系概念中，分配不仅仅是产品之间的分配，也就是说个人与个人之间的关系并非在产品阶段才被规定，它还包括："它是（1）生产工具的分配，（2）社会成员在各类生产之间的分配

---

① 《马克思恩格斯文集》第 8 卷，人民出版社，2009，第 15 页。
② 《马克思恩格斯文集》第 8 卷，人民出版社，2009，第 19 页。

（个人从属于一定的生产关系）——这是同一关系的进一步规定"。① 在这里，马克思对生产关系概念的界定被清晰地表达出来，即在生产过程中，作为生产资料的生产工具和作为生产主体的社会成员的分配决定了生产的结构，而生产产品的分配只是它们的结果。这就是一般所理解的生产关系概念的全部含义，即在生产过程中结成的人与人之间的关系。所谓结成包括生产之前已结成和正结成的关系。"生产实际上有它的条件和前提，这些条件和前提构成生产的要素。"② 这里所谓的条件和前提便是先于生产而存在的特定的生产关系。

由此，我们可以看到在生产力与生产关系的辩证法中，生产关系的主动性和生产力的受动性。生产力是生产主体的能力和生产资料的使用与消耗，但是当生产力要更进一步地规定自身时，即生产力界定自己、提升自己时，生产关系就被纳入了考虑的范围，成为生产自身的一个要素。反过来，作为理解生产力条件和前提的生产关系，在历经生产过程后，又将会改变自身的存在方式，作为生产的结果和产物而出现在生产中。在这一意义上，如果把生产关系抽离出去，那么生产或生产力就是空洞的概念。可以说，二者在生产的过程中相互决定和作用，对这样一种关系的理解，只能将其置于生产这一总体过程中来理解，而非像古典经济学那样，将它们置于某一阶段来看，从而以形而上学的方式来处理它们之间的关系。

上述生产力和生产关系的关系，进一步在生产与交换的关系中也得到了规定。交换作为生产关系的内在环节，它包括两个层面。其一，在生产行为中，作为生产要素的交换本身就构成生产的活

---

① 《马克思恩格斯文集》第 8 卷，人民出版社，2009，第 20 页。
② 《马克思恩格斯文集》第 8 卷，人民出版社，2009，第 21 页。

动，即在生产本身中发生的各种活动和各种能力的交换，产品之间的交换（此时的产品交换是作为生产的手段而出现的），以及在生产领域中生产者之间的交换。其二，在生产的最后阶段，产品作为消费对象而出现，交换才独立于生产，溢出生产行为本身。当然，在马克思看来，交换行为本身是受制于生产的。由此，他认为"交换就其一切要素来说，或者是直接包含在生产之中，或者是由生产决定"。① 可见，在交换环节，以交换为表现方式的生产关系由生产力安排和决定。此时，生产关系处于被动地位，而生产力则处于主动地位。至此，只要我们不是抽象地理解生产关系概念，而是把分配和交换视为它的内在环节的话，它与生产力概念的辩证法就能被揭示。也就是说，它们的关系不是一般意义上所言的："生产力决定生产关系，生产关系对生产力具有反作用"那么直白和机械。

在导言的第二节中，马克思最后以黑格尔辩证法的方式对生产与分配、交换和消费的关系做了一个颇具哲学意味的总结："我们得到的结论并不是说，生产、分配、交换、消费是同一的东西，而是说，它们构成一个总体的各个环节，一个统一体内部的差别"。② 在黑格尔看来，"差别毋宁说是事情的界限；界限就是事情终止的地方"。③ 所谓差别不是事物之间外在的差别，而是构成事物本身的诸环节和内容的差别，在实现自身时，这些差别表现为事物展开自身的过程。正是因为这样，一个统一体的内部差别才能构成被视为有机的统一。于此，他把这种理解应用到对生产的理解中，即应用到生产力概念与生产关系概念的关系中，才能使它们的辩证法得以呈现。一方面，作为生产关系范畴的分配，即作为生产要素的分

① 《马克思恩格斯文集》第8卷，人民出版社，2009，第23页。
② 《马克思恩格斯文集》第8卷，人民出版社，2009，第23页。
③ 〔德〕黑格尔：《精神现象学》，贺麟、王玖兴译，商务印书馆，1979，第2～3页。

配，它对生产力本身具有决定性的影响，同理，同属于生产关系范畴，也作为生产要素而存在的交换也对生产力本身具有决定性的作用，甚至消费所创造的需要对生产同样具有决定作用。另一方面，生产力本身的展开及其结果对于诸如分配、交换等生产关系也具有支配作用。对于生产这样一个有机体而言，生产力概念和生产关系概念的辩证法只能这么去理解，也只有这样理解才能通向真理。

三　具体总体：具体本身与精神再现它的方式

在论述了生产及其与分配、消费和交换的一般关系后，马克思在第三节正式亮出了他的政治经济学方法，即导言第三部分的主题。其实，在前两部分的论题中，我们就能感觉到马克思对他自身的政治经济学的理解和应用。在此，他专门开辟一节来谈政治经济学方法，可见这一议题在整个政治经济学研究中具有举足轻重的地位。与以往从这一节仅是抽象出方法论的研究不同，我们在这里试图把握马克思以社会关系为载体的方法论。其实，经历了《哲学的贫困》阶段，社会关系与辩证法早已成为马克思政治经济学批判过程中的一体两面。这一点是我们在理解马克思辩证法的实质时始终要牢牢抓住的要义。

在这里，马克思把科学的政治经济学方法理解为从抽象到具体的方法。那么，何为从抽象到具体的方法？他认为从当时的政治经济学来说，存在两种方法：一种是从具体到抽象，另一种则是从抽象到具体。第一种方法是从实在和具体出发，这里的具体是表象中的具体，而表象则是关于整体的混沌表象，由此"从表象中的具体达到越来越稀薄的抽象，直到我达到一些最简单的规定"。[1] 这一条

---

[1] 《马克思恩格斯文集》第 8 卷，人民出版社，2009，第 24 页。

道路是早期经济学研究所走过的道路，马克思举例说：17 世纪的经济学家从人口、民族、若干国家等生动的整体出发，最后得出一些具有决定意义的抽象的一般关系，如分工、货币、价值等。这就是从具体到抽象的方法和道路。事实上，这里的具体是标志实在的具体，它的整体还没有被思维把握为具体总体。而这里的抽象也只是抽离了表象具体中的特殊性之后剩余的东西。在马克思看来，它是不科学的。科学的方法在于第二种，即从抽象上升到具体。显然，这两种方法不是绝对对立的，第二种方法以第一种为前提和条件，即没有第一条道路得出的抽象，第二条道路便无法展开。所以，继而从劳动、分工、需要、交换价值等抽象范畴，上升到国家、国际交换和世界市场的各种经济学体系等具体范畴的道路就应运而生了。这里的具体和第一条道路中的具体是不同的。其不同之处不在于事物的具体本身，而在于思维对它的总体把握。于此，"具体之所以具体，因为它是许多规定的综合，因而是多样性的统一"。① 在思维中，具体表现为综合事物自身多种规定的过程和结果，而非起点。

问题在于：为什么从具体到抽象的方法是不科学的，而从抽象到具体的方法就被认为是科学的呢？如果按照黑格尔对科学的理解来说，那么这里的科学便是指真理展开自身的过程，而真理则是全体，是包含自身展开的诸环节在内的总体。正是因为有了这种过程，科学才是可被理解的。而不是像当时的谢林和雅可比把直观作为把握真理的方式。"由于一方面新世界的最初表现还只是隐藏在它的单纯性中的全体，或者说，最初所表现的还只是全体的一般基础，所以另一方面过去的生活里的丰富内容对意识来说还是记忆犹

① 《马克思恩格斯文集》第 8 卷，人民出版社，2009，第 25 页。

新的。在新出现的形态里，意识见不到内容的展开和特殊化的过程了，但它更见不到的，则是将诸差别加以准确规定并安排出其间固定关系的那个形式的发展形成过程。没有这种发展形成过程，科学就缺乏普遍理解的可能性。"① 黑格尔在这里把意识的发展过程描述为事物发展的过程，即从单纯的全体（具体）到抽象（全体的一般基础），再到具体（将诸差别加以准确规定并安排出其间固定关系的形式）。在黑格尔的意义上，科学的过程应该是包括从具体到抽象和从抽象到具体这一整个过程。但是马克思只把后者当成科学的。内田宏认为这是马克思在对比了威廉·配第和亚当·斯密的政治经济学方法之后做出的判断。前者是从具体事物逐渐向抽象事物下降的方法，它并不能把握事物的总体，而只是事物的抽象或一般性；而后者是从抽象事物上升为具体事物的方法，能够把握事物自身的具体总体。"斯密展开体系的方法继承了欧洲学术史上的正统方法，马克思对此做出了肯定，并继承了这种方法，马克思的经济学叙述方式是斯密的上向法。"②

这里需要把事物自身的具体和思维对它的把握区分开来。事物自身展开的过程是一个具体，但是思维对它的把握又是另一回事。在这一点上，马克思指责黑格尔陷入了幻觉，"把实在理解为自我综合、自我深化和自我运动的思维的结果，其实，从抽象上升到具体的方法，只是思维用来掌握具体、把它当做一个精神上的具体再现出来的方式。但决不是具体本身的产生过程"。③ 从抽象上升到具体本来是黑格尔辩证法的合理内核，但是在他那里已经被其唯心主

① 〔德〕黑格尔：《精神现象学》，贺麟、王玖兴译，商务印书馆，1979，第 8 页。
② 〔日〕内田宏：《新版〈政治经济学批判大纲〉的研究》，王青等译，北京师范大学出版社，2011，第 58 页。
③ 《马克思恩格斯文集》第 8 卷，人民出版社，2009，第 25 页。

义的神秘外壳裹挟了起来，成为事物自身的展开过程。按照马克思的见解，事物自身有一个客观的展开过程，即事物自身的具体，这是不以思维对它的把握为转移的。但是它要被人类所认识和把握，还需要借助思维这一中介（在黑格尔那里，思维这一中介变成了主体）。所以，"具体总体作为思想总体、作为思想具体，事实上是思维的、理解的产物；但是，决不是处于直观和表象之外或驾于其上而思维着的、自我产生着的概念的产物，而是把直观和表象加工成概念这一过程的产物"。① 由此可见，所谓实在主体展开自身的过程是一个客观的过程，是独立于思维的实体性过程。在逻辑上，黑格尔的主体即实体即如此。只不过，黑格尔把主体理解为人的思维，而不是思维着的人。在这一点上，马克思倒是抓住了重点，因为他把主体理解为社会，不是思辨的、理论活动着的社会活动，而是实践的、实际的、改变自身存在状态的社会活动。

由此，具体总体作为思维把握具体事物的结果，同时也是思维展开自身的过程。与黑格尔不同，马克思认为这一过程是符合现实的历史过程的。一方面，比较简单的范畴（如占有）作为一个比较不发展的整体的处于支配地位的关系，或者一个比较发展的整体的从属关系的思维表现，意味着这些关系是作为实体而历史地存在的；另一方面，这些简单的范畴只有处于最发达的社会状态下才能表现出其充分的力量，但它还仅是"洪水期前"的存在。所以，"比较简单的范畴，虽然在历史上可以在比较具体的范畴之前存在，但是，它在深度和广度上的充分发展恰恰只能属于一个复杂的社会形式，而比较具体的范畴在一个比较不发展的社会形式中有过比较

---

① 《马克思恩格斯文集》第 8 卷，人民出版社，2009，第 25 页。

充分的发展"。① 在这一意义上，事物自身的具体和精神再现它的方式具有一致性。

也就是说，具体总体不是思维自身运动的结果，而是事物自身运动的结果，精神只不过是以科学的方式在思想上再现它而已。基于这样的理解，马克思认为，资产阶级作为历史上最发达和最多样性的生产组织，"那些表现它的各种关系的范畴以及对于它的结构的理解，同时也能使我们透视一切已经覆灭的社会形式的结构和生产关系"。② 所以，"人体解剖对于猴体解剖是一把钥匙"。③ 具体总体作为社会形式的结构和生产关系自身发展的过程及其结果，可以说是一个历史性的概念，而非一个静止的抽象。这一点对于我们把握马克思辩证法时是至关重要的。当马克思把事物自身的具体和精神再现这种具体的方式区别开来时，他不是在这两者之间划一道界线，而是试图调整这两者在黑格尔那里被颠倒的关系，从而使精神再现具体总体的方式与具体总体本身的运动规律相符合。马克思在此特意以资产阶级社会为讨论对象，其目的就在于充分把握资本主义社会的历史地位和发展趋势。而不像古典经济学那样以形而上学的方式来理解它，将其视为永恒的社会形态。

然而，并不是因为如此，我们在叙述社会形式的发展时就按部就班地按照其历史的发展顺序来排列。具体总体是思想的总体，是对事物自身发展过程的把握。但是在表达具体总体的时候，我们并不能由此就服从它的历史过程，而不顾具体总体自身已经完成的形态。或者说，对具体总体的表达应该从具体总体本身出发，才能理解那些混沌的具体和抽象范畴。这是马克思辩证法对事物自身的运

---

① 《马克思恩格斯文集》第 8 卷，人民出版社，2009，第 27 页。
② 《马克思恩格斯文集》第 8 卷，人民出版社，2009，第 29 页。
③ 《马克思恩格斯文集》第 8 卷，人民出版社，2009，第 29 页。

动方式及其叙述方式所做的科学区分。这一点在《哲学的贫困》中，马克思就已经批判过蒲鲁东的经济范畴排列顺序。只是那时候马克思还没有以具体总体作为思想的真理。在这里，他认为："把经济范畴按它们在历史上起决定作用的先后次序来排列是不行的，错误的。它们的次序倒是由它们在现代资产阶级社会中的相互关系决定的，这种关系同表现出来的它们的自然次序或者符合历史发展的次序恰好相反"。① 也就是说，经济范畴作为思想的具体，虽然是对事物自身具体的反映，但是对它们之间的关系表达不取决于它们的历史过程，而取决于它们在历史发展的结果中的结构性处境。不过，从这个意义上说，这一点和事物自身具体展开自身的过程并不矛盾。因为作为思想结果的具体总体作为叙述的起点，其实体的基础不正是由事物自身的发展过程奠基而来的吗？进一步而言，具体总体内部各要素之间的关系不是先验地存在，而是历史地产生。

第二节　从货币向资本转化的辩证法

除"导言"外，《大纲》主要分为两部分，即"货币章"和"资本章"。从货币向资本的过渡或转化是联系这两章的理论枢纽，因而主要蕴含马克思辩证法思想的精髓。按照黑格尔的理解，辩证法的理论对象不是某个概念，而是概念之间的过渡，而概念展开自身的诸环节便是事物自我展开的运动过程。与此相反，马克思在理解货币向资本的转化过程时，所依赖的基础是现实社会关系即资本与劳动关系的生产与再生产过程。这是在阐释马克思辩证法时需要时刻谨记的理论要义。基于此，在整个"货币章"和"资本章"

---

① 《马克思恩格斯文集》第 8 卷，人民出版社，2009，第 32 页。

的阐述中，他的辩证法思想主要在两个方面得以展开：一是货币向资本转化的内在逻辑，即货币的三种形式规定和自我消灭的根源，二是货币转化为资本的社会过程和形式批判。

一　货币的三种形式规定及自我消灭的根源

在内田宏看来，《大纲》的"货币章"从体系上颠覆了斯密从货币论到商品论的论证，"试图从个人交换制度本身中寻找一种必然性，即产品变成商品，商品又变成货币，然后货币向资本过渡的必然性。"① 这被认为是马克思最初的商品论和货币论。显然，斯密和马克思论证思路的根本不同，也必然会影响他们对货币转化的异质性理解。在斯密那里，货币转化为商品是其基本任务，而在马克思这里，货币向资本的转化是其主要目的。这对于揭示现代资本主义社会的历史形成和基本结构来说，是具有决定性的环节。在这个意义上，我们可以把从货币向资本转化的辩证法视为《大纲》"货币章"和"资本章"中最具方法论意义的内容。具体而言，这种辩证法首先体现在马克思对货币为什么会向资本转化的论证上，或者说体现在货币向资本转化的必然性上。正如上文所言，辩证法所处理的对象是事物的运动过程，或者说对事物自身转化或过渡理论的把握，所以马克思对货币向资本转化的理解是在货币流通过程中加以展开的。这同时也就规定了马克思对货币的理解也必须在其自身的流通中才有可能。

对于马克思来说，货币流通和商品流通是两种方向完全相反的运动。当商品从 A 流向 B 时，此时货币就会从 B 流向 A，这是方向

---

① 〔日〕内田宏：《新版〈政治经济学批判大纲〉的研究》，王青等译，北京师范大学出版社，2011，第 71 页。

上的根本不同。也就是说，货币作为商品流通的中介，实际上它所充当的角色就是交换手段。对这种交换手段的流通进行考察，他认为应该从以下三个方面进行：一是运动的形式本身，运动所经历的路线，也就是运动的概念；二是流通的货币量；三是货币完成自身运动的速度，即流通的速度。这里所谓货币流通的运动形式本身指的是货币的出发点和回归点，以及中间的运动环节。马克思将其分为两种情况。其一，在最初的自然形成的流通中，从无数不同的点出发，又回到无数不同的点，它伴随着商品流通的过程而实现，此时很难把握它成型的运动形式。其二，以银行制度为中介的货币流通，它从一个中心出发达到圆周的不同点，并且从圆周的一切点回到一个中心。与第一种不同，这种运动呈现了规律性的运动，也就是说通过这样一个银行制度的中介，它本身的运动形式便可以被思维所把握，运动的概念才慢慢呈现在思维面前。可以说，马克思所谈的货币流通基本上是以资本主义的银行制度为基础的，甚至对最初形式的货币流通也是在此观照下展开的。但反过来说，银行制度本身又何尝不是从最初的自然形成的货币流通中产生，并进而使其呈现一定规律的呢？

在这样的货币流通中，作为价值尺度的货币，即货币的第一种形式规定才能被把握。货币作为价值尺度是就货币与商品的本质关系而言的，这里的价值即指商品的交换价值。正如马克思所言："货币首先是商品为取得作为交换价值的自由存在而必须潜入其中并在其中金银化的一般材料。商品必须翻译成货币，用货币表现出来。货币成为交换价值的公分母，即作为交换价值的商品的公分母。用货币来表现的，即与货币相等同的交换价值，就是价格。"[①]

---

① 《马克思恩格斯全集》第30卷，人民出版社，1995，第139页。

在这里其基本逻辑是：一方面，商品必须要被预先确定为价格，商品才必须转化为交换价值，货币才能表现作为交换价值而出现的商品，继而才能表现商品的价格；另一方面，这种商品交换价值的实现必须通过不断的交换行为才能发生，它必须在交换总体或交换行为的体系中才能实现。也就是说，货币作为商品的价值尺度，总是发生在以货币为交换中介的社会关系中的。在这一意义上，所谓的生产费用或社会劳动时间最终才能以货币的形式表现。不过，社会关系在这里只是以观念的形式表现在货币中，还不是以实体方式存在。

　　与作为价值尺度的货币形式表现为观念不同，作为流通手段的货币形式则是以实体的方式实现自身的。当然，前者是后者的前提。"商品只有事先观念地转化为货币，即获得价格规定，表现为价格，才能实在地同货币相交换，转化为实际的货币。"① 在这一形式规定中，商品的交换价值实在地被实现。其基本环节在于：一是我的产品和别人的产品对立，或者说我的产品基于别人的需要才成为真正的产品，即不是为我自己生产和使用；二是由此只有通过转让，我的产品价值才能实现，或者说成为别人的使用价值，我的产品的交换价值才能实现；三是别人为了得到我的产品，必须先转让他的产品，他才能将他的交换价值和我的相交换；四是生产对于我而言不是表现为目的本身，而只是我获取交换价值，进而获取我所需要的产品的手段罢了。这很容易让我们想起斯密在《国富论》和黑格尔在《法哲学原理》中所阐述的"需要的体系"理论。只不过，马克思在此更加强调货币作为流通手段，即作为实现商品的交换价值的手段。在这个形式规定中，马克思指出"社会关系表

---

① 《马克思恩格斯全集》第 30 卷，人民出版社，1995，第 144 页。

现为某种不以个人为转移的东西，而且社会运动的总体本身也表现为这样的东西。个人相互间的社会联系作为凌驾于个人之上的独立权力……这里的出发点不是自由的社会的个人"。① 可以说，货币作为价值尺度是在观念上表现社会关系，而作为流通手段则是实在地将那种在观念上表现出来的社会关系体现出来。

货币的第三种形式规定是货币作为财富的物质代表，或者说以积累的方式而存在的货币。它是流通的第二种形式 G－W－W－G 的直接产物，"在这种形式中，货币不是仅仅表现为手段，也不是表现为尺度，而是表现为目的本身，因而就像一旦完成自己的循环并从贸易品变成消费品的一定商品一样，离开了流通"。② 货币离开流通，作为物质财富的代表而独立存在，这是充分发展了的货币的第三种规定，在马克思看来，它以前两种规定为前提，并且是它们的统一。在这里，充分发展了的货币形式从流通中退出来，是因为它已经作为价值尺度和流通手段在社会交往中占据主导地位，内在地规定了社会关系的基本运动。所以，它现在作为一般财富的代表，成为社会致富欲的本质对象和个体致富的本质过程。但问题在于：如果货币由此就退出流通，那么它必然就会失去自身的社会权力，而成为"死的"金属或铸币等物质实体。所以，一方面是致富欲力图使货币离开流通，从而使它储存起来；另一方面，致富欲又希望获得更多的物质财富，从而又不得不使它重新投入流通过程中。这就是货币在第三种形式规定中所遭遇的矛盾。显然，货币的这种矛盾是由自身作为生产关系的社会表现使然的。"现在，货币在其最后的完成的规定上，从所有方面来看都表现为自我消灭的矛

---

① 《马克思恩格斯全集》第30卷，人民出版社，1995，第148页。
② 《马克思恩格斯全集》第30卷，人民出版社，1995，第168页。

盾，导致货币自身消灭的矛盾。"① 在马克思看来，唯一能解决这种矛盾的方式就是回到起点，即回到生产当中去，在资本主义社会则表现为用来购买雇佣劳动，从而使自身增殖。这也就是货币向资本转化的必然性所在。

从三种形式规定的逻辑进展来看，货币在它的最高形式上也必然会导致自身消灭。"货币作为单纯的尺度，已经在作为流通手段的自身中被否定了；货币作为流通手段和尺度，已经在作为货币的自身中被否定了。因此，货币在这后一种规定上被否定，同时也就是它在前两种规定上被否定。"② 在内田宏看来，马克思在此引用了黑格尔《逻辑学》中的"矛盾使自我解体"的逻辑。一方面，货币作为价值尺度的规定与黑格尔存在论的质相对应，另一方面，作为流通手段的规定则与量相对应，而作为物质财富代表的贮藏手段则与作为质和量的统一的度量相对应。③ 内田宏的这一黑格尔化的解释给我们理解这一难题提供了很多有益的启示。但是这种结构性的逻辑，并不能说明货币为什么必须要转向资本才能解决自身的矛盾。要从理论上说明它，还得求助于社会历史的根据，这是马克思的基本思路。其实，这也是马克思改造黑格尔辩证法的基本进路。

二　货币转化为资本的形式批判与社会过程

从逻辑上要阐明货币向资本转化的主要支点在于，货币自身的形式发展到最高阶段即贮藏手段导致了自我解体或消灭的矛

---

① 《马克思恩格斯全集》第 30 卷，人民出版社，1995，第 187 页。
② 《马克思恩格斯全集》第 30 卷，人民出版社，1995，第 188~189 页。
③ 〔日〕内田宏：《新版〈政治经济学批判大纲〉的研究》，王青等译，北京师范大学出版社，2011，第 116 页。

盾。但真正要从社会历史过程来说明它，这还只是前奏。在《大纲》中，马克思首先立足于现实的资本主义社会关系对货币转化为资本做了形式批判，并在社会历史的辩证运动过程中对它做了有力阐释。

在马克思看来，在货币作为货币的完全规定性上理解货币是很困难的，特别是在理解货币导致自身消灭的形式规定上，以前的政治经济学并没有给出合理的解释。其原因在于，在货币身上，社会关系即个体与个体之间的关系表现为金属、矿石等。在这里，货币的形式规定和它的自然属性混淆了，迷惑了政治经济学家们的视线。显然，停留在这种形式规定的理解中，作为资本的货币是无法被把握的。所以，正确的做法便是要剥掉货币的金属外壳，将货币是由社会设定的东西这一本性还原成特定的社会关系的表现。"既然迄今为止对货币关系的阐述是在其纯粹形式上进行的，并没有同发展程度较高的生产关系联系起来，那么，货币关系的规定的特点就在于：在从简单意义上来理解的货币关系中，资产阶级社会的一切内在的对立在表面上看不见了。"① 所以，摆在马克思面前的任务则是批判货币转为资本的形式理解，并将其社会过程予以揭露，从而才能深入资本主义社会的内部关系中对此做本质性考察。

在货币向资本转化的形式理解中：①商品或劳动只是被看作交换价值；②商品之间的交换被看作交换价值之间的交换，即等价交换；③由此，进行交换的个人即主体被看作单纯的交换者，是处于人格平等的主体。在马克思看来，如果这样理解货币所代表的社会关系，那么每个主体便是无差别的了，继而主体与主体之间所发生

---

① 《马克思恩格斯全集》第30卷，人民出版社，1995，第195页。

的关系，即社会关系，就是一种平等的关系。"只要考察的是纯粹形式，关系的经济方面，——处在这一形式之外的内容在这里其实还完全不属于经济学的范围，或者说，表现为不同于经济内容的自然内容，可以说，它同经济关系还是完全分开的，因为它同经济关系还是直接重合的，——那么，在我们面前出现的就只是形式上不同的三种要素：关系的主体，交换者，他们处在同一规定中；他们交换的对象，交换价值，等价物，〔Ⅱ—9〕它们不仅相等，而且确实必须相等，还要被承认为相等；最后，交换行为本身，中介作用，通过这种中介作用，主体才表现为交换者，相等的人……"①这种是对资本主义社会关系的形式考察，在马克思看来并没有真正把握其实质。一方面，交换价值作为整个生产制度的客观基础，本身就包含对处于这种生产关系中的个人的强制，也就是说个人只有把自己的产品兑现为社会产品时，才能实现自己的特殊需要，而这已经就包含对个人的自然存在的否定，所以，个人在这个意义上是完全由社会决定的；另一方面，存在交换或靠交换来实现的生产关系的较高级形式，本身内含与其他形式之间的实质性差别，而不仅是形式上的、无关紧要的差别。所以，他认为在以交换价值为内容的货币与资本的关系中本身就潜在地包含工资与资本之间的对立，而这才是真正的社会过程，或者说实质性差别。在这个意义上，基于交换价值而言的资产阶级的平等和自由制度其实是被货币和资本扭曲了的。

　　所以，揭示货币向资本转化的社会过程，也就意味着将资本主义的社会关系真实地展示出来。实际上，马克思对货币向资本转化的形式批判，其实是对资本主义社会的一种意识形态批判。只不

---

① 《马克思恩格斯全集》第 30 卷，人民出版社，1995，第 196 页。

过，资本主义社会关于平等和自由的意识形态根据在于交换价值这一经济维度。诚然，当马克思深入对货币向资本转化的社会过程分析时，这种批判也得到了进一步推进。

在流通中，货币转化为资本，它必须要再次回到自身的根据才能解决第三种形式给它带来的悖论。"流通返回到这种活动，就是返回到自身的根据。"① 在社会历史运动过程中，这种活动不是精神的自我运动，而是通过劳动进行的商品生产，也是作为交换价值的商品生产，即资本主义生产的总过程，它既包含劳动的一般生产过程，也包含价值增殖的生产过程。在马克思看来，"这是流通的出发点，流通通过本身的运动返回到创造交换价值的生产，返回到它的结果"。② 在这里，货币向资本的转化通过货币在现实的社会历史运动过程中的再生产得以实现。只有这样，作为资本的货币才有可能创造出新的、更大的交换价值。所以，在这一意义上，由货币转化而来的资本，不仅是一种简单的社会关系，还是一个过程，表征着资本主义生产的过程。在这一过程中，货币始终表现为与各种不同要素结合在一起的资本，比如用来购买原材料和劳动力的货币，即货币资本；用来支付生产过程费用的生产资本；用来实现商品流通的商品资本；等等。总之，货币不能停留于它的第三种形式规定中，作为永久的贮藏手段而存在，它必须再次回到其根据即生产过程中，才能让自身重新焕发活力。

在此，理解这个社会过程的关键便是资本和劳动在资本主义社会中的交换活动。当然，马克思在这里明确指出了生产劳动和非生产劳动的区分，即只有在与资本相对立意义上的劳动才能构成生产

---

① 《马克思恩格斯全集》第 30 卷，人民出版社，1995，第 211 页。
② 《马克思恩格斯全集》第 30 卷，人民出版社，1995，第 211 页。

劳动。资本是非劳动或死劳动，非资本便是活劳动。在资本与劳动的交换活动中，也就是在货币购买劳动力（马克思在《大纲》中使用的是劳动概念，而非劳动力）的过程中，存在两个环节：一是工人把自己的劳动当作商品和其他商品一样来看待，是有价格的使用价值，将其同资本家手中作为资本的货币相交换；二是资本家用货币购买工人的劳动本身，用来创造交换价值，即生产劳动，进而获得自身的增值。在这里，显而易见的事情是，货币只有与工人的劳动相结合才能重新创造自身，或者说是再生产自身。但是这一点，在货币的形式规定中却被遮蔽了。事实上，按照黑格尔理解质与量统一的辩证法，也不能揭示货币必须越出自身的形式规定，来到现实社会关系中与劳动结合这一本质环节。显然，马克思做到了。因为他把辩证法置于社会历史过程中来理解，货币自身所遭遇的矛盾最终必须要回归到它所代表的社会关系中来解决。

通过以上论述可知，马克思在《大纲》的"货币章"和"资本章"中对辩证法的理解主要是在货币转化为资本的过程中展开的。一是货币概念向资本概念的过渡，恰恰是马克思辩证法的核心议题。显然，马克思没有局限于形式分析，而是深入货币与资本关系的社会历史运动进行了考察，揭示了货币向资本转化的社会过程及其现实基础。而不是在精神的运动中，试图弥补二者之间的差别和矛盾。从这个意义上说，我们认为马克思一方面习惯于借助黑格尔"出发点—中介—回到出发点"的逻辑，另一方面又总是能跳出这个形式规定，深入中介运动中，发现那些不可能回到出发点的要素，比如工人的劳动之于资本。可以说，马克思在继承黑格尔辩证法的同时，又在揭示着破坏这种辩证法的社会过程和要素。二是黑格尔"肯定—否定—否定之否定"的逻辑，在这里也得到进一步的运用和改造。在对货币的三种形式规定的分析中，马克思把第一种形式规定即作为价值尺度的货币视为肯定环节，第二种形式规定即作为流通手段的货币视为否定环节，而第三种形式规定即作为贮藏手段的货币视为否定之否定环节，进一步而言，他没有停留于这种逻辑的形式方面，而是发现并继续深挖了在否定之否定环节作为贮藏手段的货币所内含的矛盾，从而揭示了从货币向资本转化的内在必然性，其解决办法是重新回到自身的根据即生产交换价值的过程中。由此，马克思只有在现实的资本主义社会关系中才能真正揭示从货币向资本转化的辩证法。

第三节　马克思辩证法视域中的未来共同体

我们知道对于黑格尔辩证法而言，普遍性和特殊性是一对核心范畴。在一般意义上，特殊性包含于普遍性中，而普遍性则以特殊性为实体内容。所以，普遍性的实现必须借助于特殊性，而特殊性也必然发展为普遍性。黑格尔的这一精神发展形式的辩证法对于马克思来说具有重要启示意义。在《大纲》中，他对未来共同体的理解就是借助于这样一种形式辩证法展开的。在"原始积累""资本主义生产以前的各种形式"等章节中，马克思在社会关系的意义上对它做了改造，并在逻辑上构想了未来共同体。具体而言，对共同的社会福利的关心与重新确立个体的社会地位，是马克思辩证法关于未来共同体构想的两个基本维度，即普遍性维度和特殊性维度。前者源于本源共同体之伦理本性，后者则是对市民社会中个体原则的扬弃。这两者的相互结合，即以个体原则的特殊性充实本源共同体的普遍伦理精神，并由此扬弃市民社会中个体原则的庸俗性，是通往未来共同体的现实构想。在归根结底的意义上，未来共同体的塑造是重新确立个体与共同体之关系的历史实践过程。马克思辩证法在未来共同体中的应用，可以进一步阐明《大纲》中他对辩证法与社会关系之间的内在关联的本质性理解。

一　本源共同体中的普遍伦理维度

马克思关于未来共同体构想的伦理维度指的是本源共同体对共同的社会福利的关心。那么何谓本源共同体？依照《马克思历史理论的研究》的作者、日本著名马克思主义研究专家望月清司的理解，马克思对世界史理论的大致轮廓是这样一种描述，即"本源共同体—市民社会—未来共同体"。[①] 本源共同体即包含无中介的社会结构的共同体，而市民社会则是作为共同体协作和分工关系异化形态的社会。基于这样的逻辑关系，即本源共同体与市民社会作为人类的集结和统合方式，其根本差别在于前者的集结方式是直接的和无中介的，后者则需要某种中介物才能将异质的、无人格接触的个体彼此联系起来。所以，所谓未来共同体的原型模式在于本源共同体，也就是要恢复它的直接的和无中介的集结方式，但不是单纯的复归，而是必须经历市民社会这个"中介"过程，换句话说则是，未来共同体是要通过扬弃市民社会这个异化形态才能复归至本源共同体。

所以，要明确未来共同体这种伦理关怀就应该不仅对本源共同体做出唯物主义的解释，还要充分关注它的伦理维度。那么本源共同体直接的和无中介的集结方式具有怎样的伦理关怀？或者说，它是如何蕴含对共同的社会福利的关心呢？在《大纲》的"原始积

---

① 〔日〕望月清司：《马克思历史理论的研究》，韩立新译，北京师范大学出版社，2009，第 225 页。

累""资本主义生产以前的各种形式"等章节中，马克思对此做了富有创建的说明。在"原始积累"一节中，他认为以资本为基础的生产是由活劳动与劳动的客观条件相分离这种关系为前提的，而"这种关系先前得以表现的条件，或者说表现为生成这种关系的历史前提的那些条件，乍一看来表现出某种二重性：一方面是活劳动的比较低级形式的解体，另一方面［对直接生产者来说］是活劳动的比较幸福的关系的解体"。① 这里的活劳动的比较低级的形式指的是本源共同体中的奴隶制或农奴制。这种低级的形式显然是相对于以资本为基础的生产的高级形式而言的，其判断的标准在于活劳动与劳动的客观条件及其产物的同一或分离。奴隶制或农奴制显然是一种原始的同一关系，即奴隶或农奴本身以作为劳动工具和手段的方式存在，而高级形式指的是它们的分离关系，这使它们在形式上能够作为独立的人格相互对立，并以一般交换者之间的平等和自由原则相互交往。

在这一意义上，活劳动的低级形式向高级形式的跃升是生产力发展的一个主要方面，这自然具有积极意义。但是，对于直接的生产者来说，这种跃升也意味着比较幸福的关系的解体，显然具有消极的一面。言外之意，活劳动与劳动的客观条件的分离使得生产者自身陷入了一种深度的异化之中。因而在其本质上，这种比较幸福的关系的根据在于活劳动与劳动的客观条件的同一关系，即劳动者拥有自己劳动的客观条件。也正是在这个意义上，马克思称其为"自由的劳动"。在望月清司看来，它"反映了马克思在资本生成时期所面对的劳动和所有的过去与未来问题上所表现出来的人类关怀。正是这一人类关怀，在以往的《各种形

---

① 《马克思恩格斯文集》第 8 卷，人民出版社，2009，第 113 页。

式》研究中消失了"。①

无疑，对于本源共同体而言，它对自身共同福利的关心就在于保证这种自由劳动的实现和存续。下面我们将围绕"资本主义生产以前的各种形式"中亚细亚、古典古代和日耳曼这三种共同体中的伦理维度，即对共同的社会福利的关怀加以阐释，"因为我们要从中发现如下事实，即马克思在所谓《各种形式》中给自己的任务是要去论证自由的劳动者及其集团结合才是自由所有的主体，才是主体"。②

在第一种共同体——亚细亚的形式中，劳动者把自己劳动的客观条件当作天然的财产，劳动者和劳动的客观物质因素天然的统一。在这种共同体中，个体既是共同财产的所有者，也是进行劳动的共同体成员。"这种劳动的目的不是为了创造价值，——虽然他们也可能从事剩余劳动，以便为自己换取他人的产品，即剩余产品，——相反，他们劳动的目的是为了维持各个所有者及其家庭以及整个共同体的生存。"③ 因为这个共同体中的个体只有作为其成员而存在，才能把自身看作所有者或占有者。在这个意义上，亚细亚这一本源共同体的伦理属性是非常明显的，即对共同体自身的维持就是对个体成员利益的维持。个体与共同体这两者天然合一、休戚与共。

与亚细亚这种天然合一的、未经反思（个体是共同体的偶然因素、纯粹自然的组成部分）的形式不同，古典古代的共同体形式"不是以土地作为自己的基础，而是以城市作为农民（土地所有

---

① 〔日〕望月清司：《马克思历史理论的研究》，韩立新译，北京师范大学出版社，2009，第348页。

② 〔日〕望月清司：《马克思历史理论的研究》，韩立新译，北京师范大学出版社，2009，第352页。

③ 《马克思恩格斯全集》第30卷，人民出版社，1995，第466页。

者）的已经建立的居住地"。① 这意味着，共同体的财产和个体的私有财产是分开的。当然，这种分开是初级的和自然形成的。因而古典古代这一共同体的伦理本性在于：其一，共同体成员作为私有者是自由的和平等的，他们相互联合，以确保满足共同的需要和共同的荣誉等；其二，共同体成员不是通过创造财富的劳动协作将自身再生产出来，而是通过为了保持共同体的共同利益所进行的劳动协作来生产自身。可以看出，古典古代的共同体形式出现了私有者和共同体之间的初步分离和反思，即共同的福利在此展现出两个维度，一是私有者的联合是确保共同福利的前提，二是只有确保共同福利的实现，私有者才能作为私有者而存在。

日耳曼所有制形式，即劳动的个人对他们劳动的自然条件的所有形式与前两者都不同。在日耳曼这一共同体形式中：①单个家庭就表现为一个经济整体；②公有地只是私人所有的补充；③共同体及其财产的存在以他物为中介，表现为独立主体之间的相互关系。由此，这里的共同体表现为单个经济整体的联合而非联合体，是土地私有者的统一而非统一体。换言之，这里的共同体以土地私有者的存在为前提，并存在于这些个人土地所有者的相互关系中。所以，日耳曼这一共同体的伦理性质在这里发生了质的变化，一方面，在语言和血缘的意义上，共同体是个人所有者存在的前提，另一方面，个人所有者获得了独立于共同体的性质。

在归根结底的意义上，传统共同体的伦理关怀在这里发生了转折，即由关心共同的福利转向关心个体的利益。个人所有者在这里获得了主体的意义。由此可以看出，从亚细亚形式到古典古代形式，再到日耳曼形式，这三种形式的发展过程是马克思把"肯定—

---

① 《马克思恩格斯文集》第 8 卷，人民出版社，2009，第 126 页。

否定—否定之否定"之辩证法应用于社会历史的典范。对于共同体来说，作为肯定阶段的亚细亚形式是抽象普遍性阶段，作为否定阶段的古典古代形式则是特殊性阶段，而作为否定之否定阶段的日耳曼形式则是具体的普遍性阶段。对于马克思辩证法而言，本源共同体中的普遍伦理维度实质上是一种抽象普遍性，它必然要进展到特殊性阶段，即市民社会中的特殊私利阶段。

二　市民社会中的特殊私利维度

本源共同体的解体意味着那个以直接的和无中介的集结方式的丧失，同时也意味着取代它的将是这样一个联合体，在那里，个人的特殊利益或福利作为特殊性原则成为它的基本原则。望月清司所说的"作为共同体协作和分工关系异化形态的社会"则是市民社会的普遍性原则。当然，特殊性原则和普遍性原则都是市民社会的基本维度，但是特殊性原则是首要的原则，没有前一原则，后一原则也将不存在。因为在市民社会中，每个人都以自身的利益为目的，市民社会中的人作为特殊的人，其本质规定在于他以自身的特殊福利作为保障和追求。"但是，特殊的人在本质上是同另一些这种特殊性相关的，所以每一个特殊的人都是通过他人的中介，同时也无条件地通过普遍性形式的中介，而肯定自己并得到满足。"[①] 简言之，在市民社会中只有以个体的利益为首要原则，即每个人都以自身的福利为目的，进而才能以他人为实现这种目的的手段。所谓它的普遍性原则即当中的每个人都互为目的和手段，因而是一种形式的普遍性，但特殊性原则对于整个市民社会而言是内容充实的基石。

---

① 〔德〕黑格尔:《法哲学原理》，范扬等译，商务印书馆，2009，第 197 页。

这就是我们对恩格斯所说的"资本主义商业社会是清醒的和务实的"这一判断的基本认识，也就是说他这里所说的清醒和务实指的是资本主义社会把个体的利益作为首要原则。① 这一原则击穿了本源共同体的意识形态笼罩，即本源共同体的崇高。马克思在《大纲》的"资本主义生产以前的各种形式"部分对这种崇高进行了批判性分析。其一，古代人所关心的是哪一种所有制方式能造就更好的国家公民，而不是关心它是不是最有生产效能，能不能创造最大财富；其二，与现代世界相比，它的崇高就体现在人总是表现为生产的目的，而现代世界则是生产表现为人的目的，财富表现为生

---

① 1884 年，恩格斯在一份名为"论未来的联合体"的遗稿片段中，简要地谈到了他对未来联合体的基本理解。他说："迄今存在过的联合体，不论是自然地形成的，或者是人为地造成的，实质上都是为经济目的服务的，但是这些目的被意识形态的附带物掩饰和遮盖了。古代的巴力斯、中世纪的城市或行会、封建的土地贵族联盟——这一切都有意识形态的附带目的，这些附带目的，它们是奉为神圣的，而在城市望族的血族团体和行会中，则来源于氏族社会的回忆、传统和象征，同古代的巴力斯情况差不多。只有资本主义商业社会才是完全清醒的和务实的，然而是庸俗的。未来的联合体将把后者的清醒同古代联合体对共同的社会福利的关心结合起来，并且这样来达到自己的目的。"（《马克思恩格斯全集》第 21 卷，人民出版社，1965，第 447 页）我们在此一字不落地将其摘录下来，不仅是因为以往的研究对恩格斯关于未来共同体的明确表述知之甚少或刻意回避，更为重要的是他在这里提出了对未来共同体的基本理解框架。在我们看来，尽管该解释框架只有寥寥数语，但它具有极其深刻的内涵。其内涵的深刻性在于，恩格斯明确指出要实现未来的共同体就必须把资本主义商业社会的清醒和古代共同体对社会福利的关心结合起来。如果说古代共同体对共同的社会福利的关心意味着未来共同体的伦理之维，那么，"资本主义商业社会的清醒"意味着什么？恩格斯尽管没有更多的说明，但是基于马克思对资本主义社会的认识来说，这里的"资本主义商业社会的清醒"意味着资本主义社会中对个体利益的倚重和确定。换言之，未来共同体必须包括市民社会中的私人维度。当然，这里的"包括"是指未来共同体以扬弃的方式剥离市民社会中私人维度的庸俗性。

还需要说明的是，在《马克思恩格斯全集》第一版中，恩格斯的这一遗稿被翻译成"论未来的联合体"，德文原文是"Ueber die Assoziation der Zukunft"，其中 Assoziation 即该联合体之意。共同体对应的德语通常是 Gemeinschaft、Gemeinde 或 Gemeinwesen。二者有区别，也有联系。从词源上来说，共同体强调的是共同之意，而联合体强调的是异质性个体之间的集合，即独立个体之间的同一性。当它和未来联系起来使用时，我们觉得翻译成共同体更合适。共同体强调的是个体之间直接的、无中介的集结方式，未来共同体是要扬弃独立个体的庸俗性，重新复归一种直接的和无中介的交往形式。所以，在这里，我们对恩格斯这篇遗稿以外的表述都采用共同体一词。

产的目的，因而财富表现为人的存在及其活动的目的。"因此，一方面，稚气的古代世界显得较为崇高。另一方面，古代世界在人们力图寻求闭锁的形态、形式以及寻求既定的限制的一切方面，确实较为崇高。古代世界是从狭隘的观点来看的满足，而现代则不给予满足；换句话说，凡是现代表现为自我满足的地方，它就是鄙俗的。"① 一个是古代世界的崇高，另一个是现代世界的鄙俗，或者也可以说现代世界的鄙俗是古代世界的崇高解体的产物。进一步而言，判定这两个世界的标准就是生产的目的，即人还是财富。所谓资本主义商业社会是清醒的也是庸俗的，其本质都在于它以财富为生产的目的。

那么，为什么把财富作为生产的目的会被视为资本主义社会的清醒之处？或者说，个体的利益作为市民社会的私人维度为什么会构成这一共同体的基本规定？一方面，本源共同体由于处于狭隘的民族、宗教和政治的规定中，被意识形态的附带物掩盖了其真实的目的即为经济服务，现在经由本源共同体的解体，私人利益成为市民社会的运行原则，个人的利益成为目的，那种被蒙蔽的状态得以揭示。换句话说，本源共同体的意识形态将某个个体的利益塑造为普遍原则，而市民社会则是把每个人的特殊利益作为普遍原则。这是社会历史实践的结果，它给予本源共同体以沉重打击。另一方面，这与对个体和财富的关系的理解相关。本源共同体当中的劳动者把劳动的客观条件，包括赖以生存的土地和赖以劳动的工具视为理所当然的财富，把财富的本质理解为物，此时个人与财富处于一种同一的关系中。在这个意义上，古代共同体的崇高也可以被视为一种表象，它把人作为生产的目的是因为这时的人与财富处于原始

---

① 《马克思恩格斯文集》第 8 卷，人民出版社，2009，第 138 页。

的同一关系中。而现代世界则意味着：①劳动者与把土地作为生产的自然条件的关系的解体；②劳动者与把劳动工具视为自身所有的关系的解体；③劳动者与维持劳动者生存的生活资料的自然关系的解体；④劳动者与自身内含的劳动能力的关系的解体。也就是说，之前那种财富关系在现代工人同作为资本的劳动条件的关系中被否定了。个体赖以存在的本源共同体根基在这里被彻底铲平，市民社会的私人利益在这里被彻底激扬。财富不再被视为与劳动者天然合一的自然条件和劳动的自然前提，而是被视为与劳动者自身相关的诸要素。正如马克思所说："事实上，如果抛掉狭隘的资产阶级形式，那么，财富不就是在普遍交换中产生的个人的需要、才能、享用、生产力等等的普遍性吗？财富不就是人对自然力——既是通常所谓的'自然'力，又是人本身的自然力——的统治的充分发展吗？财富不就是人的创造天赋的绝对发挥吗？"①

对财富的理解由此发生了一个根本性的转变，即它不再是一个外在于人的自然物质或劳动的产物，而是内在于人自身的能力。可以说，这是市民社会的私人原则充分发展的前提和结果。只不过资本主义社会将这种人的内在本质的充分发挥完全异化了，表现为完全的空虚化和庸俗化，劳动者成了财富生产的完全的工具和手段。由此，市民社会的私人维度即私人利益原则加速了本源共同体的解体，从而也扬弃了它关心共同福利的伦理本性，并将个人视为相互满足自身需要的目的和手段这样一种集结方式取代伦理的方式。同时，也正是借助于从"共同体"下降到"私人"的这一环节，未来共同体才能扬弃本源共同体中人的那种自然意义上的普遍性和全面性，为个体的全面发展和现实的自由提供历史和实践的契机。

---

① 《马克思恩格斯文集》第 8 卷，人民出版社，2009，第 137 页。

三　未来共同体中普遍伦理与特殊私利的互化

未来共同体虽然是尚未到来的、尚未实现的存在，但是如何实现即关于通往未来共同体道路的问题却是可以被提出的，而且也应当被思虑。当然，对通向未来共同体道路的疑惑或思虑不是凭空产生的，而是基于我们上述讨论的两个基本维度展开的，一个是共同体的伦理维度即共同的福利，另一个是市民社会的私人维度即私人利益。在这里，我们将这两个维度的结合视为历史唯物主义关于未来共同体的基本构想。

那么，这两个维度的结合意味着什么？我们认为这种结合意味着：一方面，需要恢复在市民社会中已丧失的伦理精神，即对共同福利的关心，当然这种恢复不是简单地通过回到本源共同体的方式实现，而是要重新发现市民社会中真正的普遍性，按照马克思的发现来说，即那个能够代表普遍利益的无产阶级，因为只有他们才具有真正的伦理关怀；另一方面，改变本源共同体中只见共同体、不见个体的存在方式，重新确立个体在共同体中坚实的地位和基础，进而未来的共同体不是以牺牲个体成全共同体的方式存在，而是既有对个体利益的保全，又有共同体利益的实现，从而推进个体利益与共同体利益的双重保存和增长。这两个方面的结合见之于现实则是一个历史实践的过程。

第一个问题即恢复在市民社会中已丧失的伦理精神是未来共同体面对的难题。本源共同体的解体，也就意味着它赖以存在的基础的解体，即劳动者与劳动客观条件那种天然合一关系的解体，并由此向市民社会过渡，过渡到劳动者与劳动的客观条件的分离状态。同时，它也意味着本源共同体关心共同的社会福利的伦理精神的丧失。但是，本源共同体的这种伦理精神无疑是一种抽象的、未经反思的、田园诗式的信念。因此，未来共同体所内含的不是本源共同体意义上的那个伦理精神，而是必须要经过提升和锻造的伦理精神。在现代社会，黑格尔认为国家才是伦理理念的现实，因为"现代国家的本质在于，普遍物是同特殊性的完全自由和私人福利相结合的，所以家庭和市民社会的利益必须集中于国家；但是，目的的普遍性如果没有特殊性自己的知识和意志——特殊性的权利必须予以保持，——就不能向前迈进。所以普遍物必须予以促进，但是另一方面主观性也必须得到充分而活泼的发展。"① 在此，黑格尔指出只有将普遍目的和特殊福利相结合才能被视为真正的国家，所以他把国家视为未来共同体的存在方式，认为只有国家才是这种伦理精神的实体性显示。马克思与黑格尔正是在此分道扬镳。与黑格尔不同，马克思认为黑格尔的国家只是一个伦理理念，并不具有现实性，而真正具有这种现实性的是那个能够实现普遍利益与特殊利益相统一的无产阶级。当然，它们真正的区别在于谁是主体、谁是客体的问题，但这并不能抹杀它们之间的共同点，即对未来共同体之伦理精神的理解。

无论在逻辑上还是在行动上，扬弃劳动者与劳动客观条件的分离是通往未来共同体的必由之路。如果说未来共同体的伦理精神将重新奠基在劳动者与劳动客观条件的重新同一上，那么如何理解二者的这种重新同一则是关键的问题。其中，确立个体在共同体的坚实地位和基础是一个根本性的原则。它不是本源共同体中个体与共同体之间直接的、无中介的合一，而是在经过二者的分离之后的同一。"从资本主义生产方式产生的资本主义占有方式，从而资本主义的私有制，是对个人的、以自己劳动为基础的私有制的第一个否

---

① 〔德〕黑格尔：《法哲学原理》，范扬等译，商务印书馆，2009，第261页。

定。但资本主义生产由于自然过程的必然性，造成了对自身的否定。这是否定的否定。这种否定不是重新建立私有制，而是在资本主义时代的成就的基础上，也就是说，在协作和对土地及靠劳动本身生产的生产资料的共同占有的基础上，重新建立个人所有制。"①马克思显然是要对这一关键问题做出符合社会历史发展规律的回答。在此，他提出了两个原则：一是否定资本主义私有制是在资本主义时代的成就的基础上进行的，而不是主观性的想象；二是重建个人私有制的基础有三个要素，人与人之间的协作、作为生产的自然前提的土地和通过劳动生产出来的生产资料，关键是要在对三者共同占有的基础上重建个人所有制。这样重建的个人所有制至少在以下层面可以得到规定，在未来共同体中，单一个体对劳动的客观条件如土地和生产资料拥有所有权，同时劳动者又能重新拥有自身的劳动产品。在这一意义上，它既实现了劳动者与劳动客观条件的重新同一，又实现了劳动者与劳动产品的同一。因而重新确立个体在共同体当中的主体地位和坚实基础。

以上论述表明，作为共同福利的伦理维度、作为个体利益的私人维度、作为未来共同体的基本原则都是经过社会历史实践改造和提炼过的。无论是对本源共同体之伦理精神的改造，还是对市民社会之私人属性的改造，都面临同一个主题，即如何处理共同体与个体之间的关系。一方面，以现代市民社会的特殊性原则扬弃本源共同体之抽象的伦理精神，需要注入私人福利这一现实的具体内容，从而形成普遍性与特殊性相同一的现代伦理精神，这是未来共同体的本质之规；另一方面，要扬弃市民社会的个体利益的庸俗性，将其跃升至共同体的层面，不是重新建立私有制，而是重建个人所有

---

① 《马克思恩格斯文集》第 5 卷，人民出版社，2009，第 874 页。

制，实现共同占有和个体所有的同一，进而使得现代伦理精神现实化。由此观之，马克思辩证法在政治经济学批判中的应用已然深入他对社会历史分析的"骨髓"之中了。也由此可知，他直到最后也没有写出关于辩证法的专门著作，实质上他不仅是当时最懂黑格尔辩证法的人，同时也是最会应用和改造它的人。

第四章　马克思对资本运动及形式的揭示与批判

——以《资本论》为中心

《资本论》是马克思政治经济学批判的经典之作。具体而言，《资本论》应包括第一卷、第二卷、第三卷，但我们一般以第一卷代称整个《资本论》。实际上，这是一种偏见。对于辩证法而言，第一卷主要集中在价值形式的批判方面，第二卷、第三卷则主要集中在资本运动及其形式的揭示与批判方面，因此它们之间既有联系也有区别。基于本书研究的需要，我们在此主要集中论述《资本论》第二卷、第三卷中的辩证法。一方面，对于第一卷中的价值形式批判已有许多研究成果，但也正因如此，《资本论》第二卷、第三卷中的辩证法研究并未受到应有的重视。另一方面，就其内容而言，第二卷、第三卷中的辩证法思想是相当丰富的，进一步体现了马克思对黑格尔辩证法的理解和改造。

简而言之，《资本论》第二卷关于资本流通过程的研究创造性地建构了资本内部的辩证法，即资本在自身运动中所展开的逻辑——资本自我推动和自我创造的辩证法，进而揭露了资本所蕴藏的内在危机。资本循环中的"货币的复归"、资本周转中的"价值的转移"和社会再生产中的"资本再生"等环节鲜明地揭示了资本自我推动和创造的过程，即资本"外化"与"收回"自身的逻辑。在此意义上，马克思洞悉了资本的运动规律及其基本特征，同时也明晰了资本主义产生危机的内在机理。在《资本论》第三卷中，马克思辩证法主要内含于对资本主义生产总过程进行总体的、全面的和现实的批判中。马克思通过对资本转化的各种具体形式和总形式的考察，并借助平均利润等中介环节实现了对资本形式的批判性分析，这使得他在超越古典经济学和庸俗经济学形而上学的同时，在理论实践的意义上使其辩证法获得了"完成形态"。

第一节　资本内部的辩证法：基于 《资本论》 第二卷的考察

所谓"资本的辩证法"，便是资本自身运动所展开的逻辑，即资本"外化"和"收回"自身的逻辑，我们称为资本内部的辩证法。与此相对应，我们将那些试图从《资本论》中抽象出辩证法一般形式的研究，称为资本外部的辩证法研究。[①] 当然，二者并非毫无关联，没有对辩证法一般形式的了解，我们自然无法探究资本内部的辩证法，但是二者又不能相互混淆。需要强调的是，忽视资本内部的辩证法将无法深入资本自身展开的逻辑，进而无法触及马克思所理解的资本的真谛，以及从资本内部对其进行的批判。

基于上述理解，我们在此以《资本论》第二卷为对象来考察资本内部的辩证法。选择第二卷作为研究对象，不仅是由于以往的研究较少涉及，更为重要的原因在于第二卷的主题是资本的流通过程，或者说是资本的循环过程，而不是第一卷所涉及的单纯的流

---

① 如苏联的 B. M. 凯德洛夫等著的《论辩证法的叙述方法》（贾泽林、周国平、苏国勋译，中国社会科学出版社，1986）这类著作就属于资本外部的辩证法研究。

通。我们认为，资本自身展开的逻辑必然要在资本自身的流通中表现，或者说资本的流通过程更能反映资本的自我创造和推动过程。正如马克思所言："资本的真正本性只有在循环结束时才表现出来。"① 可以说，仅这一理由，我们就无法因为某些文本编辑因素而置《资本论》第二卷于不顾。由此，本书依据《资本论》第二卷的展开逻辑，对货币的复归、价值的转移和资本的再生等资本内部的辩证过程展开探讨，以此推进《资本论》辩证法的研究。

一　货币的"复归"

众所周知，马克思在《巴黎手稿》中采用复归概念来表达人对自我异化的扬弃，《资本论》第二卷则没有采用复归概念，而是采用循环概念来说明资本实现自我推动和自我创造的过程。在我们看来，理解资本循环的哲学基础在于货币的复归。基于此，我们所要做的工作便是将复归视为循环概念的哲学基础，并通过分析资本循环的过程及其条件进一步反思复归概念。

复归是黑格尔辩证法的重要概念，尤其是在他的异化概念中。复归这一行为标志着主体与实体的统一的最后环节也是关键的环节，这也被视为黑格尔与费尔巴哈异化概念的实质区别所在。② 在黑格尔那里，主体将自身外化至客体当中，并将它从客体中领回来，进而复归自身，实现主体与客体的统一。可以说，这是黑格尔辩证法的合理内核，即从抽象上升到具体的展开与完成。主体自身的复归在这里有着举足轻重的作用，是抽象能够上升到具体

---

① 《马克思恩格斯全集》第 30 卷，人民出版社，1995，第 510 页。
② 参见韩立新《从费尔巴哈的异化到黑格尔的异化：马克思的思想转变——〈对黑格尔的辩证法和整个哲学的批判〉的一个解读》，《思想战线》2009 年第 6 期。

的完成环节。

借助黑格尔的复归概念，马克思在《巴黎手稿》中提出了"人向自身的复归"这一议题，即"异化—扬弃异化—复归"的辩证逻辑。正如他指出的那样："共产主义是对私有财产即人的自我异化的积极的扬弃，因而是通过人并且为了人而对人的本质的真正占有；因此，它是人向自身、向社会的即合乎人性的人的复归，这种复归是完全的，自觉的和在以往发展的全部财富的范围内生成的。"① 这里至少表明人向自身复归的两个运动，即一个来回：一是异化，即私有财产是人的自我异化的结果和表现；二是异化的扬弃，即人的自我异化的积极扬弃。那么何谓"扬弃"，马克思在异化这个规定内考察黑格尔辩证法的积极环节时指出："扬弃是把外化收回到自身的、对象性的运动。"② 在这里，复归之意显然是主体对自身的重新占有或收回。按照黑格尔的逻辑设定，这里的异化是一种抽象活动，复归则是一种具体活动，是多种规定性的统一。主体向自身的复归意味着主体通过扬弃这种活动进而能够上升到具体活动当中。

如果说马克思在此还只是看到黑格尔辩证法的积极环节，还没有打破黑格尔辩证法的唯心主义外壳的话，那么马克思的复归概念在形式上与黑格尔的复归概念确实是"同款"的。这里的问题在于，马克思在这里所指认的那个"完全的、自觉的复归"，即主体真的能够通过外化完全收回或复归自身吗？按照费尔巴哈的见解，这是不可能的事情。也就是说，在自我意识的运动中，这种完全的复归是可能的，但如果按照费尔巴哈的唯物主义解释，这种复归则

---

① 〔德〕马克思：《1844 年经济学哲学手稿》，人民出版社，2000，第 81 页。
② 〔德〕马克思：《1844 年经济学哲学手稿》，人民出版社，2000，第 112 页。

会受到自然、物质或客体的抵制而无法完全复归自身，甚至主体自身也会陷入客体之中无法自拔。就像费尔巴哈所指出的那样，犹太人会陷入卑污的利己主义活动中而无法获得自由和解放。当然，费尔巴哈后来被马克思指认为"抽象的唯物主义"，即他没有上升到具体中去，便是缺失了复归这一环节。因而在他那里，异化便仅能在消极的意义上被拒斥。但是，费尔巴哈的说法并非全无道理，至少他提出了一个非常值得注意但以往不太受人关注的话题，即完全的复归是否可能的问题。进一步而言，这个问题如果仅停留在复归的形式层面是无法获得解答的，只有深入复归的实体性内容之中，即与实体性内容复归的环节和条件打交道时才能获得完整的理解。

基于以上论述，以《资本论》第二卷第一篇"资本形态变化及其循环"为考察对象，我们认为，马克思的循环概念积极汲取了复归作为一个总体性概念的解释框架，同时，他对资本循环可能遭遇到的中断或阻碍的分析为我们反思复归概念提供了存在论的基础。

在《资本论》第二卷中，循环作为资本自身展开的过程是一个极为本质的概念。在黑格尔那里，复归与外化活动相衔接的一个动作，是外化收回自身的对象性活动。但是，外化只有通过复归这一活动才能获得它的全部意义。换言之，主体、对象（客体）只有在复归中才能被赋予生命活动的形式和内容。在这个意义上，复归其实是一个总体性概念。与此相对应，《资本论》中的循环概念基本接受了这一框架。在"循环过程的三个公式"一章中，马克思明确说道："在一个不断回转的循环中，每一点都同时是出发点和复归点。如果把这种回转中断，那就不是每一个出发点都是复归点了。我们已经知道，不仅每一个特殊的循环都把其他的循环作为前提

（包含在内），而且一种形式的循环的反复，已经包含着其他形式的循环的进行。"① 可以说，在货币资本、生产资本和商品资本三个循环过程中，"过程的所有前提都表现为过程的结果，表现为过程本身所产生的前提。每一个因素都表现为出发点、经过点和复归点。"② 在此，循环作为总体性概念的神秘性被祛除了，它表现在两个层面：一是每一个单独的循环都作为一个总体，因为它内含其他形式的循环的进行，脱离了任何一个其他循环都不可能实现自身的循环；二是三个相互表现为前提和结果的循环作为一个总体而存在，每一个都既是出发点，也是经过点，还是复归点。可以说，这正是资本逻辑的呈现方式，也正是资本定义自身和构成自身的逻辑，这一"隐藏"于资本内部的辩证法借助于复归获得了自身的显示，正如卢森贝在《〈资本论〉注释》（Ⅱ）中所指出的："离开循环，不论是货币、商品或生产要素（物的和人的）都不是资本形式。它们只有作为资本循环的阶段才能成为资本形式。"③

显然，如果我们仅停留于循环作为一个总体性概念的层面，那就远没有深入资本运动的逻辑。马克思在《资本论》第二卷中重点分析的问题在于资本为实现自身所开辟的道路，即如何克服资本循环可能遭遇的中断或阻碍。可以说，只有把握了产生这些中断的原因及其解决方法才可能真正理解资本循环的真谛。"资本的循环，只有不停顿地从一个阶段转入另一个阶段，才能正常进行。如果资本在第一阶段 G－W 停顿下来，货币资本就会凝结为贮藏货币；如

---

① 《马克思恩格斯文集》第 6 卷，人民出版社，2009，第 117 页。
② 《马克思恩格斯文集》第 6 卷，人民出版社，2009，第 116 页。
③ 〔苏〕卢森贝：《〈资本论〉注释》（Ⅱ），赵木斋、瞿松年译，生活·读书·新知三联书店，1963，第 36 页。

果资本在生产阶段停顿下来，一方面生产资料就会搁置不起作用，另一方面劳动力就会处于失业状态；如果资本在最后阶段 W'－G' 停顿下来，卖不出去而堆积起来的商品就会把流通的流阻塞。"① 正是在货币资本、生产资本和商品资本之间的过渡问题上，马克思发现了资本主义的危机，同时也正是在资本循环可能中断或阻碍的分析上，他建构了资本主义危机的一般性理论。在此，无须具体分析每一个过渡中断的可能性条件及其解决，我们所要面对的问题在于如何借助这些可能的中断来理解马克思的资本循环与复归概念之间的差异。

简而言之，这种差异在于以下几点。其一，与复归对总体概念的迷恋不同，资本循环过程中随时都有可能产生总体自身的崩塌，"任一循环的中断都会对其他循环造成灾难性的后果。因此，作为总体的循环过程有发生多种危机的可能"。② 其实这也是马克思建构资本主义危机理论的基本思想框架。其二，复归更多的是一种形式上的逻辑运动，缺少实体性内容的支撑，所以一旦赋予其实体性内容，复归的各环节及其过渡就不再是一个概念问题，而是具有历史及现实内涵的存在论问题。在这个意义上，马克思早期"人向自身的复归"思想难免会被打上人本主义的烙印，到《资本论》时期则是采取了与之不同的处理方式。其三，与黑格尔以逻辑和观念的方式剪裁现实生活，赋予自我意识的复归以绝对的合法性不同，马

---

① 《马克思恩格斯文集》第 6 卷，人民出版社，2009，第 63 页。

② 〔美〕大卫·哈维：《跟大卫·哈维读〈资本论〉》第 2 卷，谢富胜、李连波等译，上海译文出版社，2016，第 51 页。与传统解释不同，哈维对《资本论》第二卷的解读紧扣资本循环与危机这一议题，可以说深刻地把握了《资本论》第二卷甚至是第三卷的思想通道。在他看来，"大部分关于历史上的危机的理论都是建立在这个基础上的"。而这一点现在远未被我们所涉及或把握。从这个意义上来说，《资本论》更切中当今社会现实的部分在第二卷和第三卷，而非以剩余价值理论生产为主题的第一卷。因此，推进《资本论》第二卷、第三卷的研究是一项非常重要的工作。

克思对待资本循环的方式却是展现了资本主义波澜壮阔的现实画面，资本为现实自我推动和创造所展开的任何活动（如资本缩短周转时间的活动）都在其中被淋漓尽致地揭示了。

以资本循环这一存在论为基础对复归概念展开反思是极其必要的。其典型的形式就是货币主义眼中的"货币的复归"。在马克思看来，"货币资本的循环，是产业资本循环的最片面、从而最明显和最典型的表现形式：产业资本的目的和动机——价值增殖，赚钱和积累——表现得最为醒目（为贵卖而买）"。① 同时，它也是最一般的形式，即货币以自身原来预付的价值形式复归于自身。它其实也是最为典型的复归形式，但马克思一针见血地指出，这种货币的复归"在形式上具有欺骗性，带有一种虚幻的性质，这是由预付的价值和增殖的价值都以货币这个等价形式存在而产生的"。② 而这正是货币主义的那种没有概念的货币形式的表现，即它抹杀了预付的价值和增殖的价值之间的区别，使它们都表现为货币这一等价形式。在这个意义上，马克思深刻地戳穿了货币主义眼中货币复归的奇思妙想。

从形式上来说，货币以复归的模式实现了自我推动和创造的过程，但从内容上来说，货币所收回的那个自身不再是货币形式的货币，而是货币资本。在其本质上，"货币不是单纯的流通手段，而是货币资本，它按照最一般和最不合理的形式，以自己的运动表现出资本的实质——价值的自行增殖。"③ 卢森贝的这一判断显然将货币复归的虚幻性及其内在矛盾暴露无遗。

---

① 《马克思恩格斯全集》第45卷，人民出版社，2003，第70页。
② 《马克思恩格斯文集》第6卷，人民出版社，2009，第72页。
③ 〔苏〕卢森贝：《〈资本论〉注释》（Ⅱ），赵木斋、瞿松年译，生活·读书·新知三联书店，1963，第187页。

二　价值的"转移"

如果说马克思在《资本论》第二卷第一篇的"资本循环"中洞悉了资本主义潜在的危机，那么第二篇"资本周转"则是阐述了他所把握的资本主义克服自身危机的内在机理。众所周知，这种内在机理的发现得益于马克思重新建构了"固定资本"和"流动资本"的差别，或者说重新确立了区分"固定资本"和"流动资本"的根据，即价值转移的方式，也就是资本外化自身和收回自身的方式。实际上，以往的《资本论》辩证法研究主要关注的是价值形式问题，很少涉及资本周转中的价值转移问题。可以说，马克思在《资本论》第二卷第二篇借助对价值转移问题的研究进一步揭示了资本内部的辩证法，破除了古典经济学的知性思维对"固定资本"和"流动资本"的错误认识。也正是在这个意义上，马克思的辩证法才能够对斯密和李嘉图的相关理论做彻底的批判，进而也为"辩证法与政治经济学是一种类似的思想运动"① 这一判断提供了有力证明。我们认为，把价值转移方式即资本外化自身和收回自身的方式确立为固定资本与流动资本的区分根据，进一步深化了对资本内部辩证法的建构。虽然这是在资本周转这一特殊领域发生的，但是对于马克思的辩证法显然具有普遍意义。

我们知道，资本要实现的不仅是自我推动和创造，它还要以尽可能快的方式推动和创造自我，从而最大可能地实现自我增殖。但其中的内在机理需要探究才能被发现。在《资本论》第二卷第二篇中，马克思通过批判古典经济学的成果研究了资本加快自身运动的

---

① 〔匈〕卢卡奇：《青年黑格尔》（节选），王玖兴译，商务印书馆，1963，第 24 页。

秘密。在该问题上，魁奈最早以"原预付"和"年预付"来表现"固定资本"和"流动资本"的区别，他"正确地把这种区别说成是生产资本即并入直接生产过程的资本内部的区别"。① 可以说，魁奈的最大贡献在于初步正确地确立了生产资本内部这两种要素的区别标准或根据，即以它们各自加入成品价值的不同方式作为根据来区分固定资本和流动资本（原预付和年预付）。另一个贡献在于，"他们正确地把它们列为生产资本而未列为流通中的资本。这是他们巨大的科学功绩之一"。② 当然，魁奈的生产资本指的是农业上使用的资本即租地农场主的资本，同时它也是唯一的实际的生产资本。马克思对魁奈的这一思想给予了高度评价和肯定，并认为在这一问题上，以魁奈为代表的重农学派要超过斯密和李嘉图。无疑，重农学派的这一区分根据给了马克思莫大的启示，不过他们在理解生产资本时所处的狭窄视域使它们无法更进一步地概括固定资本和流动资本，这是历史的局限。

在马克思看来，斯密对此取得的唯一进步是他把仅限于租地农场主的生产资本扩展至每一种形式的生产资本，进而把年预付和原预付这对范畴普遍化为流动资本和固定资本，"但是，他的进步仅限于范畴的这种普遍化。他所做的说明是远远落在魁奈后面的。"③ 那么，斯密在这个问题上到底犯了哪些错误呢？我们可以将其概括为以下几点。一是斯密并未利用固定资本和流动资本定义生产资本内部的区别，从而抛弃了重农学派的区别基础。二是他把固定资本和流动资本的性质看作物品固有的性质，而不是由这些物品在资本

---

① 《马克思恩格斯全集》第 45 卷，人民出版社，2003，第 211 页。
② 〔苏〕卢森贝：《〈资本论〉注释》（Ⅱ），赵木斋、瞿松年译，生活·读书·新知三联书店，1963，第 131 页。
③ 《马克思恩格斯全集》第 45 卷，人民出版社，2003，第 212 页。

主义生产过程中的特定职能产生的，进而归结为由物的价值转移方式所决定。可以说，这是斯密对此犯的最大错误，即运用知性思维来分析资本所导致的结果。李嘉图的理论更是将这种错误放大了。三是他把流动资本与流通资本①即货币资本和商品资本混为一谈，这一错误显然与第一个错误相关。四是他没有将劳动力列为流动资本。当然，这四类错误都比较重要，特别是前两类涉及根本性质的错误，后两类及其他的类似问题的根源其实还是由前两类引起的，即斯密一方面没有恰当地将固定资本和流动资本视为生产资本的范畴，另一方面是没有把价值转移的方式视为区分固定资本和流动资本的根据。

在固定资本和流动资本方面，李嘉图基本照单全收了斯密的观点。他在以下两个方面表现得尤为突出。一是将固定资本和流动资本的区别与不变资本和可变资本的区别混同起来，并且把后两者的区别归结为前两者的区别，从而彻底失去了理解不变资本与可变资本之间的真正本质区别的可能，进而掩盖了包含在产品中的剩余价值。"因此，对于理解资本主义生产的现实运动，从而理解资本主义剥削的现实运动来说，基础一下子就被破坏了。问题就只是预付价值的再现了。"② 二是李嘉图在理解固定资本时比斯密更为退步了，他认为界定固定资本的根据在于它的耐久性和坚固性，即在于物的自然属性。这对于斯密把固定资本理解为带来利润的同时也不离开自己的所有者的观点来说，确实是一个不小的退步。其实，不仅是对固定资本的界定，对流动资本的界定也是如此，将其根据置于物的自然属性方面，还是置于社会属性方面，其水平一下就能见

---

① 关于流通资本及其与流动资本的区分的详细论述可参阅赵玉兰《恩格斯为什么在〈资本论〉第二卷中创造"流通资本"一词？》，《哲学研究》2015 年第 1 期。
② 《马克思恩格斯全集》第 45 卷，人民出版社，2003，第 244 页。

高低。在马克思看来，这是资产阶级经济学特有的拜物教特征，"这种拜物教把物在社会生产过程中像被打上烙印一样获得的社会的、经济的性质，变为一种自然的、由这些物的物质本性产生的性质"。① 所以，问题不在于以某种标准将不同的物划为不同的资本类型，而在于在资本主义的生产方式中如何理解物所扮演的职能，这才是问题的本质所在。

其实，通过对魁奈、斯密和李嘉图等各自理论的评价，我们已经能够窥见马克思在固定资本和流动资本问题上的洞见了，"在资本周转理论中，马克思制定的固定资本和流动资本的理论是他的重要理论贡献。马克思在手稿中把'流通资本'和'流动资本'作了明确的区分"。② 这里只指出两个具有根本性的观点。其一，以价值转移的方式作为区别固定资本和流动资本的根据，就固定资本而言，其价值被逐步转移出去，而其使用形式保持相对的固定性，即独立性；就流动资本来说，其价值一次性全部被转移出去，使用形式也没有独立性。进一步而言，价值转移的这些方式同时也是资本收回自身的方式，固定资本是逐步收回自身，而流动资本则是一次性收回自身。其二，马克思所确立的价值转移方式的这一根据，使固定资本与流动资本的区别以及不变资本与可变资本的区别划分开来，同时也反驳了那些从物质属性方面理解的观点。简言之，马克思所担心的问题在于，划分不变资本与可变资本的根据即是否能创造剩余价值会被固定资本与流动资本的区分所混淆，从而遮蔽了资本的本质，掩盖资本主义生产的秘密。也就是说，固定资本与流动资本的区分并没有揭示资本主义生产的实质，反而是遮

---

① 《马克思恩格斯文集》第 6 卷，人民出版社，2009，第 251 页。
② 张钟朴：《马克思晚年留下的〈资本论〉第二册手稿和恩格斯编辑〈资本论〉第二卷的工作——〈资本论〉创作史研究之七》，《马克思主义与现实》2017 年第 3 期。

掩了它。①

　　通过以上论述，我们能清晰地看到资本内部辩证法的实质所在。固定资本和流动资本的区分则是具体展现了资本展开自身运动的过程，其根据——价值转移的方式——资本外化自身和收回自身的方式充分说明了资本辩证运动的内在驱动力和基本运行方式。同时，我们也能更清晰地看到马克思辩证法的基础不是一般意义上的物质本体，而是以剩余价值生产为基础的资本活动，即当代人类最为基本的实践活动。借助于这样的辩证法，马克思才能超越古典经济学，在资本内部确立界限，破除知性思维所带来的资本逻辑幻象。

三　资本的"再生"

　　《资本论》第二卷的"资本形态变化及其循环"篇在确立各资本形态过渡的过程中揭示了资本自身的辩证运动，"资本周转"篇则是进一步将资本这种辩证运动的内在机理即资本运动的方式和节奏，通过固定资本和流动资本的正确区分建构起来。但是无论如何，《资本论》第二卷前两篇所研究的是单个资本的运动，第三篇研究的则是社会资本的运动，即社会总资本的再生产与流通问题。我们知道，马克思在研究单个资本时是以假定其他单个资本的存在为前提的，也就是说单个资本运动的条件是外在的，它需要借助其他单个资本的运动为自己创造条件；社会资本则不同，它通过自身的运动，自己为自己创造条件。在这个意义上，单个资本需要借助外在条件才能实现自我的"再生"，社会总资本则能够在自身内部

---

　　① 希法亭在《金融资本》中借助马克思对固定与流动概念的区分，创造了"固定信用"和"流动信用"概念，其根据也是价值的转移方式。但是，他是在流通资本的意义上来说的，而非在生产资本的意义上来说。

实现自我创造和自我推动。也就是说，所谓"资本的再生"其实就是指社会资本的再生产，即社会资本收回自身、创造自身的过程。

那么，社会资本是如何实现自身的再生产的呢？在回答这个问题之前，有必要追问何为"社会资本"，或者说个别资本是如何过渡到社会资本的，其根据是什么，因为对社会资本的不同认识会做出不同的回答。当然，这取决于他们所运用的方法。按照"斯密的教条"来说，每一个单个商品的价格或交换价值都由工资、利润和地租这三个部分组成。简单来说，斯密的教条可以还原为商品价值等于 v + m，即等于预付可变资本和剩余价值之和。但是，把社会资本与社会收入混淆起来的做法，即认为对一人是资本的东西，对另一人来说则是收入的看法，在根本上就消除了社会资本与社会收入的分界。试想一下，如果所有商品的价格被分解为各种收入，那么商品一旦在市场被实现，便立即转化为各种收入，这样一来，任何社会资本的再生产包括简单再生产和扩大再生都是不可能的。显然，斯密已意识到这一问题的严重性，于是他又提出"总收入"和"纯收入"的概念，试图来解决这个问题。这种办法虽然使再生产成为可能，即被消费的仅是纯收入，剩下的部分可以继续从事再生产，但是，这意味着"商品价格不仅分解为工资、利润和地租，而且分解为垫支的资本价值"。① 因此，斯密在千方百计避开自我设定的教条的同时也使得这一教条破产了。

在马克思看来，斯密的失误在于他把不变资本排除在了产品的价值之外，因为当他把社会资本和社会收入等同起来时，其实是把年产品价值和年价值产品等同起来了。实际上，年产品价值不仅包

---

① 〔苏〕卢森贝：《〈资本论〉注释》（Ⅱ），赵木斋、瞿松年译，生活·读书·新知三联书店，1963，第 190 页。

括新创造的剩余价值，也包括被转移至新产品中的旧价值，它们包括以往所存留的一切价值要素，而不仅仅是当年的价值。所谓"年价值产品"则是指当年所生产的产品。虽然斯密的错误是显而易见的，但其根源是深刻的，即"他没有区分劳动本身的二重性，这就是，劳动作为劳动力的耗费创造价值，而作为具体的有用的劳动创造使用物品（使用价值）"。① 显然，马克思是非常看重不变资本在资本再生产过程中的关键地位的。换句话说，马克思从总体的观点看待社会资本决定了他能够恰当地理解社会资本再生产，即自我创造和自我推动的问题。他说："正如每一单个资本家只是资本家阶级的一个分子一样，每一单个资本只是社会总资本中一个独立的、可以说富有个体生命的部分。社会资本的运动，由社会资本的各个独立部分的运动的总和，即各个单个资本的周转的总和构成。"② 也就是说，斯密将不变资本撇开，导致的结果必然是不能理解社会资本及其再生产问题。

　　其实，还有另外一种流行的看法，即仅仅把社会资本看成生产资料，也就是看成不变资本部分，而忽略可变资本部分。马克思对上述两种观点都采取了批判的态度。在他看来，这是不能正确理解价值理论的结果的。其实，斯密曾经很接近过这个问题的本质，他由价值和使用价值的基本区别引申出"作为价值的一部分的收入"和"作为消费基金的收入"之间的区别，因为"亚当·斯密在这里碰上了一种非常重要的区别，即生产生产资料的工人和直接生产消费资料的工人之间的区别"。正如后来列宁所指出的那样，"纠正了斯密的上述两点错误（从产品价值中抛掉不变资本，把个人消费

---

① 《马克思恩格斯文集》第 6 卷，人民出版社，2009，第 418 页。
② 《马克思恩格斯文集》第 6 卷，人民出版社，2009，第 390 页。

和生产消费混同起来），才使马克思有可能建立起他的关于资本主义社会中社会产品实现的卓越理论"。[①] 因此，根据 c 和 v + m 之间的差别，马克思将社会生产分为两个部类，即第 I 部类生产资料和第 II 部类消费资料，进而将社会生产分为生产资料的生产和消费品的生产。可以说，正是借助于这一资本再生产内部的界限，马克思才得以合理地解释资本再生的问题。

由此，可以理解资本"再生"的根据在于正确区分社会总产品的内部区别，即生产资料和消费资料的区别。通过两部类之间的交换，即如果 I（v + m）= IIc，那么简单再生产是能够实现的，即社会资本的再生产是可能的。这里无须对这两部类的具体交换即流通行为再做进一步的分析，只需要进一步指出，为什么只有在社会资本内部明确界限，并对社会产品和社会生产做出区分才能理解资本的再生产问题。这其实是由资本主义的生产实质所决定的，在资本主义的生产总过程中，社会资本的再生产即包括资本的直接生产过程，即资本的劳动过程和价值增殖过程，同时也包括真正流通过程的两个阶段，即全部循环阶段。[②] 可以说，社会资本内部的运动，正是通过真正的流通过程来实现的，即通过第 I 部类和第 II 部类之间的交换，[③] 使得生产资料的部类能够满足对消费品的需求，消费资料的部类能够满足生产资料的需求，以保证生产资料部门能够继续从事新的生产。

从这里可以看出，马克思在把握社会资本运动即社会资本再

---

① 《列宁专题文集　论资本主义》，人民出版社，2009，第 19 页。

② 参见《马克思恩格斯全集》第 45 卷，人民出版社，2003，第 389 页。

③ 据卢森贝的总结，这两部类之间的交换可以被归结为七个具有社会性质的广泛流通行为，大致分为两种流通行为：一是货币与劳动力的交换，即第一个流通行为；二是一般商品与货币的交换。参见〔苏〕卢森贝《〈资本论〉注释》（II），赵木斋、瞿松年译，生活·读书·新知三联书店，1963，第 200～201 页。

生产自身时所做的开创性工作：一方面揭示了社会资本与个别资本的辩证运动，即个别资本要过渡到社会资本，不是通过个别资本的总和相加便能实现，而是要通过个别资本的循环以及它们之间的相互交织和流通来实现；另一方面则是准确把握了社会生产的内部区分，即生产资料和消费资料之生产与消费的辩证过程，进而社会资本要实现再生产需要在资本内部设定差别，并通过资本内部要素之间的相互补充才能实现资本的外化与收回这一辩证过程。

总而言之，马克思通过对古典经济学的批判，重新对资本内部的基本要素进行划界与综合，进而建构了货币的"复归"、价值的"转移"和资本的"再生"等这些资本运动的辩证环节，即资本外化与收回自身的逻辑，揭示了资本自我推动和创造的过程。实际上，这就是《资本论》第二卷"关于资本的流通过程"所体现出来的资本内部的辩证法。

第二节　资本形式的批判性分析：基于《资本论》第三卷的考察

在政治经济学批判的领域中，新唯物主义和辩证法在以《资本论》及其手稿为载体的思想进程中实现了真正的、彻底的融合。其中，《资本论》第三卷是实现这种融合的最后一环，也是关键一环。在那里，通过对资本转化的各具体形式和总形式的批判性分析，马克思超越古典经济学和庸俗经济学的形而上学，使他的辩证法迈向了"完成形态"。这对于我们理解马克思辩证法来说，并非一个可有可无的视角转换，而是按事物的本性和过程来展开的一种思想考察。

一 《资本论》第三卷作为马克思辩证法的"完成形态"

《资本论》第一卷第 2 版的跋中，马克思对当代形态的辩证法做了经典表达。他说："辩证法，在其合理形态上，引起资产阶级及其空论主义的代言人的恼怒和恐怖，因为辩证法在对现存事物的肯定的理解中同时包含对现存事物的否定的理解，即对现存事物的必然灭亡的理解；辩证法对每一种既成的形式都是从不断的运动中，因而也是从它的暂时性方面去理解；辩证法不崇拜任何东西，按其本质来说，它是批判的和革命的。"① 一般而言，这一经典表达被视为马克思辩证法的核心要义，集中显示了人们对辩证法合理形态的当代理解。然而，基于这样的共识，如何阐释马克思辩证法的这一经典表达却存在差异。这种差异首先体现在人们以何种方式考察其中的含义。我们知道，马克思的《资本论》总共分为四卷，其中第四卷为《剩余价值学说史》。就前三卷而言，第一卷考察了资本主义的生产过程，即剩余价值的生产过程；《资本论》第二卷考察了资本主义的流通过程，即剩余价值的实现过程；第三卷考察了资本主义的总生产过程，其核心问题是剩余价值在社会表面上的转化形式。众所周知，以往对马克思辩证法这一经典表达的阐释主要是集中在第一卷以及之前的文本当中，对于第二卷和第三卷中辩证法的阐释则稍显不足，或者说并未深入研究。这种研究的不足或阐释视野上的缺失，必然会妨碍我们对马克思辩证法作为当代合理形态的理解。

基于上述考虑，我们认为，通过对《资本论》第三卷关于资本主义生产总过程的阐释，并进一步考察剩余价值在社会表面上

---

① 《马克思恩格斯文集》第 5 卷，人民出版社，2009，第 22 页。

的转化形式，才能更深刻地领会马克思辩证法经典表达中的三层含义。

　　首先，剩余价值的转化形式，诸如利润、平均利润、商业利润、企业主收入、利息和地租等，全面揭示了资产阶级各组成部分及其空论主义的代言人的意识形态幻象。其主要功劳应归于马克思对辩证法的深刻理解及其准确应用。一方面，他批判了古典经济学自身的理论观点及其形而上学方法，另一方面，他揭示了资本主义社会自身的存在规律，并通过说明利润率下降这一趋势指明了资本主义社会的未来命运，即对现存事物必然灭亡的理解。可以说，正是借助辩证法对剩余价值转化形式的批判分析，马克思才完成了对资本主义现实社会的批判。正如马克思所言："我们在本册中将阐明的资本的各种形态，同资本在社会表面上，在各种资本的互相作用中，在竞争中，以及在生产当事人自己的通常意识中所表现出来的形式，是一步一步地接近了。"① 这提醒我们，倘若没有对《资本论》第三卷的考察，我们是无法深入把握马克思辩证法的。在这个意义上，他正是要借助辩证法来揭示事物的表现形式和事物的本质之间的分离，或者说让掩盖在纷繁复杂的事物表现形式下的事物本质真正被思维所把握。

　　其次，就《资本论》的语境来说，马克思所指的"辩证法对每一种既成的形式都是从其暂时性方面去理解"当中的形式，既是指他所考察的每一种社会存在的形式，也包含他当时正在考察的资本主义社会的内在形式，即资本自身的存在形式，也就是剩余价值的转化形式及其社会表象。其批判点在于身处其中的资产阶级各部门及其理论代言人古典经济学，以形而上学的方式观察

――――――――――

　　① 《马克思恩格斯文集》第 7 卷，人民出版社，2009，第 30 页。

和理解资本主义社会自身的存在历史，以及资本主义社会各部门之间、资本的各种形式之间的关系。马克思正是通过严格的辩证方法，对剩余价值的转化形式即资本的各种形式及其内在关系做了批判性分析，揭示了《资本论》从第一卷到第三卷的内在逻辑联系，即剩余价值的生产、实现到转化的内涵逻辑，也奠定了《资本论》第三卷在整个马克思辩证法思想发展中取得"完成形态"的地位。

最后，我们不能过于抽象地理解马克思所指认的辩证法的基本性质，即按其本质来说，它是批判的和革命的。《资本论》第一卷所考察的剩余价值生产理论，按事物自身的本性来说，它所探讨的是资本和资本主义社会得以存在的本质问题，是本质形态的问题，事实上是对资本形式做了一种简化处理，这在科学研究上是应当的，但与全面分析资本主义社会的要求还存在相当的距离。《资本论》第二卷剩余价值的实现理论，同样按其本性来说，它也是本质形态的问题，这主要表现在它只对产业资本中的货币资本、生产资本和商品资本等形式进行了批判分析，即使对社会总资本有考察，但也只是在其本质形态中进行的。《资本论》第三卷不同于前两卷的地方则在于，它由对资本分析的本质形态上升到现象形态。探讨本质形态的前提是分析的抽象性，属于对资本纯粹形式的分析，而现象形态的探讨则是综合性的，是以多种规定为基础的具体性，它所展现的是资本形式在现实中的复杂性。当然，后者以前者为基础。在这个意义上，最能体现马克思辩证法的批判性和革命性本质特征的理论，当属关于资本主义生产总过程的理论，即关于剩余价值转化形式的批判性分析。因为这种剩余价值的转化形式是全面的、总体的和现实的，所以对资本及其社会形式的批判分析也是全面的、总体的和现实的。

通过总述《资本论》第三卷和马克思辩证法的内在关联，我们认为：①应该把《资本论》的三卷作为一个整体来看，才能完整地揭示马克思辩证法的合理内核。这需要我们突破以往研究的局限，将视野从第一卷进一步延伸至第二卷和第三卷。可以预见，这项工作将面临诸多困难，但马克思辩证法的研究必将从此为自己开辟道路。②具体到《资本论》第三卷中的辩证法，其关键环节在于理解马克思对剩余价值各种转化形式的批判性分析，由此探明马克思的辩证法在《资本论》中的"理论实践"。其中，剩余价值由本质形态转化为现象形态及其批判、各种资本形式之间借以转化的中介及其批判是马克思辩证法的核心要义。③《资本论》第三卷中的辩证法，其根本旨趣在于对现实的资本主义社会进行总体性批判，揭露其各个组成部分所赖以持存的存在基础，以及被它自身的意识形态幻象所掩盖的各种本质关系。这是第一卷和第二卷的视野所不及的。其中，对于平均利润、生息资本、地租等剩余价值形式的批判，特别是对"三位一体"的批判，深刻反映了马克思辩证法的批判和革命的本性。

二　对资本转化各具体形式及其中介环节的批判

正如《资本论》第二卷关于剩余价值的流通过程所显示的辩证法那样，它是资本在自身运动中所展开的逻辑，即资本自我推动和自我创造的辩证法。它通过资本循环中货币的复归、资本周转中价值的转移和社会再生产中资本再生等环节显现出来。这种作为自我推动和自我创造的辩证法的根据在于，事物把自己外化出去，然后再把自身收回来。简而言之，马克思是在资本的外化和收回的过程中发现了它所蕴含的本质性危机。但需要说明的是，《资本论》第二卷所考察的资本运动，是以产业资本这种单个资本为前提和基础的,《资本论》第三卷则涉及产业资本、生息资本、银行资本等复杂形式。因而在形式上,资本的运动过程在这里显得较为交错,不是线条式的自我否定过程,而是一种相互转化和多重否定的过程。但无论如何,对于辩证法来说,社会表面上的现实经济关系终究是要以经济学范畴的形式及其相互转化为其理论表现。

按事物的本性来说,转化的含义在于外化,在于事物自身把自己对象化出去。所以,事物自身和已对象化的事物虽然源出一处,但它们的存在形式是不同的。有学者认为转化分为两种:"一种是不同质的事物的转化,如货币转化资本,即是由作为一般媒介物起一般等价作用的货币转化为剥削剩余价值的手段的资本,另一种是同一性质的转化,如剩余价值转化为利润,但这种转化,往往是由本质到现象的转化,即形态上的转化。第三卷所论证的转化,大体上都是属于后一种情况。"① 在日常生活应用的范围内,这样的理解并没有太大的问题。但在严格的意义上,"转化"指的就是事物自身通过中介环节将自身外化出去,变成同自身具有不同存在形式的另一事物,进而再将其扬弃,收回到自身之中。所以,《资本论》第三卷中关于资本各种形式之间的转化逻辑,与《资本论》第二卷中的(产业)资本运动逻辑具有同根性。这一点对于那些试图通过证明《资本论》第一卷、第二卷、第三卷之间存在矛盾,以便否定马克思资本理论的人来说,无疑是没有把握马克思辩证法之道在其中一以贯之的精髓。

根据这样的理解,马克思关于资本转化形式的批判性分析便有

---

① 陈征:《〈资本论〉第三卷的研究对象、结构和方法》,《福建师范大学学报》(哲学社会科学版)1982 年第 2 期。

了方法论或逻辑学的基础。具体而言，在《资本论》第三卷中，资本转化的具体形式是按照表4-1的方式展开的。

表4-1　资本转化的具体形式

层次序列	转化形式	中介环节	转化性质	社会关系
1	剩余价值转化为利润剩余价值率转化为利润率	劳动力作为预付总资本的要素	直接转化：本质到现象	直接生产者和职能资本家之间的关系
2	利润转化为平均利润	一般利润率的形成	间接转化：现象到现象	工业资本家互相之间的关系
3	平均利润的一部分转化为商业利润	商品经营资本对产业资本的流通过程起中介作用	间接转化：现象到现象	产业资本与商业资本之间的关系
4	平均利润分解为利息和企业主收入	货币作为资本成为商品	间接转化：现象到现象	资本所有权和资本使用权、职能资本家和借贷资本家之间的关系
5	平均利润以上的超额部分，即超额利润转化为地租	土地所有权作为资本主义生产的要素	特殊条件下的转化：超额利润的形式转化	资本的权力与土地的权力、农业资本家与土地所有者之间的关系

正如表4-1所示，整个资本转化形式可以分为五个层次，即剩余价值转化为利润、利润转化为平均利润、平均利润的一部分转化为商业利润、平均利润分解为利息和企业主收入、平均利润以上的超额部分转化为地租。在这里，我们无意就每一种转化形式进行具体的考察，我们所要考察的是每一种形式向另一种形式转化的根据及其中介，以及它们被资本家阶级及其代言人的意识形态幻象所掩盖的真实本质。

其中，剩余价值向利润的转化是一种根本性的转化形式，正是这一转化形式使剩余价值这一不可感的、看不见的资本本质形态得以显示，在现象形态上表现为可感、可见的资本的利润形式。可以说，其他四个转化形式是以它为前提和基础的。其根据在于，正如马克思所揭示的那样，利润在其本质上就是剩余价值本身，是工人剩余劳动的创造物，而不是资本自行增殖的产物。这是所有资本转化形式的存在论基础。但是剩余价值转化为利润作为一个客观的社会过程，并非依靠主观想象就能完成，它需要通过一系列中介环节才能得以完成；古典经济学的混乱就在于缺乏对中介环节的考察，将它们直接等同起来。在马克思看来，这些中介环节包括三个方面：劳动消耗转化为资本消耗、剩余劳动的占有转化为资本的自行增殖、剥削程度转化为资本增长程度。其最本质的地方在于，通过这些中介环节，"剩余价值，作为全部预付资本的这样一种观念上的产物，取得了利润这个转化形式"。^① 对于利润这个转化形式作为一种观念上的产物，马克思频繁地使用了诸如"对资本家来说""从资本主义生产的观点来看""在经济学家的头脑中""在资本家面前"等限定语，来表达利润与剩余价值在观念上的距离。

这里的言外之意是，这样一种观念其实是资本家头脑里的观念，它借助资本主义的生产方式而获得了客观的存在形式。但是按照事物的本性来说，它们就是一回事，只不过剩余价值在资本主义生产方式中获得了一种神秘化的形式。这里，马克思所借以批判性分析的思想便是辩证逻辑中的中介思想。剩余价值转化为利润的根据需要通过中介来说明，揭露利润在观念上的幻象也须借助于中介来完成。换言之，在资本主义生产方式的逻辑中，剩余价值作为资本总预付的产物，只有将自身外化为利润的形式，才能实现自身，并进一步借助商业利润、企业主收入、利息和地

---

① 《马克思恩格斯文集》第 7 卷，人民出版社，2009，第 43~44 页。

租等具体的形式收回自身、补充自己。在这里，它表现为一种客观的社会结构和力量，但它被反映在资本家头脑里的东西则是虚假的幻象。

从其他四个转化形式来看，平均利润是一个关键环节。因为正是由于平均利润的形成，各种资本形式和资本家类型才纷纷登上社会活动的舞台。除了第一卷所阐述的产业资本外，商业资本、生息资本、银行资本、农业资本等资本形式开始在现象形态上得以显示，与之相应的是，商业资本家、货币资本家、银行资本家、农业资本家、地主等具象化的现实人格也映入了马克思考察的视野。在一般利润率的基础上，"虽然不同生产部门的资本家在出售自己的商品时收回了生产这些商品所用掉的资本价值，但是他们不是得到了本部门生产这些商品时所生产的剩余价值从而利润，而只是得到了社会总资本在所有生产部门在一定时间内生产的总剩余价值或总利润均衡分配时归于总资本的每个相应部分的剩余价值从而利润。"① 可以说，马克思所理解的资本诸种转化形式在这里得到了简约而有力的阐明（见表4-2）。

表4-2　资本诸形式通过平均利润这一中介收回自身

资本形式 I（预付）	中介	利润形式 I（收回）		资本形式 II（预付）	中介	利润形式 II（收回）
产业资本	平均利润	产业利润	➡	商业资本	产业利润	商业利润
				货币经营资本		利息
				土地所有权		地租

一方面，各种资本形式无法再作为纯粹的单个资本出现在资本主义的生产方式中，而是作为社会总资本中的个别资本呈现的。这

① 《马克思恩格斯文集》第7卷，人民出版社，2009，第177页。

是一个客观的构造过程，其根据在于一般利润率的形成，即不同部门的利润率由于竞争而形成的平均数。每一个别资本要完全收回自身，不能依靠主观意志，也不能通过直接的方式收回，而是要先将其转化为社会总资本的一部分，才能获得相应的利润，并将其归于自身的形式当中。这可以说这是马克思对资本形式批判性分析的关键一招。没有平均利润的中介环节，资本的各种形式就会像古典经济学所想象的那样，处于形而上学的相互对立之中，以及相互分离和割裂的状态中。另一方面，各种资本形式作为现实的客观存在，它外化自身和收回自身的演进逻辑在社会表面上呈现的是，各个类型的资本家活动的不同方式。商业资本家获取的是商业利润，生息资本家获取的是利息，而土地所有者获取的是地租。① 在资本家阶级或其代言人的观念中，他们的社会关系是处于一种对立状态中的。但马克思认为，按事物自身的本性而言，他们通过平均利润而结成的关系是作为一种客观的社会结构而存在的，他们借以存在的基础是资本主义的生产方式，该生产方式意味着各种资本形式的关系源于对社会总资本所产生的剩余价值的分配关系，因而各种具体资本形式之间具有同源性。

马克思通过对资本转化各具体形式及其中介环节的批判，还原了现实的各部门资本家之间的真实关系，那些在资本家阶级意识中处于虚幻的对立关系得到了揭示。需要特别指出的是，对中介环节

① 在《1857—1858 年经济学手稿》中，马克思关于社会权力的分析在这里进一步得到了科学的阐明。在"货币"这一章，他说："个人的产品或活动必须先转化为交换价值的形式，转化为货币，并且个人通过这种的物的形式才取得和证明自己的社会权力。"（参见《马克思恩格斯全集》第30卷，人民出版社，1995，第108页）在这里，个人通过物占有社会权力的中介是交换价值和货币，而在第三卷中，马克思通过分析认为，个别资本收回它自身的、占有利润的中介则是一般利润率和平均利润。可以说，虽然二者在理论逻辑上是一致的，但在理论表现及其运用上，后者显然更接近对资本主义现实社会的理解。

的考察在马克思对资本转化形式的批判性分析中占据了基础性的地位。无论是本质形态向现象形态的转化，还是现象形态之间的相互转化，中介的呈现使资本的各种神秘化形式最终都要经受"理性的审判"。同时，也正是中介使得各种具象的和现实的、构成资本主义社会经济关系的资本家显露其真实面目和本质关系。古典经济学无法企及马克思的批判高度和深度或许正在于此，即无法正确地寻求中介来建立各经济范畴的真实关系，进而揭示被其所掩盖的现实关系。

三　对资本转化总形式及其意识形态幻象的批判

对资本转化的各具体形式做了批判性分析之后，马克思在《资本论》第三卷的第七篇"各种收入及其源泉"中，① 把批判的目光投向了资本转化的总形式。何谓"资本转化的总形式"？按照马克思的表述："资本—利润（企业主收入加上利息），土地—地租，劳动—工资，这就是把社会生产过程的一切秘密都包括在内的三位一体的形式。"② 在资本主义生产方式条件下，这个三位一体公式即是资本转化的总形式。需要提醒读者注意的是，这个资本转化的总形式是当时的庸俗经济学所崇拜的对象，而它正是马克思所批判的对象。在他看来，古典经济学把利息归结为利润的一部分，把地租归结为超过平均利润的余额，从而把二者统一在了剩余价值的形式之中，并进一步把商品的价值和剩余价值归结为劳动，这是它们的伟大功绩。"然而，甚至古典经济学的最优秀的代表——从资产阶

---

① 实际上，马克思并没有完成这一部分的写作。在《剩余价值学说史》中，他在《收入及其源泉》《庸俗政治经济学》的"附录"部分对该专题做了阐述。这一附录可以看成第七篇的延续（参见〔苏〕卢森贝《〈资本论〉注释》（Ⅲ），生活·读书·新知三联书店，1975，第369页）。

② 《马克思恩格斯全集》第46卷，人民出版社，第921页。

级的观点出发，只能是这样——，也还或多或少地被束缚在他们曾批判地予以揭穿的假象世界里，因而，都或多或少地陷入不彻底性、半途而废状态和没有解决的矛盾之中。"[1] 在庸俗经济学那里，这种批判的不彻底性和未解决的矛盾便以更混乱、更糟糕的状态表现出来，进而把三位一体公式当作教条来为资产阶级的统治和利益进行辩护。从这个意义上说，唯有借助辩证法，马克思才能穿透这层层思想迷雾。当然，这种辩证法要发挥其全部的力量需要以对资本转化的各种具体形式做出彻底的批判分析为基础；或者说，这两者在马克思对资本转化总形式的批判分析中有机地融合在一起。

关于三位一体的公式，马克思做过一段集中的表述，他说："土地所有权、资本和雇佣劳动，就从下述意义上的收入源泉，即资本使资本家以利润的形式吸取他从劳动中榨取的剩余价值的一部分，土地的垄断使土地所有者以地租的形式吸取剩余价值的另一部分，劳动使工人以工资的形式取得最后一个可供支配的价值部分这种意义上的源泉，也就是从这种作为中介使价值的一部分转化为利润形式、使第二部分转化为地租形式、使第三部分转化为工资形式的源泉，转化成了真正的源泉，这个源泉本身产生出这几个价值部分和这几个价值部分借以存在或可以转化成的各相关产品部分，因而是产生出产品价值本身的最后源泉。"[2] 可以看出，古典经济学能达到这一步认识已是非常了不得的事情了，但其批判的不彻底性在这里也是暴露无遗的。为论述方便起见，我们把上述三位一体公式及其批判示如表4-3。

---

[1] 《马克思恩格斯文集》第7卷，人民出版社，2009，第940页。
[2] 《马克思恩格斯文集》第7卷，人民出版社，2009，第936页。

表 4 - 3　资本转化的总形式

收入形式	收入源泉	物质实体幻象	真实社会形式	对象化人格
利润	资本	各种生产资料的总和	剩余价值	资本先生
地租	土地所有权	土地的肥力和位置等	剩余价值	土地太太
工资	劳动	一般的社会生产过程	雇佣劳动	企业主和工人

　　从表 4 - 3 可以得知，马克思对资本转化总形式的批判是一针见血的。一方面，他批判古典经济学和庸俗经济学把资本、土地和劳动看成物质实体，从而把各种收入看成这些物质实体的创造物，即利润是资本总预付的结果、资本是各种生产资料的总和、地租是土地所有权收回和肯定自身的结果，其物质实体是土地自身的肥力，工资则是作为劳动力的价格出现的，它存在于一般的社会生产过程中。可以说这正是三位一体公式背后隐藏的社会存在基础。殊不知，无论是资本、土地还是劳动，在资本主义生产方式中都是作为特定的社会形式而出现的。"像资本一样，雇佣劳动和土地所有权也是历史规定的社会形式；一个是劳动的社会形式，另一个是被垄断的土地的社会形式。而且二者都是与资本相适应的、属于同一个经济的社会形态的形式。"① 一语中的，马克思认为把各种收入及其源泉之间的关系囊括在其中的三位一体公式，最大的错误在于这些经济学理论的形而上学性质，即以物质实体及其属性来代替各种收入源泉的社会形式性质，而不是从历史的和过程的观点来理解这些所谓的源泉。

　　在这个三位一体公式中，"资本主义生产方式的神秘化，社会关系的物化，物质的生产关系和它们的历史社会规定性的直接融合已经完成：这是一个着了魔的、颠倒的、倒立着的世界。在这个世

_____

① 《马克思恩格斯文集》第 7 卷，人民出版社，2009，第 923 页。

界里，资本先生和土地太太，作为社会的人物，同时又直接作为单纯的物，在兴妖作怪"。① 由此而言，资本转化总形式中的各种收入源泉，可以被看成在资本主义生产方式下，把本来由社会历史规定的社会关系进行物化的结果，从而遗忘了它们作为剩余价值转化形式的真实本质。特别是当它们把利润替换为利息之后，连企业主收入也被划入了劳动力价格的形式即工资中，从而使得三位一体公式演化成了最异化的形式，即"资本—利息，土地—地租，劳动—工资"。这样一种物化的过程，既使得三位一体各部分之间的联系被割断，相互独立化，也使资本家阶级或代言人对它们的意识固定下来，导致最终展现在人们面前的是一个着了魔的、颠倒的、倒立着的世界。可以说，这是资本主义生产方式自身产生出来的形而上学，它只是被古典经济学和庸俗经济学以思维的方式确定下来了。马克思所做的工作就是以辩证法打碎凝结在这些经济理论中，并作为他们的意识形态幻象基础的形而上学。

另一方面，一旦以历史的过程的观点来看待这些不同的收入源泉，那么它们三者之间的关系也就可以被正确地揭示出来。正如上述所言，在当时流行的经济学家看来，这三种源泉属于完全不同的领域，毫无共同之处。在庸俗经济学的观念里，甚至在生产当事人的眼中，现实的生产过程所产生的种种形式，诸如利润形式、地租形式和工资形式，"内部联系的线索越来越消失，各种生产关系越来越互相独立，各种价值组成部分越来越硬化为互相独立的形式"。② 处于资本主义生产方式中的生产者是当局者迷，作为旁观者、批判者、审视者，马克思则是以另外一种完全不同的方式看待

---

① 《马克思恩格斯文集》第 7 卷，人民出版社，2009，第 940 页。
② 《马克思恩格斯文集》第 7 卷，人民出版社，2009，第 938 页。

这些收入源泉之间的关系。这种方式就是把迷失在这些意识形态幻象中，把被固化的、硬化的各种观念掩盖起来的剩余价值这一源泉揭示出来，并由此从中引申出它的各种转化形式，进而说明它们之间内部联系的线索。这样一来，便敲碎了裹在三位一体公式外面那层硬化了的"庸俗"外壳。

具体而言，马克思认为所谓的三位一体的公式根本就不能成立。资本不是物，而是一定的、社会的、属于一定历史社会形态的生产关系，预付总资本对利润的获取不是资本作为物的结果，而是资本在资本主义社会生产关系中所处社会形式的反映。真正生产利润的是工人的剩余劳动，剩余劳动才是利润的真正源泉。正像我们在资本转化的具体形式中所看到的那样，以剩余价值转化为利润、剩余价值率转化为利润率为基础，产业资本家相互竞争导致平均利润率的形成，进而产生平均利润。所谓的"利润"其实是"平均利润"，资本家所取得的利润是他们依据自身所投入的资本比例来占有和分享社会平均利润的。所以，把资本看成利润的源泉是不能成立的。"资本—利息"这种毫无概念的资本转化形式，就显得更荒谬了。同理，把土地看成是地租的源泉也是不能成立的，无论是级差地租Ⅰ、级差地租Ⅱ，还是绝对地租，都不是土地自身提供的，因为它是自然界的存在物，是没有价值的存在物，不可能产生剩余价值，即利润。地租的产生归根结底是由于剩余劳动，它也是剩余价值的转化形式。而劳动在三位一体公式中，被抽象为一种毫无社会历史形式的活动过程，这其实是一种幻象。在马克思那里，工资是在资本主义生产方式条件下才会产生的，它是劳动力价值的市场形式，是剩余劳动的补充形式。从这个意义上说，三位一体公式所内含的资本转化的总形式其实早在个具体形式的批判性分析中就已得到瓦解。只不过在这里，马克思必须使它以综合的方式表现出来，进而使得古典经济学和庸俗经济学赖以存在的社会经济形态的本来面目得以显现。

《资本论》第三卷是马克思未完成的手稿，也是由恩格斯编辑整理的手稿，或许正是基于这个原因，它几乎被大众和学界所遗忘。其实，这样一部皇皇巨著是不应该被遗忘的。正如熊彼特所言："读读马克思著作的选读，或者甚至是单单读读《资本论》第一卷，都是没有什么意思的。任何一个想要对马克思稍稍进行研究的经济学家，必须定下心来仔细阅读整个的《资本论》三卷和《剩余价值学说》三卷"。① 事实上，对于马克思辩证法研究来说也是如此。因为马克思正是在这里借助辩证法，把事物的表现形式和事物的本质之间的分离及其原因揭示出来，并以一种批判者的视角全面审视了处于资本主义生产方式中生产者当事人的意识形态幻象。由此，《资本论》第三卷获得了不可忽视的特殊意义；进一步而言，马克思辩证法在《资本论》第三卷中迈向了"完成形态"。在这一卷中，马克思对资本转化各具体形式和总形式的批判性分析，虽然是以第一卷、第二卷为基础的，但绝对不是将它们再重复一遍，而是以一种总体的、全面的和现实的批判视角考察资本主义生产的总过程。其中，对资本转化为各种具体形式的中介环节的批判分析，是马克思辩证法臻于完善的关键过程，而对于资本转化总形式的批判性分析，更是淋漓尽致地体现了马克思辩证法所蕴含的批判的和革命的本性。

在这里，马克思对辩证法的理解主要有三个层面：一是超越古典经济学和庸俗经济学的分析方法即形而上学，把对现象的结构分

---

① 〔奥〕约瑟夫·熊彼特：《经济分析史》第 3 卷，朱泱等译，商务印书馆，2017，第 24～25 页。

析和对现象的历史分析结合起来，建构了一种基于社会历史过程的批判性分析方法即辩证法；二是对中介环节的考察是这种批判分析方法的合理内核，而这也是上述两种经济学理论的重大缺陷；三是对辩证法的应用，或者说在马克思批判资本主义生产总过程中，辩证法显示了巨大的批判现实的力量。正如卢森贝所言："马克思在运用辩证方法时，不仅是把不同的形式归结为它们的统一，而且还要从统一中引申出不同的形式"。① 基于上述考察，我们认为，以新唯物主义为基础的马克思辩证法，在政治经济学批判的最后一环实现了总体的、全面的和现实的批判。

第五章　政治经济学批判中的概念辩证法

——以货币、信用与银行为例

　　本书在前面四章分别以《巴黎手稿》、《哲学的贫困》、《政治经济学批判大纲》和《资本论》第二卷、第三卷为中心对马克思辩证法做了专门的研究，基本阐明了马克思在政治经济学批判领域内以社会关系为思想通道和现实基础理解和改造黑格尔辩证法，并建构自身辩证法思想的过程。在本章，笔者打算以货币、信用和银行为例探讨政治经济学批判中的概念辩证法，这是一项关于马克思辩证法的案例研究。主要基于以下两个考虑。一是马克思对辩证法的改造是以概念的方式展开的。这个概念是在黑格尔的意义上使用的，即它是对现实存在的本质性理解和表达。在这个意义上，交往异化、社会关系、生产关系、货币、资本等都是马克思辩证法的思想对象和建构载体。也就是说，辩证法是在这些概念的展开和批判中得以呈现的，进而它又被应用于对这些概念的综合把握之中。货币、信用和银行作为现代社会关系的概念表征及其演进过程，正是政治经济学批判中具有代表性、最能体现马克思辩证法特色的运思方式。二是马克思对这三个概念的理解贯穿了从《巴黎手稿》到《资本论》第二卷、第三卷的整个政治经济学批判过程，明显地体现了马克思辩证法与政治经济学批判的内在关系。这种内在关系最为重要的方面在于马克思对人的存在方式的理解。正如前文所述，其实从《巴黎手稿》开始——在劳动异化的意义上揭示黑格尔辩证法的消极方面，因为它的抽象形式遮蔽了现实的人的异化；而在交往异化的意义上才发现了其积极方面，因为它以积极的异化形式把握到了真正的人的生命形成过程及其运动，所以被给予了充分肯定——马克思把对辩证法的理解和改造与人的生命活动联系在了一起。这也就是我们在本章论述货币、信用和银行时，将它们与人的存在方式联系在一起的根本原因。

第一节　货币与人的存在方式

在马克思对人的存在方式（形态）的诸多描述中，《大纲》中的这段经典表述尤为引人注意，他说："每个个人以物的形式占有社会权力。如果从物那里夺去这种社会权力，那么你们就必然赋予人以支配人的这种权力。人的依赖关系（起初完全是自然发生的），是最初的社会形式，在这种形式下，人的生产能力只是在狭小的范围内和孤立的地点上发展着。以物的依赖性为基础的人的独立性，是第二大形式，在这种形式下，才形成普遍的社会物质变换、全面的关系、多方面的需要以及全面的能力的体系。建立在个人全面发展和他们共同的、社会的生产能力成为从属于他们的社会财富这一基础上的自由个性，是第三个阶段。第二个阶段为第三个阶段创造条件。因此，家长制的，古代的（以及封建的）状态随着商业、奢侈、货币、交换价值的发展而没落下去，现代社会则随着这些东西同步发展起来。"① 马克思在这里明确提出了人的存在方式的三种样态及其演变步骤，按照逻辑与历史相统一的原则，为人类的过去、

---

① 《马克思恩格斯文集》第 8 卷，人民出版社，2009，第 52 页。

现在和未来构造了一种历史图景，对人类的实践行动具有"导航"作用，因而是人们考察马克思辩证法思想的重要文本依据。

这个颇具凝练性的思想不是一个偶然的警句，它在《大纲》的"货币章"出场，是马克思思想进程的一个界碑。虽然它不是思想转变意义上的界碑，但是是思想成熟期的一个界碑。从马克思思想形成的过程来看，它的溯源地不是在《巴黎手稿》，或《德意志意识形态》《关于费尔巴哈的提纲》等中，而是在赫斯的《论货币的本质》中。我们无意强调"回到赫斯"这样一个颇具争议的论题，但从赫斯的《论货币的本质》到《巴黎手稿》，再到《大纲》的"货币章"，马克思对货币与人的存在方式关系的考察和理解发生了质的变化，而这是以往的研究所缺乏的一个重要视角和维度。这对理解政治经济学批判的思想方式和理论旨趣来说无疑也是非常重要的。

一　赫斯：货币与人的无机结合

卢卡奇曾经对赫斯与马克思的关系下了一个简短而有力的结论，他说："赫斯本人是一个彻底失败的马克思的先行者"。[①] 如果说卢卡奇这个结论成立的话，笔者觉得至少蕴含以下两个层面的意思。

其一，尽管赫斯被称为是彻底失败的先行者，但毕竟是马克思的先行者，至少在融合德国哲学和国民经济学方面，他是一个先行者。《论货币的本质》作为他的代表作，就显示了他理论上不凡的一面。这一点受到了当时身为《莱茵报》主编的马克思的关注。在青年黑格尔派当中，赫斯以政治经济学的话语来探讨人及其本质在

---

① 转引自韩立新《〈巴黎手稿〉研究》，北京师范大学出版社，2014，第 103 页。

当时就显得与众不同、思想独特。无论是鲍威尔兄弟还是施蒂纳，他们都囿于自我意识哲学，还是从主观意识来解释人本身。在这一点上，赫斯已比当时的其他青年黑格尔派走得更远些，至少他已涉足了国民经济学的领域，从货币这种外在于人的客观物来思考人自身。在理论框架上，赫斯是要超过其他青年黑格尔派的。

其二，所谓"彻底失败的马克思的先行者"，"是因为同时在向共产主义转变的马克思和赫斯，在他们思想形成的最后一个环节，即如何面对黑格尔时，两个人走向了完全不同的道路：赫斯否定了黑格尔辩证法，回到了费希特和费尔巴哈；而马克思则批判地吸收黑格尔的辩证法，前进到了黑格尔与国民经济的结合。"[1] 于是，马克思走向了历史唯物主义，赫斯则成了"真正社会主义"的代言人，是社会主义探索路途上的失败者。就对货币与人的本质关系的理解而言，我们认为，赫斯的《论货币的本质》和马克思的"穆勒评注"就呈现两种不同的理论视角，前者基本是在否定的意义上看待货币与人的本质的关系，马克思的"穆勒评注"则更多地在肯定的意义上理解二者的关系。

在《论货币的本质》中，赫斯明确指出个人的现实的本质共同活动，这种共同活动是由个体力量的相互激发而构成的，是他们的现实能力，其内在的能量"是个人的生命活动的相互交换、交往"。[2] 接下来，赫斯对此进行了详细阐述，他认为："人与人的交往越发达，他们的生产力就越强大。在这种交往还狭小的时候，他们的生产力就越低下。个体离开了其生命的中介，离开了其个体力量的交换，就不能生存。人与人的交往绝不是从人的本质中产生

---

[1]　韩立新：《〈巴黎手稿〉研究》，北京师范大学出版社，2014，第101页。
[2]　〔德〕莫泽斯·赫斯：《赫斯精粹》，邓习仪译，南京大学出版社，2010，第138页。

的，这种交往就是人的现实的本质，而且它既是人的理论本质、人的现实的生命意识，又是人的实践本质、人的现实的生命活动。思维和行动只能产生于交往，产生于个体的共同活动……"① 在这里，赫斯的指向是清晰的，就是要把人的本质置于交往的概念框架中来理解，人的交往不是从人的本质中产生，而是人的本质要由人的交往来规定。当然，其理论前提是把交往与共同活动等同起来，即交往就是人们的实践活动。

对此，有学者指出了赫斯的两个致命错误：一是"他将交往（实际上是商品经济的现代交换）置于生产之上，但没有意识到这种'交往'是生产的结果"；二是"他更无法意识到，这种交往只是物质生产的一定历史条件下的产物，即资产阶级社会商品生产的特定的历史结果"。② 在"生产、分配、交换和消费"的总体逻辑中，赫斯的"交往决定论"的确是致命的。但是，从这段话本身很难说赫斯就是将交往置于生产之上，正如上文所述，事实上，赫斯是将交往与人的共同活动等同起来的。可以说，这是赫斯思想的时代局限。此外，马克思在论述人的三种存在方式时，也使用了类似的句式和思想表述，如"人的依赖关系（起初完全是自然发生的），是最初的社会形式，在这种形式下，人的生产能力只是在狭小的范围内和孤立的地点上发展着……"从这种表述中，我们也很难断定马克思是一个"交往决定论者"。

在笔者看来，这与赫斯对资本主义社会的批判相关，具体而言，与他借以批判的武器即货币相关。正是如此，赫斯几乎是在否定的意义上理解货币对人的共同活动或交往的作用，更是无法辩证

① 〔德〕莫泽斯·赫斯：《赫斯精粹》，邓习仪译，南京大学出版社，2010，第 139 页。
② 张一兵：《赫斯：一个马克思恩格斯的重要思想先行者和同路人（代译序）》，载〔德〕莫泽斯·赫斯：《赫斯精粹》，邓习仪译，南京大学出版社，2010，第 138 页。

地理解货币在人的存在方式演变当中的角色。依据赫斯的"小商人世界的实践"视角，货币对人而言纯粹是一个十恶不赦的存在，从而对它的讨伐也是毫不留情的，因为它是"相互异化的人的产物，是被外化的人的产物"①，是"社会的血，但这是被出卖的、被抽出来的血"②，是"凝结成为死的文字的、扼杀生命的交往手段"③，等等。与把人的本质界定为交往活动一样，赫斯也正确地看到了货币的交往本质，只不过货币仿佛是外在于人的、控制人的"魔鬼"般的存在。在赫斯看来，货币作为类生活成了个体生活的追求目标，整个类生活被贬为手段，个体则成了目的。其大意是货币获得了它的普遍性外观之后，便开始了对个体的压迫，或者说货币获得普遍性的过程，就是对个体的压迫过程。于是，"彻底的经济学只能根据人的钱袋的重量来评价人"。④ 在这里，"只有货币才是共同体或国家，而人只不过是它的工资持有者，其实只是一个赤贫的钱袋持有者。"⑤ 在这里，"在从最自然的爱情即两性的交往，直到整个知识界的思想交流，没有金钱就寸步难行的地方；在除了金钱化、商品化的人以外没有其他实际的人的地方；在为了能活下去每一次心跳都必须加以变卖的地方；天国的神灵正在地上漫游……现实的奴隶制的纯粹的事实被提升为原则并彻底贯彻"。⑥

在赫斯血脉偾张甚至有些声嘶力竭的批判中，我们需要看到的更为深刻的地方在于，他虽然借助费尔巴哈的异化概念，并将其运用到经济社会当中，但是他没有仅停留于费尔巴哈，也没有仅仅停

---

① 〔德〕莫泽斯·赫斯:《赫斯精粹》，邓习仪译，南京大学出版社，2010，第 146 页。
② 〔德〕莫泽斯·赫斯:《赫斯精粹》，邓习仪译，南京大学出版社，2010，第 161 页。
③ 〔德〕莫泽斯·赫斯:《赫斯精粹》，邓习仪译，南京大学出版社，2010，第 162 页。
④ 〔德〕莫泽斯·赫斯:《赫斯精粹》，邓习仪译，南京大学出版社，2010，第 146 页。
⑤ 〔德〕莫泽斯·赫斯:《赫斯精粹》，邓习仪译，南京大学出版社，2010，第 153 页。
⑥ 〔德〕莫泽斯·赫斯:《赫斯精粹》，邓习仪译，南京大学出版社，2010，第 152 页。

留于异化概念。他看到了货币对人的否定意义的实质在于，货币与人是一种无机的结合。在《论货币的本质》的文末，赫斯宣称要废除货币这种非人的、外在的、死的交往手段。其前提是要建立起真正的共同体，在那里，只要人们联合起来，进行直接的交往，孤立人之间的斗争便能消除，废除货币便是一个指日可待的事件。在马克思看来，这种想法有点"痴人说梦"的意味，他在《大纲》中专门批判了废除货币的荒诞想法。但是，与费尔巴哈完全拒绝异化、走向现实的孤立个体不同，赫斯期待一个有机共同体的诞生，这个有机共同体不是由费尔巴哈似的抽象人缔造的，而是由处于相互直接交往中的个体构成，在那里，货币机器将停止运转，活生生的人将重现光辉。

二 马克思：货币与人的有机结合

关于赫斯与马克思的关系研究，学界已有诸多不同的观点和视角。其中，"赫斯对马克思产生过影响"这样一种观点越来越获得共识。就《论货币的本质》而言，就货币与人的存在方式这样一个主题而言，赫斯确实对马克思产生过积极的影响。但是，就观点的深刻性来说，赫斯确实缺乏辩证法的维度，只在消极的意义上或否定的意义上看待货币与人的存在方式的关系问题，他所说的货币与人无机的结合，事实上也是对他的理论观点的真实写照，即他的观点也是处于无机的状态，换句话说，他没有揭示或透视货币与人的存在方式的有机结合。而在辩证法的视角中，马克思看到了货币与人的存在方式的有机结合。所谓"二者的有机结合"，是指马克思既看到了赫斯所指出的货币对人的存在的否定方面，又看到了货币在人的存在方式中的积极作用，对货币做出了历史和辩证的理解，进而对人的存在方式的演变做出了历史唯物主义的解释。当然，这个过程应当而且必须放在马克思对政治经济学批判的过程中来考察。

在尚未涉足政治经济学批判之前，马克思对人的本质及其存在方式的理解还是纯粹哲学性的，带有费尔巴哈哲学的痕迹。正如在《黑格尔法哲学批判》的导言中，马克思指出"人就是人的世界，就是国家，社会。这个国家、这个社会产生了宗教，一种颠倒的世界意识，因为它们就是颠倒的世界。宗教是这个世界的总理论，是它的包罗万象的纲要，它的具有通俗形式的逻辑，它的唯灵论的荣誉问题［Point‐d'honneur］，它的狂热，它的道德约束，它的庄严补充，它借以求得慰藉和辩护的总根据。宗教是人的本质在幻想中的实现，因为人的本质不具有真正的现实性。"① 但何谓"人的本质的真正的现实性"，马克思在此并没有给出框架性的解释。但到《巴黎手稿》时期，人的本质的这种现实性才得以揭示。换句话说，马克思在那时才找到用以说明这个问题的解释框架。这就是在对国民经济学批判的过程中，所确立的对人的本质及其存在方式的经济学解释。特别是关于货币与人的关系问题尤其引人注目。关于这个问题，马克思在《巴黎手稿》的"穆勒评注"和"第三手稿"的片段"货币"节中论述得最为集中。此外，马克思还在《大纲》的"货币章"充分论述了这一问题。下面我们分别对这三部分文字加以考察，以揭示马克思对货币与人有机结合思想的进程。

在《詹姆斯·穆勒〈政治经济学原理〉》一书摘要（也称"穆勒评注"）的第三部分"论交换"中，马克思写下了自己对货币的思考，他认为："货币的本质，首先不在于财产通过它转让，而在

---

① 《马克思恩格斯文集》第1卷，人民出版社，2009，第3页。

于人的产品赖以互相补充的中介活动或中介运动，人的、社会的行动异化了并成为在人之外的物质东西的属性，成为货币的属性。"①马克思的见解是透视性的，即他把货币视为人的产品赖以互相补充的中介活动或运动，可以说是一种科学性的解释。综观该文本，马克思对人与货币的关系所采取的基本上是批判立场，即货币作为人的异己的中介，对人本身的活动和交往所产生的消极影响是毋庸置疑的。但他又深刻地认识到货币这个中介与人的"最初关系的这种颠倒是不可避免的"。② 这种货币对人的不可避免的统治，则是来源于异化的物对人的全面统治，它获得普遍的、客观的外观，即"在不论对材料的性质即私有财产的特殊性质还是对私有者的个性都完全无关紧要的货币中，表现出异化的物对人的全面统治。过去表现为个人对个人的统治的东西，现在则是物对个人、产品对生产者的普遍统治"。③ 这段对货币看似带有批判性的见解中，其实蕴含对货币在人的发展过程中所起作用的肯定。因为这样的论述，使读者很容易联想到马克思在《大纲》中对人的发展阶段的说明。在那里，对人的依赖其实就是个人对个人的统治，而建立在对物的依赖基础上的人的独立性，其实就是物对个人的普遍统治阶段。如果说这两个阶段的转变具有积极意义的话，那么货币对人的存在方式的演变就具有积极意义，于是马克思在这里便认识到了货币对人的存在的肯定意义。从这一点来说，马克思超越赫斯只是一个时间问题罢了，因为在逻辑上，在辩证法的视野中，马克思不超越赫斯是一个难以想象的结局。

但是，正如上文所述，尽管马克思在"穆勒评注"中认识到了

---

① 〔德〕马克思：《1844 年经济学哲学手稿》，人民出版社，2000，第 164 ~ 165 页。
② 〔德〕马克思：《1844 年经济学哲学手稿》，人民出版社，2000，第 165 页。
③ 〔德〕马克思：《1844 年经济学哲学手稿》，人民出版社，2000，第 176 页。

货币对人的存在的积极意义，但这是一个较为隐蔽的含义，其基本立场还是带有人本主义的痕迹，异化概念还是他借以批判的武器。当然，不是说采用了异化概念就是费尔巴哈的思路，而是说马克思在基本思路上还是以否定货币为主。这或许是货币的本质所致，也或许是马克思的认识所致。但到"第三手稿"的"货币"这一节，马克思对这个问题的态度更为辩证了，对货币与人的有机结合这一观点更为明确了。他说："私有财产的意义——撇开私有财产的异化——就在于本质的对象——既作为享受的对象，又作为活动的对象——对人的存在。"① 因此，作为私有财产的外在表征，"货币是需要和对象之间、人的生活和生活资料之间的牵线人。"② 在需要、活动（劳动）和享受的三位一体的辩证法中，货币作为中介，是这一辩证运动的实现者，也是这一运动的现实载体。马克思更为明确地阐述道："以货币为基础的有效需求和以我的需要、我的激情、我的愿望等等为基础的无效需求之间的差别，是存在和思维之间的差别，是只在我心中存在的观念和那作为现实对象在我之外对我而存在的观念之间的差别。"③ 在他看来，货币作为从人们的观念转化成现实生活、从想象的存在转化为现实的存在的中介，是一种真正的创造力。更为辩证地说，一方面货币是能够把观念变成现实、把现实变成纯观念的普遍手段和能力，并把人的和自然界的现实的本质力量变成纯抽象的观念，因而变成不完善性和充满痛苦的幻象；另一方面，同样的货币把现实的不完善性和幻象，个人的实际上无力的、只在个人想象中存在的本质力量，变成现实的本质力量和能力。依此规定，马克思认为货币"把个性变成它们的对立物，赋予

---

① 〔德〕马克思：《1844年经济学哲学手稿》，人民出版社，2000，第140页。
② 〔德〕马克思：《1844年经济学哲学手稿》，人民出版社，2000，第140页。
③ 〔德〕马克思：《1844年经济学哲学手稿》，人民出版社，2000，第144页。

个性以与它们的特性相矛盾的特性。"①

在"货币"这一节，我们从马克思对货币既思辨又世俗的理解中，可以看出他在汲取黑格尔辩证法和国民经济学初步批判的成果之后，对货币与人的关系的理解跃升到了有机的层面，换句话说，他此时就认识到了货币与人的关系是一种有机的结合状态，即人的存在面对货币这个可恶而又可爱的中介时，充满着痛苦但又必须接受，因为它既是普遍性的能力和手段，又是人本身迈向更高阶段的阶梯。

三 货币在人的存在方式演变中的作用

在上述赫斯和早期马克思的文本中，有一个基本的主题，那就是把人的悖谬性存在与货币关联起来。所谓对货币的人本主义批判，在我看来其实就是把人的悖谬性存在归结于货币的特性，即把货币看成是人们之间进行直接交往的障碍。与赫斯只看到货币对人的存在的消极意义或它作为人的产物的异化方面不同，马克思还看到了货币在人的发展过程中的积极作用。因此，与赫斯坚决主张废除货币的做法不同，马克思认为是现实的矛盾造成了货币的这种特性，而非货币造成了人的存在的现实矛盾，所以在没有消除产生货币的现实土壤之前，就急着想要消除货币是一件可笑的事情。

在《大纲》的"货币章"，马克思指出："产品的交换价值产生出同产品并存的货币。因此，货币同特殊商品的并存所引起的混乱和矛盾，是不可能通过改变货币的形式而消除的（尽管可以用较高级的货币形式来避免较低级的货币形式所具有的困难），同样，

---

① 〔德〕马克思：《1844 年经济学哲学手稿》，人民出版社，2000，第 145 页。

只要交换价值仍然是产品的社会形式，废除货币本身也是不可能的。"① 也只有认识到这一点，马克思认为我们才不至于给自己提出无法解决的任务。从这部手稿论述"货币的产生与本质"来看，马克思已然是一个坚定的历史唯物主义者。在货币与人的存在方式这个主题上，如果说人本主义的马克思以激情、感性等现实本体论来否定货币的话，那么衡量站在历史唯物主义地基上的马克思的尺度，则是他对货币的重新评价，科学评价货币在人的存在方式演变中的作用。

其一，货币是打破人的依赖关系的"楔子"。如果剥掉货币的金属外观，在其本质上，货币所表征的是一种人与人的关系。它的现实基础在于人们必须要生产出一般的商品即货币，才能满足自身的需求。换句话说，人们只有通过把自己的特殊商品转化成普遍商品，从而获取交换价值，才能让存在于观念中的需求变成现实的享受。这一点对于处于不发达的交换或货币制度的社会关系来说是致命的。"虽然个人之间的关系表现为较明显的人的关系，但他们只是作为具有某种规定性的个人而互相发生关系，如作为封建主和臣仆、地主和农奴等等，或作为种姓成员等等，或属于某个等级等等。在货币关系中，在发达的交换制度中（而这种表面现象使民主主义受到迷惑），人的依赖纽带、血统差别、教养差别等等事实上都被打破了，被粉碎了（一切人身纽带至少都表现为人的关系）。"② 货币的这种中介作用对于处在人身依附关系状态的社会关系而言，就像是一个楔子慢慢撕开这种对人的关系的束缚。进而"一切人身的义务转化为货币的义务，家长制的、奴隶制的、农奴

---

① 《马克思恩格斯文集》第 8 卷，人民出版社，2009，第 43 页。
② 《马克思恩格斯文集》第 8 卷，人民出版社，2009，第 57～58 页。

制的、行会制的劳动转化为纯粹的雇佣劳动"。① 其结果自然是一方面造就了独立的个体或孤立的个体，但另一方面由于货币的普遍特性，又在一个更为普遍的层面把这些孤立的个体联合起来，构建出一幅比由血统、家族、权力组建起来的人际关系更为宏大的社会图景。在这里，孤立与团结、分工与协作、竞争与合作互相激荡、转化。从这个意义上来说，货币的这种特性是由古代切近近代社会的助推剂。

其二，货币是使建立在对物的依赖基础上的个体结合的黏合剂。马克思在说明第二阶段的特性时使用了一个悖论性表述，他说："以物的依赖性为基础的人的独立性，是第二大形式，在这种形式下，才形成普遍的社会物质变换、全面的关系、多方面的需要以及全面的能力的体系"。② 这里包含两层意思：一是人的独立性是在脱离了人身依附关系之后，进入对物的依赖阶段形成的，人借助于物结成了全新的社会关系；二是人的独立性的形成，人的全面的、普遍的社会关系才有可能形成。这里的问题在于，独立的个体是如何形成全面的社会关系的。马克思指出人与人全面的、普遍的"这种互相依赖，表现在不断交换的必要性上和作为全面中介的交换价值上"。③ 接下来，他对斯密"看不见的手"发表了自己的见解。在他看来，人们在追求私人利益的过程中会实现普遍利益的目的，这并不是什么神秘事件，其关键不在于私人利益在先，而普遍利益在后，或者说这种普遍利益并不是私人利益的总和那么简单。他认为，"关键倒是在于：私人利益本身已经是社会所决定的利益，

---

① 《马克思恩格斯文集》第 8 卷，人民出版社，2009，第 44 页。
② 《马克思恩格斯文集》第 8 卷，人民出版社，2009，第 52 页。
③ 《马克思恩格斯文集》第 8 卷，人民出版社，2009，第 50 页。

而且只有在社会所设定的条件下并使用社会所提供的手段，才能达到"。① 这里的意思再明确不过了，就是没有纯粹的私人利益，任何私人利益早已是社会利益的内在构成和决定对象，因此从私人利益向普遍利益的转化在这里被揭示为一个伪问题。所以真正的问题在于，社会所决定的利益是毫不相干的个人之间的互相和全面依赖关系的基础，人们必须生产交换价值或个体化的交换价值——货币，从而才能行使支配社会财富的权力，因而"他在衣袋里装着自己的社会权力和自己同社会的联系"。②

其三，在迈向个人的全面发展和自由个性的路途上，货币至少克服了以下两个困难：一是人与人交往的狭隘性，即所谓的"空间界限"；二是人与人交往的直接性，即所谓的"时间界限"。只不过，货币解决这种困难的方式是悖谬性，因为它"所以能够克服物物交换中包含的困难，只是由于它使这种困难一般化，普遍化了"。③ 这样，我的产品，从而"我自身"便摆脱了地方的、自然的和个体的界限。这是一个充满艰辛和冒险的过程，但没有这个过程，个人的全面发展和自由个性是没有现实根基的。因为"要使这种个性成为可能，能力的发展就要达到一定的程度和全面性，这正是以建立在交换价值基础上的生产为前提的……"④ 简而言之，人的存在方式及其演变是一个历史的过程，人的全面发展和自由个性也是历史的产物。如果把这种历史的产物与货币本身的产生和本质联系起来考察，更能说明其辩证和实践的特质。

① 《马克思恩格斯文集》第8卷，人民出版社，2009，第50页。
② 《马克思恩格斯文集》第8卷，人民出版社，2009，第51页。
③ 《马克思恩格斯文集》第8卷，人民出版社，2009，第47页。
④ 《马克思恩格斯文集》第8卷，人民出版社，2009，第56页。

四 结语

在思想史的层面上，赫斯的《论货币的本质》对马克思产生了积极的影响，但是在理论层面上，他把货币与人的关系理解为一种无机结合，因此他对货币的批判也就难以逃离费尔巴哈的人本主义阴影，其根本原因在于他未能正确地理解黑格尔辩证法，而是退回到了费希特和费尔巴哈。在《大纲》以及《巴黎手稿》的"穆勒评注""货币章"中，马克思逐渐认识到货币与人的有机结合关系，正确地看到了货币在人的存在方式及其演变中的作用，其根本原因在于马克思吸收黑格尔辩证法的积极方面，并将其运用于政治经济学当中。

第二节　信用与人的存在方式

在政治经济学批判中，与货币范畴一样，信用也不是一个纯粹的经济学范畴。它是与人的存在方式相互关联的一个范畴，这与国民经济学和后来的西方经济学不同，即我们不能只看到信用的经济学性质，更应看到马克思在讨论资本主义信用时的批判维度。此外，由货币进一步深入信用问题的探讨也是逻辑的必然。因为尽管在以前的社会经济形态中也存在货币及其符号形式，但货币在资本主义拜物教的形成过程中需要以信用为中介，换句话说，在货币向资本转化的过程中，信用扮演着重要角色，它是货币在资本主义社会取得普遍性统治的一个关键环节。没有信用，当代社会的金融资本便无法形成，资本逻辑便无法施展其令人费解的魔力。基于分析问题的必要性，在此我们主要围绕从马克思到希法亭的这一线索来展开研究。

一　异化逻辑中的信用

在研究政治经济学的过程中，马克思第一次正面考察信用问题的实质是在《1844 年的经济学哲学手稿》中的"詹姆斯·穆勒《政治经济学原理》一书摘要"这一节。马克思对穆勒的摘要是完全按照原著的写作顺序进行的，分为"论生产、论分配、论交换、论消费"四个部分，其中在"论交换"部分，马克思着墨颇多，主要是对国民经济学中的货币和信用进行了批判性考察。卢森贝在《十九世纪四十年代马克思恩格斯经济学说发展概论》一书中对此专门进行了描述，概括了马克思对货币和信用这两个相互关联的范畴的批判，并认为"在'政治经济学批判'和'资本论'中，这些思想得到全面发展，但它们在对穆勒的批评意见中早已预料到了——当然，还是处于萌芽的形式"。[①] 卢森贝的这个判断是有道理的。但是，他没有说明马克思的这种思想"萌芽"是以何种方式存在的，即他没有指明马克思其实是在异化的逻辑中批判货币和信用的。这样一来，人们就无法区别他"早已预料"的，后来在政治经济学批判和资本论中实现的论述了。事实证明，卢森贝所谓的预料并非完全正确，马克思是预料到了自己会返回来研究货币与信用范畴，但并未预料到后来所采取的逻辑是资本逻辑，而非当时的异化逻辑。此外，以往在研究穆勒摘要"论交换"部分时，大多也只是涉及货币，而对信用关注明显不足。这与马克思后来在计划写政治经济学批判时对信用的高度关注是不相匹配的。如果将其置于马克思政治经济学批判的思想史中来考察的话，我们不得不对此予

---

① 〔苏〕卢森贝：《十九世纪四十年代马克思恩格斯经济学说发展概论》，方钢等译，生活·读书·新知三联书店，1958，第 77 页。

以重视。

在"詹姆斯·穆勒《政治经济学原理》一书摘要"的"论交换"部分，按照政治经济学的逻辑，马克思很自然地就从货币的论述转换到了对信用的论述。在他看来，现代国民经济学在货币本质的抽象性和普遍性中理解货币的本质，摆脱了那种认为货币本质只存在于贵金属之中的盲目信仰的感性形式，并用精致的盲目信仰代替粗陋的盲目信仰。这种精致的盲目信仰的感性形式即是纸币及其纸的货币代表，如汇票、支票、借据等，它们"作为货币的货币的较为完善的存在，是货币的进步发展中必要的因素。"[1] 很明显，这种自然的过渡是马克思根据穆勒的论述而做出的。穆勒在其《政治经济学要义》的第三章第十节开始讨论货币的替代物，[2] 继而由货币转换到了纸币的论述。与穆勒只是把诸如汇票看作是货币的替代物不同，马克思认为它们是货币在实践中的进一步发展，是货币形式进展的必然阶段。不仅是穆勒，当时的国民经济学也并没有认识到这一点，反而认为它们打破了异己的物质力量，扬弃了自我异化的关系，从而人又重新处在了人与人的关系中了。在马克思看来，这是一种经济学的假象，人们被这种假象深深地迷惑了，"圣西门主义者把货币的发展、汇票、纸币、纸的货币代表、信贷、银行业看作是逐渐扬弃人同物、资本同劳动、私有财产同货币、货币同人的分离的各个阶段，看作是逐渐扬弃人同人的分离的各个阶段。"[3] 当时在政治经济上占支配地位的信用学说认为，所谓"信用"就是债权人对债务人的信任，因而人与人之间的关系更合乎人性了。与此相反，马克思认为这种资本主义的信用业是更加卑劣和极端的自

---

① 〔德〕马克思：《1844 年经济学哲学手稿》，人民出版社，2000，第 167 页。
② 〔英〕詹姆斯·穆勒：《政治经济学要义》，吴良健译，商务印书馆，2010，第 81 页。
③ 〔德〕马克思：《1844 年经济学哲学手稿》，人民出版社，2000，第 168 页。

我异化、非人化，因为这种信用业用人的道德存在、社会存在以及人的内在生命取代商品、金属和纸币作为自己的构成要素，从而使得看似人与人之间的信任关系下面掩盖了人与人之间的极端不信任和完全的异化。从这里可以看出，马克思一方面肯定信用相对货币的进步意义，另一方面也批判了资本主义充满伪善的信用学说。其中，后者是在异化逻辑中考察的。

这里的所谓异化逻辑中的信用，指的就是马克思认为资本主义信用其实是用货币来估计人，即人的货币化。他说，所谓"信贷是对一个人的道德作出的国民经济学的判断"。① 在这种信贷中，"人本身代替了金属或纸币，成为交换的中介，但人不是作为人，而是作为某种资本和利息的存在。"② 从而"不是货币被人取消，而是人本身变成货币，或者是货币和人并为一体。人的个性本身、人的道德本身既成了买卖的物品，又成了货币存在于其中的物质。构成货币灵魂的物质、躯体的，是我自己的个人存在、我的肉体和血液、我的社会美德和声誉，而不是货币、纸币。信贷不再把货币价值放在货币中，而把它放在人的肉体和人的心灵中。"③ 马克思在此揭示了资本主义信用的露骨本质，其逻辑在于，一方面信用在资本主义私有制的范围内使得人和货币一体化了，也就是说信用的实质还是货币，只不过当人进入这种信用系统之后，他或她就成了货币的指称，因为在私有制条件下，所谓诚实的人便是有支付能力的人。另一方面，马克思区分了两种不同的信用情况，即穷人贷款和富人贷款。第一种，即当债务人是穷人时，他的生命活动本身、全部的社会美德及其才能和努力都是其归还债务的保证，这个逻辑是

---

① 〔德〕马克思：《1844 年经济学哲学手稿》，人民出版社，2000，第 169 页。
② 〔德〕马克思：《1844 年经济学哲学手稿》，人民出版社，2000，第 169 页。
③ 〔德〕马克思：《1844 年经济学哲学手稿》，人民出版社，2000，第 169 页。

纯粹的异化逻辑，即在信用系统中，穷人的生命本身仅被货币占有者视为获取利息的手段和工具。从这个意义上来说，这个逻辑和《巴黎手稿》中的异化劳动逻辑并没有什么不同。如果有不同的话，只是这种异化逻辑是发生在人们的交往中，而非劳动中。第二种是当债务人是富人时，马克思认为此时的信贷便直接成为便于交换的中介，即被提高到纯粹观念形式的货币本身。从文本可以看出，马克思对第二种情况的描述相当简洁，并不像第一种那样反复强调，进行浓墨重彩的批判。其实，从后来的《大纲》和《资本论》来看，所谓富人与富人之间的借贷，① 已转换成了资本家之间的相互借贷，比如银行资本家和产业资本家之间的借贷。在希法亭看来，这是属于流通领域的事情了。当然，此时的马克思信用思想正处于萌芽状态，仅是在信用范围内，看到了大资本家和小资本家之间的对立，而没有对其积极意义予以肯定是可以理解的，这也是在异化逻辑中理解信用的必然结果。

值得指出的是，马克思认为信用业的进一步发展便是银行业。银行家所建立的银行在国家中的统治、财产在银行家手中的集中，被他认为是货币的完成。因此，在马克思的逻辑中，一方面，货币—信用—银行这三者之间的关系得以初步构造，信用是作为货币的较为完善的存在，而银行是货币的完成形态，这给我们理解信用在政治经济学体系中的地位和作用提供了有益启示。其实，这也是

---

① 马克思后来在《大纲》中指明了借贷和信用之间的关系，他说："稍为发达形式的信用在以往任何一种生产方式中都没有出现过。在以前的状态下也有过借和贷的事情，而高利贷甚至是洪水期前的资本形式中最古老的形式，但是借贷并不构成信用，正如各种劳动并不就构成产业劳动或自由的雇佣劳动一样。信用作为本质的、发达的生产关系，也只有在以资本或以雇佣劳动为基础的流通中才会历史地出现。"（《马克思恩格斯全集》第 30 卷，人民出版社，1995，第 534 页）这个分析其实也适用于货币和信用的历史性关系，因为货币作为借贷的实质性载体，也只有在资本阶段才会有信用是货币的必然阶段这个论断。

马克思为之后的研究所奠定的思想基础。另一方面，马克思将银行制度视为信用制度的完成，把前者看作"政治经济的最高法院"和"货币实体的最高花冠"，并指认政治的最高法院即国家政权依赖于"政治经济的最高法院"，是他在"经济方面和法与国家方面同时研究的结果"。①有了这样的研究基础，马克思在《大纲》和《资本论》中对信用的理解便更为辩证和科学了。

二　资本逻辑中的信用

与在异化逻辑中所理解的信用更具消极意义不同，马克思在资本逻辑中所理解的信用则更具积极意义。对信用的积极意义的认识和承认是马克思在逐步深化政治经济学研究的过程中形成的。其一，在《巴黎手稿》中，马克思区分了穷人向富人的贷款和富人与富人之间的贷款这两种情况。马克思从经验出发做出的这个区分对后来的信用研究具有"预料"性的价值。只是囿于异化逻辑，正如我们所见，马克思更多的是关注穷人向富人的借贷，而非富人之间的借贷。事实上，我们将会看到，在《大纲》和《资本论》中，马克思所论述的信用问题主要是流通领域中各资本家之间的相互借贷，即所谓的富人之间或有产者之间的借贷关系。其基本逻辑是资本要实现没有流通时间的流通而创造出来的资本主义信用。当然，这是马克思在规划政治经济学研究时所指明的私人信用问题，而非公共信用问题。其二，马克思在《哲学的贫困》中指出，"经济学家们都把分工、信用、货币等资产阶级生产关系说成是固定的、不变的、永恒的范畴。蒲鲁东先生有了这些完全形成的范畴，他想给

---

① 〔苏〕卢森贝：《十九世纪四十年代马克思恩格斯经济学说发展概论》，方钢等译，生活·读书·新知三联书店，1958，第80页。

我们说明所有这些范畴、原理、规律、观念、思想的形成情况和来历"。① 但是，这些经济学家只是以这些范畴为前提论述了生产的进行，而没有说明这些范畴本身是怎样产生的，即没有对这些范畴产生的历史运动进行说明。马克思在此虽然没有专门研究信用问题，但是，他为后来的研究提供了方法论的规范——要对信用等范畴做出历史性的解释，即辩证的解释。这一点在后来把信用置于资本的流通中，将其与货币、股份制公司和银行等联系起来考察表现得更为明显。

基于这样的思想准备，马克思在艰苦卓绝的政治经济学研究中对信用问题做了科学的说明，揭示了资本逻辑中的信用学说，从而进一步阐明了人的存在方式在资本主义信用中的基本规定，即货币的人格化。

在《大纲》前半部分"货币章"和"资本章"中，马克思初步阐明了资本逻辑中信用的实质。其一，在"资本章"的第一篇"资本的生产过程"中，他指出资本的特性即资本作为价值可以脱离自身的实体而存在，并因此奠定了信用的基础。因为资本，作为货币的资本是取得新劳动的凭证，它不仅和现有的劳动发生关系，也和未来的劳动发生关系，所以，它"是取得一般财富的现实可能性即取得劳动能力的凭证，而且是取得正在生成的劳动能力的凭证。货币作为这样的凭证，它的作为货币的物质存在是无关紧要的，可以用任何一种要求权来代替。"② 言外之意，信用在货币向资本的转化过程中出现是一种必然，同时货币向资本的转化也是信用自身立足的基础。货币向资本的转化则需要依靠货币作为取得未来

---

① 《马克思恩格斯文集》第 1 卷，人民出版社，2009，第 598 页。
② 《马克思恩格斯全集》第 30 卷，人民出版社，1995，第 336 页。

劳动即雇佣劳动的凭证这一特性。在"资本和劳动的交换"一节中，马克思规划了对资本的研究进程，他计划在资本的一般性和特殊性之后研究资本的个别性，即"（1）资本作为信用。（2）资本作为股份资本。（3）资本作为货币市场。"① 由此足见信用的资本特质。其二，在"资本章"的第二篇"资本的流通过程"中，马克思进一步规定了信用的资本特质，即信用的必要性基础。也就是说，"对于以资本为基础的生产来说，它的本质条件，即构成资本主义生产整个过程的各个不同过程的连续性，是否会出现，就成为偶然的了。资本本身消除这一偶然性的办法就是信用"。② 马克思在这里明确指出信用的这一资本特质是从生产过程的直接本性来说的，换言之，资本主义信用的现实基础在于资本主义的生产过程，虽然它表现为流通过程的要素。这一点与后来的希法亭不同，希法亭主要是在流通过程中来说明信用问题。从这个意义上来说，列宁认为希法亭在这一点上犯了根本性的错误是有道理的。因为在马克思这里，信用是符合在资本逻辑中生产的连续性要求消灭流通时间的这一本性的。进一步而言，就资本的本性来说，它产生出了劳动时间和流通时间的对立，而在资本逻辑中信用是扬弃和克服这一矛盾的一剂药方。

在《大纲》的后半部分的"资本的流通过程"中，马克思集中阐述了由资本逻辑自身的悖论所导致的劳动时间和流通时间的对立，以及由此得以规定的信用的资本特质。在此，他提出了一个具有决定意义的论断，即"劳动时间和流通时间的对立，特别是在这里当涉及通货历史等的时候，包含着全部信用学说"。③ 一方面，劳

---

① 《马克思恩格斯全集》第 30 卷，人民出版社，1995，第 234 页。
② 《马克思恩格斯全集》第 30 卷，人民出版社，1995，第 533 页。
③ 《马克思恩格斯全集》第 31 卷，人民出版社，1998，第 52 页。

动时间是与生产时间不同的概念，其区别在于如果要使劳动时间和生产时间相等，则必须要取消或克服劳动的中断问题，即克服生产本身所包含的流通时间，反之，如果无法克服流通时间，那么以资本为基础的生产时间则要大于劳动时间，而这是资本本性所不允许的情况，也是它想方设法要解决的问题。但是，另一方面，以资本为此基础的生产的本性在于："流通时间对于劳动时间，对于价值创造来说，成为一个决定的要素。这样一来，劳动时间的独立性被否定了，生产过程本身表现为由交换决定，于是社会联系和对这种联系的依赖性，在直接生产中不仅表现为物质要素，而且表现为经济要素，表现为形式规定。流通的最大限度——生产过程通过流通得以更新的界限——显然取决于生产时间在一次周转中的持续时间。"① 在这个意义上，流通时间表现为一种对生产过程的限制，是作为一种否定要素而出现在以资本为基础的生产中的。所以结合这两个方面来看，马克思认为"资本的必然趋势是没有流通时间的流通"，② 由此，资本的信用和信用业务得到了基本规定。通过信用的形式，单个资本极力突破自己的数量限制。一方面借助信用，资本自身向虚拟资本的形式转化，另一方面信用成了各个资本发生积聚以消灭单个资本这个过程的新要素。在这里，资本借助信用形式极力地消灭流通时间，即消灭单个资本的流通时间，把货币设定为形式要素，创造出一种没有流通时间的流通形式。

围绕上述两个问题，即虚拟资本和资本通过信用创造新的流通产物——使货币成为形式要素方面，马克思在《资本论》第三卷中分别单独列出两章继续加以阐述，它们分别是第二十五章"信用和

---

① 《马克思恩格斯全集》第 31 卷，人民出版社，1998，第 15～16 页。
② 《马克思恩格斯全集》第 31 卷，人民出版社，1998，第 51 页。

虚拟资本"和第三十三章"信用制度下的流通手段"。值得指出的是，这是马克思第一次在自己的政治经济学研究中以专门的形式来讨论信用问题。当然，这得益于他前期关于信用的片段性研究，更得益于他对信用在整个资本主义生产中的作用的根本性认识。换句话说，包括第二十七章"信用在资本主义生产中的作用"在内的有关信用的三章讨论，是马克思长期研究政治经济学的必然结果，也是马克思写作计划内的特定安排。

关于信用与虚拟资本，马克思在《资本论》第三卷中重点说明了由信用及信用制度发展起来的银行及银行制度，以及由此导致的信用危机和经济危机。虚拟资本的出现是被置于生息资本的逻辑中来考察的。其理由在于，随着产业和商业关系的发展，借贷不断发生，互相结合，促进了信用的发展，换句话说，就是信用及其制度的发展与货币经营业联系在一起的，继而对由货币经营业所带来的生息资本的追求也促使虚拟资本的出现和兴起。因此，可以说，虚拟资本是从信用制度，即由对生息资本的管理发展出来的货币经营者的特殊职能中产生的。简单来说，就是银行作为货币经营者，既代表货币贷出者的集中，又代表货币借入者的集中，为了获取更多的利息率，它需要在借和贷之间寻求全方位的利息率差额。那么，银行家便会依据自身的信用发行各种形式的虚拟资本。所以，马克思一语道破了其本质，即"银行家经营的是信用本身，而银行券不过是流通的信用符号"。[1] 至于由此导致的信用危机和经济危机，在马克思看来是资本主义自身矛盾的周期性表现，其中资本的虚拟化充当了重要角色。

在"信用制度下的流通手段"这一章，马克思继续批判了以银行为中心的信用制度。一方面，他以 1797～1817 年的英格兰银行

---

[1]　《马克思恩格斯文集》第 7 卷，人民出版社，2009，第 454 页。

为例指出了这种信用制度的荒谬性，即该银行依靠国家的信用支持发行银行券并使它拥有信用，然后它把这些银行券兑换成纸币，又贷给国家，它却要求国家即公众以国债利息的形式对这种贷款给予报酬。另一方面，他指出了以国家银行为中心的信用制度给予了货币贷放者和高利贷者及其国家银行自身这些寄生阶级一种神话般的权力，并称这帮人是不懂生产，但以剥削国内和国际的生产为生的匪帮。关于这帮人的高尚道德，马克思借用苏格兰银行董事贝尔在《股份银行业哲学》中的话说："银行制度是宗教的和道德的制度。青年商人不是往往由于害怕被他的银行家的警戒的、非难的眼睛看见而不敢结交吃喝玩乐的朋友吗？他渴望博得银行家的好评，总是表现得规规矩矩！银行家皱皱眉头，也比朋友的忠告对他的作用更大；他总是提心吊胆，怕人说他是在骗人，或者有一点点不老实，以致引起怀疑，因而可能使银行家限制甚至取消对他的贷款！对他来说，银行家的忠告比牧师的忠告更为重要"。① 可见，在由信用制度基础上发展起来的银行业对个体的剥削和压迫已达到令人吃惊的程度！此时此刻，马克思对资本主义信用条件下人的存在方式入木三分的刻画，不得不让我们想起他早年对自己所提出的那个著名的任务："人的自我异化的神圣形象被揭穿以后，揭露具有非神圣形象的自我异化，就成了为历史服务的哲学的迫切任务"。② 当时的马克思没有想到的是，人的那些非神圣形象的自我异化只有到了政治经济学研究的丛林中才能够被捕捉到。

事实上，在《资本论》第三卷第二十七章"信用在资本主义生产中的作用"中，马克思就已经对资本主义信用制度下人的存在

---

① 《马克思恩格斯文集》第 7 卷，人民出版社，2009，第 618 页。
② 《马克思恩格斯文集》第 1 卷，人民出版社，2009，第 4 页。

方式做了深刻的批判。显然，这种批判与《巴黎手稿》中的批判已判若两样，但马克思所站的立场确实是一以贯之的。在此，他简单总结了之前对信用及其制度的研究，并将其归结为四点，即信用制度的必然形成、流通费用的减少、股份公司的成立和股份制度。由于已对前两者做过说明，所以马克思重点分析了后两者。其一，股份公司是作为私人财产的资本在资本主义生产方式本身范围内的扬弃，它意味着管理职能已经同资本的所有权分离，因而劳动也完全同生产资料的所有权和剩余劳动的所有权相分离。由此，"它再生产出了一种新的金融贵族、一种新的寄生虫——发起人、创业人和徒有其名的董事；并在创立公司、发行股票和进行股票交易方面再生产出了一整套投机和欺诈活动。这是一种没有私有财产控制的私人生产"。① 其二，股份制度作为在资本主义体系本身基础上对资本主义私人产业的扬弃，信用在一定界限内为资本家提供了支配他人资本、财产和劳动的权利。在这里，信用的作用在于使资本家不是靠支配自己的资本，而是靠支配社会资本，取得对社会劳动的支配权。因此，资本通过信用的集中产生了最大规模的剥削。"在这里，剥夺已经从直接生产者扩展到中小资本家自身……而且最后是要剥夺一切个人的生产资料……但是，这种剥夺在资本主义制度本身内，以对立的形态表现出来，即社会财产为少数人所占有；而信用使这少数人越来越具有纯粹冒险家的性质。"②

显然，上述问题是由信用制度固有的二重性质所决定的，即一方面它把资本的本性或者说是资本主义生产的动力——靠剥削他人的劳动来发财致富并发展成为最纯粹、最巨大的赌博欺诈制度，使

---

① 《马克思恩格斯文集》第 7 卷，人民出版社，2009，第 497 页。
② 《马克思恩格斯文集》第 7 卷，人民出版社，2009，第 498 页。

社会财富越来越集中在少数人手里，也就是说，剥削者越来越少，受剥削者则越来越多。另一方面，这种资本主义的信用制度加速了生产力在物质上的发展和世界市场的形成，是造成转到一种新生产方式的过渡形式，因为信用在实现资本主义历史使命的同时，也加速了资本主义危机的到来，促进了旧生产方式要素的解体。在这个意义上，马克思形象地指出那些对资本主义信用的崇拜者既是骗子，又是预言家。

三　金融资本中的信用

马克思对资本主义信用做出分析之后，希法亭于 1910 年出版的《金融资本》第一次对马克思的信用理论进行了深化和发展。尽管理论界对该巨著的理解和评价存在巨大的分歧，但是，我们认为就信用理论来说，希法亭对马克思的继承和发展是有据可考的，也是值得进一步研究的。从广泛的意义来说，正如考茨基对《金融资本》的评价所言，它是"《资本论》第二卷、第三卷的真正继续"。① 在这里，考茨基泛泛地说《金融资本》是"《资本论》的续篇"，他所强调的是《资本论》"第二卷、第三卷的继续"。我们认为，考茨基的看法基本上是正确的。虽然考茨基没有明确指明其"继续"的具体含义，但细心的读者如果加以比较便会知晓，《金融资本》从第一篇第 4 章到第三篇所论述的金融资本形成和统治的三个阶段，也就是"信用—股份公司—垄断"，正是分别从《资本论》第二卷的"资本的循环和周转"、第三卷第 27 章"信用在资本主义生产中的作用"和"利润转化为平均利润"出发的。②

---

① K. kautsky, "Finanzkapitalundkrisen," *Die Neue Zeit*, vol. 29（Stuttgart, 1910 – 1911）, p. 883.
② 关于《金融资本》和《资本论》第二卷、第三卷之间的逻辑关系的分析，参见姚顺良《希法亭对马克思资本主义理解模式的逻辑转换》，《南京大学学报（哲学·人文科学·社会科学）》2009 年第 3 期。

　　具体来说，我们认为，虽然希法亭在货币理论领域与马克思的货币理论有分歧，甚至是背离了马克思的基本理论框架，但是他在信用理论方面发展了马克思的理论，主要表现于希法亭在马克思把资本主义信用分为商业信用和银行信用的基础上，结合对当时资本主义的最新发展情况的分析，进一步把银行信用区分为流通信用和资本信用。当然，这是按银行的使用目的来划分的。流通信用是随着银行的职能由主要是支付中介向主要是将闲置的货币转化为货币资本的中介演变而来的。资本信用即银行向生产资本家提供新资本的信用。据此，希法亭又根据资本回流方式将资本信用分为流动资本信用和固定资本信用。在发展趋势上，希法亭认为信用主要是由流通信用向资本信用倾斜；在资本信用内部，则是流动资本信用向固定资本信用倾斜。[①] 基于这样的分析，希法亭逐渐构建出金融资本概念，以把握当时资本主义发展的新状况和新趋势，即银行资本与产业资本之间不断加强的密切关系。

　　这样一来，希法亭便能对《金融资本》一书所提出的理论任务，即"我们希望能够通过这一途径，探索那种作为资本主义信用最终取得对社会进程的统治的力量，如何由流通本身中成长起来的秘密"[②] 做出符合时代的回应。在我们看来，他所提出的这一问题及其对这一问题的解决还远未达到被忽视的地步。

　　其一，希法亭在马克思分析信用在资本主义生产总过程中的作用的基础上，将焦点聚集在银行信用方面，显然是对当代资本主义

---

① 佛莱特·厄斯纳在《金融资本》的德文版新版（1947年）序言中对此做出了新评价，对希法亭在信用理论方面的贡献给予了高度肯定，参照佛莱特·厄斯纳：《希法亭"金融资本论"的功绩与错误》，《世界经济文汇》1957年第1期。后来王辅民在《金融资本》的中译本前言中基本遵循了佛莱特·厄斯纳对希法亭信用的评价。在基本框架上，这一评价已成为学界共识。对此，我们基本赞同佛莱特·厄斯纳的这一评价。

② 〔德〕鲁道夫·希法亭：《金融资本》，福民译，商务印书馆，2012，第53页。

理论的深刻把握。希法亭对银行信用的分析同样是建立在马克思关于资本逻辑的分析的基础上的。从这个角度来说，银行信用问题是马克思的资本逻辑中的信用在当代资本主义发展中的必然，希法亭敏锐地把握住了这一关键问题。在他看来，产业资本循环过程会使一定的货币量周期性地被游离和闲置，但因为这些被游离和闲置的货币不能产生利润，而这被资本家视为死罪，所以资本家必然会把这种闲置压缩到最低限度，以减少闲置带来的损失和不利因素。在这一逻辑线索上，使闲置的货币资本通过信用向执行职能的货币资本转化便成为资本家面临的急迫任务。于是，"资本的周期性游离便成了信用关系发展的一个重要基础"，"因此，一切导致资本闲置的原因，现在都同样成了信用关系产生的原因；一切影响闲置资本量的因素，现在都决定信用的膨胀和收缩"。① 希法亭从资本的游离和闲置出发理解资本主义的信用，显然与建立在简单商品流通基础上仅仅由货币职能的变化产生的支付信用有根本不同。因为前者是银行及银行信用的基础，它将摆脱个人资本的局限，进一步形成资本积聚的效应，使这些游离的资本应用于个人资本之外，而后者却仅局限于个人资本的范围内，难以与银行信用的职能相抗衡。在这里，"银行便扩大了信用上层建筑，其扩大的程度超过了局限于生产资本家之间的票据流通所达到的程度。"也正是在这里，银行信用开始取得相对商业信用而言的独立特性，这也意味着作为资本家的银行家们越来越对社会及其生产取得统治性的力量。显然，希法亭对当时资本主义银行信用基础的分析和确认，一方面是继承了马克思的资本逻辑，另一方面又深化和细化了我们在这方面的认识。

其二，与马克思不同的是，希法亭将由资本信用带来的平均利

---

① 〔德〕鲁道夫·希法亭：《金融资本》，福民译，商务印书馆，2012，第70页。

息与由资本产生的平均利润的差额看作是创业利润，而非马克思所指责的"一种新的寄生虫"。也就是说，希法亭以一种近乎事实性的肯定取代了马克思对此的价值批判或否定。他认为，"创业利润既不是欺诈，也不是补偿或报酬，而是一种特殊（sui generis）的经济范畴"。① 对希法亭这一观点持赞同态度的人，如佛莱特·厄斯纳等大都是基于希法亭与马克思在这一问题上的不同观点而言的。可以想象，希法亭是深知马克思对资本信用所带来的平均利息的分析及其批判的，但为什么对此采取的态度却与马克思不同？我们认为，其主要原因在于希法亭所处的资本时代，即正在走向金融资本的时代与马克思所指认的"快要灭亡的资本时代"不同。可以说，希法亭以相当的勇气肯定了资本信用在资本主义信用进程中的决定性地位。因为没有这种资本信用，就没有金融资本概念的诞生。换言之，希法亭从一开始所指出的银行信用分为流通信用和资本信用，其意图其实在于后者，而非前者。那么，我们能否指认希法亭对创业利润的肯定是一种缺乏批判精神的经验性描述呢？这是一个复杂而掺杂意识形态的敏感问题，历来人们对希法亭这一创见持两种截然相反的观点。在我们看来，如果把希法亭的创业利润放在金融资本形成的历史中来考察，这一概念不仅是金融资本的核心，也是资本逻辑的当代表现，因而无疑具有科学意义。换句话说，如果我们对此采取批判的态度来审视创业利润这一所谓的"寄生虫"，那么只能站在金融资本及其危机的整个高度上对它予以批判。在这一意义上，马克思称之为"一种新的寄生虫"或许便是如此。

综观希法亭的《金融资本》，其逻辑是要对当时的无产阶级斗争做出合乎时代的说明。他说："金融资本，在它的完成形态上，

① 〔德〕鲁道夫·希法亭：《金融资本》，福民译，商务印书馆，2012，第109~110页。

意味着经济的或政治的权力在资本寡头手上达到完成的最高阶段。它完成了资本巨头的独裁统治。"① 因此，在金融资本统治下的资本主义最高阶段或其巅峰终于显露无遗。一方面，在雇佣劳动和资本对立的逻辑中，以雇佣劳动为生的无产阶级和以金融资本为最高阶段的资本统治之间的利益形成了根本性和普遍性的对立；另一方面，一定国家内的民族资本与全球金融资本之间的对抗性态势进一步加深。基于上述两方面，金融资本的统治成了阶级对抗的最高和最新的形态，"在建立在阶级对抗基础上的社会形态中，只有统治阶级已经把自己的权力集结到尽可能高的程度时，伟大的社会变革才能发生。这是一个历史规律"。② 这个规律一方面可以总结为社会变革规律，另一方面可以归结为人的存在方式的变革。资本逻辑下的人的存在方式并不像异化逻辑下的人的存在方式那样具有显而易见的外观，是因为以资本信用为基础的金融资本采取了"秘密"的统治方式。在那里，资本对人的劳动力的支配权并没有发生实质性变化，反而在时间和空间上加深了资本对劳动力的剥削和压迫。正是在这个意义上，当我们无论是在论述马克思资本逻辑中的信用时，还是论述希法亭的资本信用时，除马克思少数带有明显批判的例子外，我们不再像论述异化逻辑中的信用时，对人的存在方式采取直接性的批判。也正是这一点，使我们坚信当代资本主义的信用本身就是人存在的一种方式，一种需要揭露其统治秘密的方式。

四　结语

通过上述研究，我们发现马克思在两种逻辑上考察了信用与人

---

① 〔德〕鲁道夫·希法亭：《金融资本》，福民译，商务印书馆，2012，第433页。
② 〔德〕鲁道夫·希法亭：《金融资本》，福民译，商务印书馆，2012，第432页。

的存在方式的关联。

其一，在《巴黎手稿》中，马克思以异化逻辑考察了资本主义的信用，并对资本主义的信用做了否定性说明，因为他认为信用是人与货币的一体化，或者说是人的货币化过程，是对人的道德做出国民经济学的判断。于是，马克思对信用这种人的异化存在方式做了直接的和带有人本主义性质的批判。

其二，随着马克思对政治经济学的进一步研究和深化，他在《大纲》中，尤其是在《资本论》第三卷中，以资本逻辑来研究信用问题。在这里，一方面马克思对信用进行了经济学性质的科学说明，即信用源于劳动时间和流通时间的对立，以资本家试图实现没有流通时间的流通为现实基础；另一方面，他试图说明通过信用，资本主义社会将实现对一切个人生产资料的剥夺，人的异化将上升到极点状态。我们认为，马克思与早期在异化逻辑中关注穷人向富人的借贷不同，在资本逻辑中，马克思所考察的是富人之间的借贷，即各资本家之间的借贷，以实现资本对平均利润的最大获得。此时，信用对于资本的意义，事实上就是货币的人格化，即信用主要表现为各职能资本家之间的货币借贷关系。它对推动资本主义社会的进程起着举足轻重的作用，但也使人进一步达到了非人化的极端地步，使货币在资本主义社会取得普遍性和统治性的地位。

从马克思到希法亭的信用理论进程中，他们所面临的时代境况不同，因而所表现出来的信用理论面貌也各不同。我们认为，这是一种自然的状态。希法亭《金融资本》的主要任务是研究资本主义信用对社会进程的统治力量是如何在流通中完成的，更为集中地探讨了货币、信用与金融资本形成之间的关系。一方面，基于马克思的资本逻辑，希法亭以银行信用为中枢构建了金融资本概念，进一步继承和发展了马克思的信用理论；另一方面，希法亭把建立在资本信用基础上的"创业利润"视为一个特殊的经济范畴，进一步阐明了资本信用的当代价值和意义。基于此，希法亭通过经济学的方式，揭示了以资本信用为基础的金融资本对当代社会"秘密"的统治方式，并指出其对抗性的社会力量和方式。

第三节　银行与人的存在方式

在政治经济学批判的视域中，银行或银行业不仅是一个经济学范畴，同时也是一个哲学批判的范畴。[①] 就经济学范畴而言，马克思将其称为"政治经济的最高法院"和"货币实体的高贵花冠"，[②]是货币的完成形态，也是信用制度的完成形式。就其是哲学批判的范畴而言，马克思通过考察银行或银行业的本质、功能及其存在形式，从而展开对现代资本主义社会的分析。在整个政治经济学批判的逻辑中，银行作为这一逻辑线条的终端，高度融合了经济学和哲学批判的双重维度。通过考察这一融合，我们便会发现马克思对银行的批判性研究是以现代人的存在方式和解放为尺度的。简而言之，在早期的经济学研究中，马克思是在交往异化逻辑中展开对银行的批判性理解的，而在《大纲》和《资本论》第三卷中，他是

---

① 在马克思政治经济学研究领域，银行主要被作为经济范畴，其思想来源和分析对象是《资本论》第 3 卷中马克思对银行的相关理解，参见〔美〕迈克尔·赫德森《从马克思到高盛：虚拟资本的幻想和产业的金融化（下）》，曹浩瀚译，《国外理论动态》2010 年第 10 期；范方志、高大伟、周剑《影子银行与金融危机：重读马克思论 1858 年欧洲金融危机》，《马克思主义研究》2011 年第 12 期；〔日〕渡边雅男、高晨曦：《经济的金融化与资本的神秘化》，《当代经济研究》2016 年第 6 期；刘新刚：《〈1844 年英国银行法〉新解析及其当代启示：基于〈资本论〉的视角》，《清华大学学报》（哲学社会科学版）2018 年第 4 期。

② 〔苏〕卢森风：《十九世纪四十年代马克思恩格斯经济学说发展概论》，方钢等译，生活·读书·新知三联书店，1958，第 80 页。中文版对这两个句子的翻译是"国民经济学的阿雷奥帕格"和"货币的完成"，参见《1844 年经济学哲学手稿》，人民出版社，2000，第 170 页。

站在生产关系的高度，通过生息资本和虚拟资本等关键概念，揭露了现代银行的真实本质及其与人的存在方式的关系，即生产关系的最高颠倒。

一　银行作为货币、信用的完成：交往异化的完成形态

按照卢森贝的见解，即"马克思关于国家依存银行制度成为'政治经济最高法院'的言论，乃是经济方面和法与国家方面同时研究的结果。"① 从马克思思想的进展来说，这一判断是正确的。马克思早期对法与国家的研究得出了如下结论："法的关系正像国家的形式一样，既不能从它们本身来理解，也不能从所谓人类精神的一般发展来理解，相反，它们根源于物质的生活关系……"② 这一物质的生活关系是什么呢？显然，它不是指货币这样的金属实物，而是指市民社会，是现实社会中的物质生产关系，在《巴黎手稿》时期指的是人与人之间异化的交往关系。卢森贝所指的马克思从经济学方面进行的研究，是指他早期对穆勒经济学著作的批判性研究，即《巴黎手稿》中"穆勒评注"关于货币、信用和银行的评论部分。笔者曾以"论货币与人的存在方式""论信用与人的存在方式"为题展开对马克思这一政治经济学批判思想的分析，试图在思想史的意义上，建构这一部分的主题与《资本论》相关思想的联系。可以肯定的是，货币、信用与银行作为马克思早期政治经济学批判中三个具有内在逻辑关联的概念，在《资本论》中得以充分展开，并贯穿在《资本论》第一卷、第二卷、第三卷的思想布展之中。

---

① 〔苏〕卢森贝：《十九世纪四十年代马克思恩格斯经济学说发展概论》，方钢等译，生活·读书·新知三联书店，1958，第80页。

② 《马克思恩格斯文集》第2卷，人民出版社，2009，第591页。

　　深入"穆勒评注"的具体阐述，我们发现马克思是在交往异化的逻辑中展开政治经济学批判研究的。交往异化的逻辑区别于自我异化的逻辑，它涉及的是不同主体之间的关系，而自我异化逻辑则是单个主体自我推动和创造的逻辑。在交往异化逻辑的观照下，我们便会真切地领会马克思对货币、信用与银行的内在关系的理解，以及银行作为货币、信用的完成形态对人的存在方式的变革性意义。这是卢森贝的视野所不及的。其实，在交往异化逻辑中考察这三者的关系，也是我们在研究马克思政治经济学批判时经常忽视的一个核心议题。而这一点恰恰可以被看作是马克思在生产关系的高度理解三者关系及其银行本质时的预告性阐释。

　　在"穆勒评注"中，马克思论述银行或银行业的笔墨并不多，但其思想逻辑是清晰的，那就是在货币、信用和银行的辩证关系中，在交往异化的逻辑中展开批判性分析。其中，银行作为货币和信用的完成是他的核心观点。他说："信用业最终在银行业中完成。银行家所建立的银行在国家中的统治，财产在银行家——国家的国民经济学的阿雷奥帕格——手中的集中，可以称得上是货币的完成。"[①] 马克思在这里给出了两个判断：其一，在经济运动进程中，信用业必然发展到银行业阶段，这意味着银行业是信用业充分展开自身、完善自身的必然领地；其二，银行也是货币的完成，货币作为交换的中介，它的社会本质即所承载着的人与人之间的交往关系，必将扬弃其金属实体的属性，借信用业的发展，在银行业中完全实现自身。正如后来的虚拟货币和虚拟资本所显示的那样，其实体属性被扬弃，而其社会本质以银行业的存在为现实表现。可能是由于马克思当时对政治经济学研究进展的程度问题，导致他对银行

---

① 〔德〕马克思：《1844年经济学哲学手稿》，人民出版社，2000，第170页。

的认识仅限于此。尽管如此，这两个判断仍为我们理解银行的内在本质提供了历史坐标和理论基础。

其实，上述两个判断是同一个判断，即从货币到信用，再到银行是一个过程，银行作为货币的完成和作为信用的完成只是这个过程的不同阶段或环节。"货币越是抽象，它越是同其他商品没有自然关系，它越是更多地作为人的产品同时又作为人的非产品出现，它的存在要素越不是天然生长的而是人制造的，用国民经济学的话来表达就是，它的作为货币的价值越是同交换价值或者同它存在于其中的物质的货币价值成反比例，那么，货币作为货币——而且不仅仅是作为商品在流通过程或交换过程中内在的、自在的、潜在的相互关系——的自身存在就越适合于货币的本质。因此，纸币和许多纸的货币代表（象汇票、支票、借据等等）是作为货币的货币的较为完善的存在，是货币的进步发展中必要的因素。"① 这里所表明的思想在于，货币的抽象化，即从它与其他商品的自然关系中，从其自然实体属性中抽离出来，从而作为人的经济活动的符号化表达，是货币本质的逻辑展开。其现实的进一步表现就是，货币脱离它的金属形式，发展到纸币及其诸种代表阶段，即以信用为社会基础的汇票、支票和借据等阶段。在这个意义上，信用是货币本质展开自身的现实表现，货币又构成了信用的实在内容。由此，根据马克思的如下认识，即信用业作为银行业的基础形式，同时银行业作为信用业的完善表现，我们便可以大致勾画出货币—信用—银行的辩证关系。

在这一辩证关系中，马克思基于人的存在方式对银行业所进行的批判也可以被进一步揭示。在对国民经济学批判的过程中，马克

① 〔德〕马克思：《1844 年经济学哲学手稿》，人民出版社，2000，第 167 页。

思敏锐地发现："国民经济学以交换和贸易的形式来探讨人们的社会联系或他们的积极实现着的人的本质，探讨他们在类生活中、在真正的人的生活中的相互补充"。① 这里的交换和贸易是指市民社会中的人们通过各自的产品相互补充的中介活动或中介运动。与国民经济学这些中介活动来探讨积极实现中人的本质和社会联系相反，马克思通过这些中介活动发现了人们相互间的异化交往状态。其一，货币的本质在于交换的中介，它使人的、社会的行动异化成为人之外的物质的属性，成了货币的属性。"由于这种异己的中介——人本身不再是人的中介，——人把自己的愿望、活动以及同他人的关系看作是一种不依赖于他和他人的力量。这样，他的奴隶地位就达到极端。因为中介是支配它借以把我间接表现出来的那个东西的真正的权力，所以，很清楚，这个中介就成为真正的上帝。对它的崇拜成为目的本身。同这个中介脱离的物，失去了自己的价值。因此，只有在这些物代表这个中介的情况下这些物才有价值，而最初似乎是，只有在这个中介代表这些物的情况下这个中介才有价值。最初关系的这种颠倒是不可避免的。因此，这个中介是私有财产的丧失了自身的、异化的本质，是在自身之外的、外化的私有财产，是人的生产与人的生产之间的外化的中介作用，是人的外化的类活动。因此，凡是人的这种类生产活动的属性，都可以转移给这个中介。因此，这个中介越富有，作为人的人，即同这个中介相脱离的人也就越贫穷。"② 由此可知，货币作为私有财产发展的必然结果，作为价值的现实存在，所代表的是人与人的关系的抽象存在，是扬弃了自然存在的社会存在。其二，作为货币的进一步发展

---

① 〔德〕马克思：《1844 年经济学哲学手稿》，人民出版社，2000，第 171 页。
② 〔德〕马克思：《1844 年经济学哲学手稿》，人民出版社，2000，第 165 页。

的必然结果的纸币及其诸种代表，如汇票、支票和借据等，它们以信用业为基础，又进一步发展了信用业。显然，货币作为人的异己的中介这一本性，直接决定了我们考察信用业的基本逻辑，即交往异化的逻辑。马克思认为："信贷是对一个人的道德作出的国民经济学的判断。在信贷中，人本身代替了金属或纸币，成为交换的中介，但是人不是作为人，而是作为某种资本和利息的存在。"① 在这里，马克思指出信贷使人与人的关系处于更深层的异化状态中，不是货币成为交换的中介，而是人自身代替了货币成为这一中介，或者说信贷使得货币价值植入了人的肉体和心灵之中，而不是置于货币中。

上述振聋发聩的批判，击穿了国民经济学对人的高度承认的假象，货币也好，信贷也好，在看似人与人的信任关系下，其实隐藏着极端的不信任和完全的异化。以货币和信用为基础组织起来的银行或银行业，在表现人的交往异化方面更是如此，或者说它作为"政治经济的最高法院"使人与人之间的关系处于完全异化之中。"在信用业——它的完善的表现是银行业——中出现一种假象，似乎异己的物质力量的权力被打破了，自我异化的关系被扬弃了，人又重新处在人与人的关系之中。"② 迷惑于这一假象的圣西门主义者更是把银行业看作他们的扬弃这一异化的理想，在那里，人同物、资本同劳动、私有财产同货币、货币同人的分离都被扬弃了，从而人摆脱对物、资本的依赖，开始向自身复归。在交往异化的逻辑中，圣西门主义者的银行业理想显然是与人的本真存在方式相悖的。他们对信用和银行在未来社会中的作用做出了过高的估计、产

---

① 〔德〕马克思：《1844 年经济学哲学手稿》，人民出版社，2000，第 169 页。
② 〔德〕马克思：《1844 年经济学哲学手稿》，人民出版社，2000，第 167 页。

生了天真的幻想。

不过，圣西门主义者以"天才的推测"（列宁语）预见了银行在未来社会组织中的作用，无疑是一种创见，是对当时出现的新社会事物的概念把握。正如圣西门所言："产业借银行的建立而组织起来：银行把一切产业部门都联系起来，并使产业资本这样或那样用于政治方面。"① 后来的社会历史实践表明，圣西门的见解是具有预见性的。马克思虽然在此以人的本真存在方式为尺度批判了圣西门主义者的幻想和错误理解，但他在《资本论》第三卷阐述银行理论时，或者说随着他对政治经济学研究的深入，银行在社会经济组织及其变革进程中的消极和积极方面都同时被把握到了。事实上，即使马克思在后来的研究中也对银行采取了批判的态度，但那也是站在了生产关系的高度，立足于资本逻辑的层面所做的批判，这与他早期基于交往异化逻辑的批判是有区别的。

二　生息资本、虚拟资本与银行：生产关系的最高颠倒

"穆勒评注"时期的马克思从交往异化的逻辑对货币、信用和银行做了理论批判，其批判的尺度和根据是人作为类存在物的特性，即自由的、有意识的活动——人把自己的生命活动变成自己的意志和自己意识的对象。在他看来，货币、信用和银行等交往异化的现代形态使得人的这一类特性遭到了前所未有的贬抑，人自身变成了交换的中介，成了贸易的对象和工具。正如上述所言，与国民经济学从现实中的人的积极本质去理解这一交换活动不同，马克思采取了与此完全相反的批判视角。在此之后的数十年，马克思都没

---

① 〔苏〕卢森贝：《政治经济学史》第 2 卷，张凡、翟松年译，生活·读书·新知三联书店，1978，第 171 页。

有专门对银行或银行业做更多的研究，直到《大纲》和《资本论》第三卷，他才站在资本主义社会生产关系的高度再次对银行问题进行研究。

可以说，马克思重新回到银行这一议题，既是《资本论》逻辑展开的必然，也是他直面现代资本主义社会的结果。其理由有以下几个方面。一方面，在《资本论》及其手稿中，马克思事实上是沿袭了货币—信用—银行这一政治经济学的逻辑主线来展开银行业批判的，这可以从他集中研究银行问题的两处论述中看出，一处是《大纲》"货币章"的开头部分，即对阿尔弗勒德·达里蒙《论银行改革》的批判，另一处是《资本论》第三卷的第五篇论述完信用后，在第五篇的续篇论述了银行资本的组成部分以及1844年英国的银行立法等问题。恩格斯把马克思对银行问题的论述安排在"资本主义生产的总过程"的下篇部分，是符合马克思把银行称为"政治经济学的最高法院"这一逻辑的。可以说，它是政治经济学批判逻辑展开的终端。另一方面，银行作为现代资本主义社会经济组织的"集成者"，是它作为政治经济学批判逻辑终端的现实基础，所以马克思不可避免地要再次回到银行这一议题上来。

在《大纲》中，马克思尖锐地批判了达里蒙在《论银行改革》中对银行的这种错误认识："这证明了，一个按照现行原则组织起来的，即建立在金银的统治地位上的银行，正是在公众最需要它服务的时候，逃避为公众服务"。① 在这里，作为蒲鲁东主义者的达里蒙对银行的本质和功能产生了幻象，他认为银行可以遵循民众的主观意愿而不受经济规律的支配，并提出要废除作为银行业基础的金

① 《马克思恩格斯全集》第30卷，人民出版社，1995，第66页。

银的不正当经济权力，发行"劳动时间货币"，从而真实地反映人们所付出的现实劳动时间。此外，他们还试图建立新的银行组织，以废除金属基础，创造崭新的生产条件和交往条件，并以此为前提改造社会基础。在蒲鲁东那里，这种新的银行组织是国民银行，"蒲鲁东原来是要把它叫做交换银行的……原先考虑交换银行不是以货币基础为根据，相反地，交换银行的任务正是要消灭货币；而国民银行则必须具备货币基础"。[①] 其实，马克思在这里不仅批判了达里蒙，也批判了蒲鲁东。其批判的核心要义在于，银行作为以金属货币为基础的经济组织，能否在不改变现存的生产关系和与这些生产关系相适应的分配关系的前提下，通过改变货币流通来实现社会基础的变革，即银行对货币拥有权力的条件界限问题。在这个问题上，达里蒙也好，蒲鲁东也罢，都把货币流通和信贷混淆起来、等同起来，这是其理论根源。为了解决这一问题，马克思"必须要对从产品中产生了货币，货币又向资本转化的历史进行论述"。[②] 显然，如果没有对货币向资本转化历史的探讨，那么货币流通与信贷之间的关系就无法被科学理解。在这个意义上，蒲鲁东主义者试图通过改造银行或建立合理的货币制度消除资本主义社会弊病或社会基础的想法无疑是天真的。

经由货币向资本的转化过程后，特别是在研究了生息资本和虚拟资本后，马克思在《资本论》第三卷中便对现代银行做了更进一步的研究。在"资本主义生产的总过程（下）"的开篇，即第五篇"利润分为利息和企业主收入。生息资本（续）"的第29章"银行

---

① 〔苏〕卢森贝：《政治经济学史》第3卷，郭从周等译，生活·读书·新知三联书店，1978，第244页。

② 〔日〕内田弘：《新版〈政治经济学批判大纲〉的研究》，王青等译，北京师范大学出版社，2011，第73页。

资本的组成部分"，他区分了货币资本和生息资本意义上的货币资本（moneyed capital），从而在后者的意义上，明确了银行资本所包含的两部分，即①现金：金或银行券；②有价证券：商业证券（汇票）和公共有价证券，如国债券、国库券和股票等。无论这些银行资本来自何处，它们都有一个共性，即都是生息资本的表现形式。通过借助并经营信用，生息资本或货币资本的管理，将作为银行业务的一个特殊职能发展起来。在这里，银行作为货币贷出者和借入者之间的中介而出现，"银行家把借贷货币资本大量集中在自己手中，以致与产业资本家和商业资本家相对立的，不是单个的贷出者，而是作为所有贷出者的代表的银行家。银行家成了货币资本的总管理人。另一方面，由于他们为整个商业界而借款，他们也把借入者集中起来，与所有贷出者相对立"。[①]　于是，银行的利润就表现为借入时的利息率低于贷出时的利息率，生息资本在这里以信用制度为基础通过银行这一中介，成了一种神秘的力量。可以说，资本作为能够自行增殖的自动机观念，便在银行业或银行家的头脑里固定下来。

　　银行家的这种固定观念意味着什么呢？在马克思看来，它不仅使货币向资本的转化变得神秘起来，而且遮蔽了资本增殖的根本原因即对剩余劳动的无偿占有这一事实。一方面，就生息资本而言，货币的回流和贷出，在外观上被看作是银行和借入者、贷出者之间的一种符合法律交易手续的活动，中间发生的一切活动都消失殆尽。$G - G'$ 取代了 $G - W - G'$，商品生产的过程、剩余价值的生产过程在银行家的固定观念中被完全取消了。"在这里，资本的物神形态和资本物神的观念已经完成。在 $G—G'$ 上，我们看到了资本

---

　　① 《马克思恩格斯文集》第 7 卷，人民出版社，2009，第 453 页。

的没有概念的形式，看到了生产关系的最高度的颠倒和物化：资本的生息形态，资本的这样一种简单形态，在这种形态中资本是它本身再生产过程的前提；货币或商品具有独立于再生产之外而增殖本身价值的能力，——资本的神秘化取得了最显眼的形式。"① 马克思在这里把生息资本看作生产关系，即人与人的经济关系的最高度的颠倒和物化，而银行或银行业就是这一生产关系的现实化表现。由此可见，在资本逻辑中，货币向资本转化的终端环节、终极形态是借助银行来完成的，这是作为资本的货币外化自身、实现自身的必然结果。另一方面，生息资本作为一切生产关系颠倒错乱的根源，在形式上为资本主义社会做了歪曲事实的辩护，因为它把劳动力也看成是生息资本，而忘却了它作为资本增殖的源泉。正如马克思所指出的那样："在这里，工资被看成是利息，因而劳动力被看成是提供这种利息的资本。……资本家们思考方式的错乱在这里达到了顶点，资本的增殖不是用劳动力的被剥削来说明，相反，劳动力的生产性质却用劳动力本身是这样一种神秘的东西即生息资本来说明。"②

　　与上述生息资本作为没有概念的资本形式相应的是，银行或银行业所经营的是信用本身，银行券的诸种形式只是银行借以流通的信用符号。经由银行所提供的信用，各种流通的汇票、支票和证券成为银行的虚拟资本，成为银行用来获得利息的资本。在这个意义上，虚拟资本一方面依赖于银行的信用，另一方面又成为银行的货币资本。"银行家资本的最大部分纯粹是虚拟的，是由债权（汇票），国债券（它代表过去的资本）和股票（对未来收益的支取凭

---

① 《马克思恩格斯文集》第 7 卷，人民出版社，2009，第 442 页。
② 《马克思恩格斯文集》第 7 卷，人民出版社，2009，第 528 页。

证）构成的。"① 马克思认为，这意味着它们所代表的资本的货币价值在这里也完全是虚拟的，不以它们的现实资本的价值为转移。不过，这些虚拟的银行家资本，主要是代表公众存入银行的资本，而大部分并不代表银行家的自有资本。因此，随着生息资本和信用制度的发展，银行所掌握的这些"货币资本"会增加数倍，甚至会变成纯粹幻想的怪物一样，以颠倒的形式表现出来，导致这些货币资本与它的现实价格和现实要素愈发分离开来。从这个意义上说，虚拟资本便慢慢形成自己独特的运动形式，在外观上获得了它的独立形式，制约着现实的生产关系的形式和发展。在银行家的观念里，这是一个客观的过程，他们的活动也因此受制于其运动规律。

于是，马克思进一步回应了达里蒙和蒲鲁东主义者对银行的错误理解，即虚拟资本作为生产关系的颠倒形式，掩盖了人们真实的社会关系，人们不能随着主观愿意进而消除金属货币，或改变货币的形式（劳动货币），并通过银行就能改变现存的生产关系和社会关系。相反，银行在由货币发展至虚拟资本的过程中，并作为这一过程的产物，本身是受制于生息资本和虚拟资本运动规律的。尽管如此，马克思对这些借助虚拟资本、用"他人的钱"进行欺诈和投机式欺骗的行为，以及银行对其他产业资本的剥削行为进行了猛烈批评。由此可以看出，马克思在《资本论》第三卷中基于生息资本和虚拟资本对银行做出的理解，远远超越了《巴黎手稿》和《大纲》，达到了生产关系的高度，并以此为观照，在资本逻辑层面揭示了银行的内在本质和经济功能。他深入资本主义生产关系的深处所揭示的银行业态，"使人倾向于相信马克思同意以下判断：由于

---

① 《马克思恩格斯全集》第 46 卷，人民出版社，2003，第 532 页。

严重背离了（如果不是一种有害的赋税的话）实际的财富和价值生产，货币资本的寄生性赘生物和金融体系内表现出的颠倒错乱的程度应该受到自我谴责"。① 由此，马克思在经济学和哲学批判的双重视域中，把对人的存在方式的批判尺度贯穿在了对银行的经济学研究过程之中。可以说，这是马克思区别于其他经济学家的银行研究的独特之处。这一点直接影响了希法亭的金融资本理论关于银行的思想。

三　银行与金融资本：资本逻辑的抽象统治

在政治经济学批判视域中，如果说马克思从交往异化逻辑到生产关系逻辑考察银行或银行业是对古典经济学和蒲鲁东主义者的超越的话，那么希法亭在金融资本这一现实历史的高度研究银行业则是对马克思的一种继承和发展。在《巴黎手稿》中，马克思还没有对资本的存在形式做具体划分，《大纲》也没有展开这一工作，到了《资本论》第一卷，他开始以资本主义社会的产业资本为前提探讨剩余价值的生产，其中产业资本中的生产资本是资本逻辑展开的基础，《资本论》第二卷对资本流通过程的考察则以产业资本中的货币资本、生产资本和商品资本这三者的辩证运动为对象，在产业资本形式的视域上有所拓展，到了《资本论》第三卷则是全面地展现了产业资本、商业资本和货币经营资本，包括银行资本在内的诸多资本形式及其关系。可以说，马克思为我们提供了理解各种主要资本形式及其逻辑关系的钥匙。伴随着产业资本、商业资本和银行资本之间的关系所产生的历史变化，希法亭在马克思分析的基础上

---

① 〔美〕大卫·哈维：《跟大卫·哈维读〈资本论〉》第2卷，谢富胜、李连波等译，上海译文出版社，2016，第276页。

提炼出了"金融资本"概念，准确地把握到了产业资本和银行资本的现实关系，在概念的高度把握到了资本主义的现实历史发展。基于金融资本这一概念，希法亭对银行及其与人的存在方式的关系的体认和理解推进了政治经济学批判的研究。

一方面，随着资本主义经济社会的发展，上述资本形式的关系发生了明显且本质的变化，产业资本开始越来依赖于银行资本。这意味着产业资本中的剩余部分不再由它自己支配，只有通过银行，即与它相对立的资本形式才能获得支配。另一方面，银行资本也不得不把自身的剩余部分固定在产业之中，以获取更多利润。在希法亭看来，这是资本主义社会财产关系发生变化的结果。"银行在越来越大的程度上变为产业资本家。我把通过这种途径实际转化为产业资本的银行资本，即货币资本形式的资本，称为金融资本。"① 由此可见，金融资本是资本主义社会财产关系发展的产物，是产业资本和银行资本的关系在当代资本主义社会的现实表现。希法亭认为，金融资本的本质要义在于，它的支配权或所有权归银行，而使用权由产业资本占有。此时，货币作为资本的使用价值被产业资本家消费了，因为他们具有生产平均利润的能力。只不过，这些产业资本受银行资本的制约，需要把一部分利润转移到银行资本上，因为后者对前者所使用的货币资本具有所有权。当银行对这种货币资本越来越具有支配权时，控制银行的虚拟资本的所有者和控制产业的资本所有者便越来越合二为一。二者的高度联合使商业资本严重衰弱，金融资本则借助卡特尔化和托拉斯化达到了它的权力顶峰。

在金融资本的逻辑下，"银行的权力增大，它们变成了产业的创立者以及最后变成产业的统治者。……黑格尔派会说这是否定之

---

① 〔奥〕鲁道夫·希法亭：《金融资本》，福民译，商务印书馆，2012，第252页。

否定：银行资本是对高利贷资本的否定，而银行资本自身又被金融资本所否定。后者是高利贷资本和银行资本的综合；在一个无限高的经济发展阶段上，它占有社会生产的成果"。① 这里的意思表明，银行资本被金融资本所扬弃，一方面银行资本被保存在金融资本中，并作为金融资本的实体性内容，对产业利润进行实质性的占有和掠夺，实际上是它对整个社会生产成果的最高统治；另一方面，银行与产业的对立形式被克服，银行开始不再作为单独的资本形式出现在资本主义的生产过程中，其表现便是银行资本和生产资本的分离被金融资本扬弃，从而使得资本主义的生产方式、财产关系发生根本性的变革。在希法亭看来，资本向金融资本的转化必然要求总卡特尔的建立和中央银行的形成这两股趋势合二为一，而银行作为金融资本联合所有资本形式的中介，通过自身的权力，赋予金融资本以银行资本的形式，即实际执行职能的资本。银行对金融资本的这一操控，使得资本主义社会产生了两个变革：一是产业资本内部，各个领域的界限被冲破，各生产部门被进一步联合起来，社会分工不断减少，但企业内部的技术分工则愈加发展；二是资本表现为掌控社会生活过程的统一力量，资本主义社会越来越表现为被一种抽象力量所统治，越来越表现为死劳动对活劳动的支配，"所有制关系的问题，获得了它的最清楚、最无疑义和最尖锐的表现"。②

以上论述表明，银行和金融资本的复杂关系可以被概述为：金融资本作为对银行资本的否定，它扬弃了银行资本和产业资本的分离，是银行资本在资本主义生产方式中获得了更高级，也是更抽象的形式，即金融资本；反过来说，银行在资本主义生产过程中的权

---

① 〔奥〕鲁道夫·希法亭：《金融资本》，福民译，商务印书馆，2012，第254页。
② 〔奥〕鲁道夫·希法亭：《金融资本》，福民译，商务印书馆，2012，第265页。

力无可替代且愈发强势，金融资本成为它君临整个社会生活的利剑和法宝。在这里，商业资本、产业资本越来越处于被统治的地位，它们的独立性被越来越消灭掉，进而与人们的社会生活过程具有直接关系的一切可感觉的资本形式被抽象化为一种不可被感觉的力量。资本主义社会的抽象统治获得了它最高级的表现形式。银行由私有财产运动的产物和中介，一跃成为私有财产运动的统治者。其中一个特别关键的环节，是银行对证券交易所的掌控。"在交易所中，资本主义所有制在其纯粹的形式上表现为收益证书；剥削关系，对剩余劳动的占有，令人不解地转化为收益证书。所有制不再表现某种一定的生产关系……任何财产的价值似乎都是由收益的价值决定的，是一种纯粹量的关系。数就是一切，物什么也不是。只有数才是现实的东西，而因为现实的东西不是数。"① 可以说，希法亭以数字的方式完成对银行的神秘化统治无疑是一种洞见。也就是说，在资本主义社会中，人与人之间的关系由最初的物与物的关系，发展到数与数之间的关系，其实是不可见之物对可见之物的"胜利"，是资本迈向形而上学王座的当代表现。这意味着资本对人的统治隐藏在了数背后，不过，以数为抽象形式的统治在根本上还是对人的统治，也是对人的劳动力的统治。

显然，希法亭关于银行和金融资本关系的理解，进一步完善了马克思对银行或银行业的阐述。这是对当时资本主义经济社会发展状况的理论反映，因而是具有解释力的。后来熊彼特在《经济分析史》中论及希法亭时，也是以他关于银行理论的创见为根据的。他说："我们在这里提到他，主要是因为他写出了新马克思主义派别的一本最著名的著作，即《金融资本论》（1910 年版）。……这本

① 〔奥〕鲁道夫·希法亭：《金融资本》，福民译，商务印书馆，2012，第 158 页。

书的中心命题（即银行倾向于取得对整个工业的控制，并把后者组织到垄断性的康采恩里边去，这种康采恩会给资本主义带来日益增大的稳定性），虽然只是根据德国某一个阶段的情况草率作出的概括，却是很有趣也很有首创性的，并且对列宁也有某些影响。"① 在此，尽管熊彼特对马克思主义者抱有天然的偏见，却充分认识到了希法亭在银行理论领域所做的贡献，即银行对工业的控制及其金融资本理论的创建。不过，熊彼特指出了传统的典型经济学家在理解货币、信用和银行的关系时存在的误区，即他们认为信用与银行的存在无关，不用通过银行就可以理解信用，因为银行只不过是公众的代理人、中间人，代表公众实际贷放货币，其存在仅仅是出于分工的需要。与此相反，他认为银行通过发行钞票，创造了"实物资本"，"事实上，与其说是银行贷放委托给它们的存款，不如说是银行'创造信用'，即银行通过贷放资金而创造存款。"② 我们在此无意对他的这一见解做评论，但它不免让我们想起马克思当初对圣西门主义者和蒲鲁东主义者的批判。

四　结语

马克思曾在《巴黎手稿》中说过："对私有财产的积极的扬弃，作为对人的生命的占有，是对一切异化的积极的扬弃，从而是人从宗教、家庭、国家等等向自己的人的存在即社会的存在的复归。"③ 然而，令当时的马克思没有想到的是，随着政治经济学研究的深入，他越来越发现私有财产的主体本质在资本主义社会中会遭

① 〔奥〕约瑟夫·熊彼特：《经济分析史》第 3 卷，朱泱等译，商务印书馆，2017，第 200 页。
② 〔奥〕约瑟夫·熊彼特：《经济分析史》第 3 卷，朱泱等译，商务印书馆，2017，第 525 页。
③ 〔德〕马克思：《1844 年经济学哲学手稿》，人民出版社，2000，第 82 页。

遇如此强大的压制和变形，这种压制是一种结构性的，它与资本主义生产方式的客观存在具有一致性。货币、信用和银行作为私有财产在资本主义社会中的存在形式，它们之间的内在关系就是私有财产的当代运动形式。无论是在交往异化逻辑中，还是在生产关系逻辑中，甚至是在资本逻辑的抽象统治中，人的存在方式定当会以社会存在的方式表现出来。银行作为这些逻辑终端的实存表征，是经济社会发展作为自然过程的结果，同时也内含人的存在方式即社会存在方式的自我否定和变革。由此，马克思政治经济学批判中概念辩证法的运思方式及其理论旨趣，在货币、信用和银行的逻辑演进中被呈现了。这对于我们以马克思的方式把握现代社会以及人的存在方式具有重要的启示意义。

参考文献

一　著作

1.《马克思恩格斯全集》第 1 卷，人民出版社，1995。

2.《马克思恩格斯全集》第 2 卷，人民出版社，1957。

3.《马克思恩格斯全集》第 4 卷，人民出版社，1958。

4.《马克思恩格斯全集》第 9 卷，人民出版社，1961。

5.《马克思恩格斯全集》第 21 卷，人民出版社，1965。

6.《马克思恩格斯全集》第 33 卷，人民出版社，1973。

7.《马克思恩格斯全集》第 30 卷，人民出版社，1995。

8.《马克思恩格斯全集》第 44 卷，人民出版社，1995。

9.《马克思恩格斯全集》第 31 卷，人民出版社，1998。

10.《马克思恩格斯全集》第 45 卷，人民出版社，2001。

11.《马克思恩格斯全集》第 3 卷，人民出版社，2002。

12.《马克思恩格斯全集》第 46 卷，人民出版社，2003。

13.《马克思恩格斯全集》第 33 卷，人民出版社，2004。

14.《马克思恩格斯文集》第 1 卷，人民出版社，2009。

15.《马克思恩格斯文集》第 2 卷，人民出版社，2009。

16.《马克思恩格斯文集》第 4 卷，人民出版社，2009。

17.《马克思恩格斯文集》第 5 卷，人民出版社，2009。

18.《马克思恩格斯文集》第 9 卷，人民出版社，2009。

19.《马克思恩格斯文集》第 10 卷，人民出版社，2009。

20.《马克思恩格斯选集》第 1 卷，人民出版社，1995。

21.《马克思恩格斯选集》第 2 卷，人民出版社，1995。

22.《马克思恩格斯选集》第 4 卷，人民出版社，1995。

23.《马克思恩格斯〈资本论〉书信集》，人民出版社，1976。

24.《马克思恩格斯〈资本论〉书信集》，人民出版社，1976。

25.《马克思恩格斯全集》第 32 卷，人民出版社，1975。

26.《马克思恩格斯全集》第 13 卷，人民出版社，1962。

27.《马克思恩格斯全集》第 20 卷，人民出版社，1971。

28.《马克思恩格斯文集》第 4 卷，人民出版社，2009。

29.《马克思恩格斯全集》第 32 卷，人民出版社，1975。

30.《列宁全集》第 3 卷，人民出版社，1959。

31.〔英〕詹姆斯·穆勒：《政治经济学要义》，吴良健译，商务印书馆，2010。

32.〔德〕黑格尔：《精神现象学》，贺麟、王玖兴译，商务印书馆，1979。

33.〔德〕黑格尔：《法哲学原理》，范扬等译，商务印书馆，2009。

34.〔德〕黑格尔：《历史哲学》，王造时译，上海世纪出版集团，2010。

35.〔德〕黑格尔：《精神现象学》，邓晓芒译，人民出版社，2017。

36.〔德〕莫泽斯·赫斯：《赫斯精粹》，邓习仪译，南京大学出版社，2010。

37.〔法〕蒲鲁东：《贫困的哲学》上卷，余叔通、王雪华译，商务印书馆，2010。

38. 〔匈〕卢卡奇：《青年黑格尔》（选译），王玖兴译，商务印书馆，1963。

39. 〔奥〕鲁道夫·希法亭：《金融资本》，福民译，商务印书馆，2012。

40. 〔苏〕马·莫·罗森塔尔：《马克思"资本论"中的辩证法问题》，冯维静译，三联书店，1957。

41. 〔苏〕卢森贝：《十九世纪四十年代马克思恩格斯经济学说发展概论》，方钢等译，三联书店，1958。

42. 〔苏〕卢森贝：《〈资本论〉注释》第二卷，赵木斋、翟松年译，生活·读书·新知三联书店，1963。

43. 〔苏〕卢森贝：《〈资本论〉注释》第三卷，李延栋等译，生活·读书·新知三联出版社，1975。

44. 〔苏〕卢森贝：《政治经济学史》第二卷，张凡、翟松年译，生活·读书·新知三联书店，1978。

45. 〔苏〕卢森贝：《政治经济学史》第三卷，郭从周等译，生活·读书·新知三联书店，1978。

46. 〔苏〕奥伊则尔曼等编《辩证法史：德国古典哲学》，徐若木、冯文光译，人民出版社，1982。

47. 〔苏〕马·莫·罗森塔尔主编《马克思主义辩证法史：从马克思主义产生到列宁阶段》，汤侠声译，人民出版社，1982。

48. 〔苏〕奥伊则尔曼等编《十四—十八世纪辩证法史》，钟宇人译，人民出版社，1984。

49. 〔苏〕费多谢耶夫：《现时代的辩证法》，李亚卿、张惠卿译，东方出版社，1986。

50. 〔苏〕B. M. 凯德洛夫：《论辩证法的叙述方法》，贾泽林等译，中国社会科学出版社，1986。

51. 〔捷克〕卡莱尔·科西克：《具体的辩证法》，傅小平译，社会科学文献出版社，1989。

52. 〔德〕克劳斯·杜辛：《黑格尔与哲学史：古代、近代的本体论与辩证法》，王树人译，社会科学文献出版社，1992。

53. 〔苏〕伊利延科夫：《马克思〈资本论〉中抽象和具体的辩证法》，孙开焕等译，山东人民出版社，1993。

54. 〔意〕德拉－沃尔佩：《卢梭和马克思》，赵培杰译，重庆出版社，1993。

55. 〔美〕诺曼·莱文：《辩证法内部对话》，张翼星等译，云南人民出版社，1997。

56. 〔德〕阿尔布莱希特：《论现代和后现代的辩证法》，钦文译，商务印书馆，2003。

57. 〔美〕伯尔特·奥尔曼：《辩证法的舞蹈——马克思方法的步骤》，田世锭、何霜梅译，高等教育出版社，2006。

58. 〔德〕马克斯·霍克海默、西奥多·阿道尔诺：《启蒙辩证法》，渠敬东、曹卫东译，上海人民出版社，2006。

59. 〔日〕望月清司：《马克思历史理论的研究》，韩立新译，北京师范大学出版社，2009。

60. 〔日〕山之内靖：《受苦者的目光：早期马克思的复兴》，彭曦、汪丽影译，北京师范大学出版社，2011。

61. 〔日〕内田宏：《新版〈政治经济学批判大纲〉的研究》，王青等译，北京师范大学出版社，2011。

62. 〔美〕大卫·哈维：《跟大卫·哈维读〈资本论〉》第二卷，谢富胜、李连波等译，上海译文出版社，2016。

63. 〔美〕约瑟夫·熊彼特：《经济分析史》第三卷，朱泱等译，商务印书馆，2017。

64.〔加〕罗伯特·阿尔布瑞顿：《政治经济学中的辩证法与解构》，李彬彬译，北京师范大学出版社，2018。

65. 张世英：《论黑格尔的精神哲学》，上海人民出版社，1986。

66. 黄楠森、庄福龄、林利主编：《马克思主义哲学史》第1卷，人民出版社，1996。

67. 贺来：《辩证法的生存论基础——马克思辩证法的当代阐释》，中国人民大学出版社，2004。

68. 刘森林：《辩证法的社会空间》，吉林人民出版社，2005。

69. 耿彦君：《唯物辩证法论战研究》，社会科学文献出版社，2005。

70. 吴晓明：《形而上学的没落：马克思与费尔巴哈关系的当代解读》，人民出版社，2006。

71. 孙正聿：《理论思维的前提批判——论辩证法的批判本性》，吉林人民出版社，2007。

72. 谢永康：《形而上学的批判与拯救》，凤凰出版传媒集团，江苏人民出版社，2008。

73. 唐正东：《从斯密到马克思——经济哲学方法的历史性诠释》，凤凰出版传媒集团，2009。

74. 白刚：《瓦解资本的逻辑——马克思辩证法的批判本质》，中国社会科学出版社，2009。

75. 高云涌：《社会关系的逻辑——马克思辩证法理论的合理形态》，中国社会科学出版社，2009。

76. 陈先达：《走向历史的深处》，中国人民大学出版社，2010。

77. 孙正聿：《马克思主义辩证法研究》，北京师范大学出版社，2012。

78. 张一兵：《回到马克思：经济学语境中的哲学话语》，江苏人民出版社，2014。

79. 韩立新：《〈巴黎手稿〉研究》，北京师范大学出版社，2014。

80. 杨洪源：《政治经济学的形而上学：〈哲学的贫困〉与〈贫困的哲学〉比较研究》，中国人民大学出版社，2015。

81. 黄志军：《辩证法的实践哲学阐释》，社会科学文献出版社，2015。

82. Hans－Georg Gadamer, *Hegel's Dialectic*：*Five Hermeneutical Studies*, New Haven and London Yale University Press, 1976.

83. Roy Bhaskar, *Dialectic*：*The Pulse of Freedom*, Routledge, 2008.

84. Slavoj Žižekand John Milbank, *The Monstrosity of Christ*：*Paradox or Dialectic?* The MIT Press, 2009.

二 论文

1. K. kautsky, "Finanzkapitalundkrisen," *Die Neue Zeit*, vol. 29 (Stuttgart, 1910－1911), p. 883.

2. 沈真编《马克思恩格斯早期哲学思想研究》，中国社会科学出版社，1982。

3. 陈征：《〈资本论〉第三卷的研究对象、结构和方法》，《福建师范大学学报》（哲学社会科学版）1982年第2期。

4. 段忠桥：《转向政治哲学与坚持辩证法——当代英美马克思主义研究的两个方向》，《哲学动态》2006年第11期。

5. 王福生：《马克思〈资本论〉中的辩证法》，《社会科学战线》2006年第4期。

6. 张文喜：《重新认识马克思辩证法的真理性》，《哲学研究》2007年第2期。

7. 贺来：《辩证法对话维度的当代复兴——从伽达默尔解释学与辩证法的深层结合看》，《社会科学辑刊》2007 年第 1 期。

8. 安启念：《〈1844 年经济学哲学手稿〉：大唯物史观与实践辩证法》，《中国人民大学学报》2008 年第 1 期。

9. 韩立新：《从费尔巴哈的异化到黑格尔的异化：马克思的思想转变——〈对黑格尔的辩证法和整个哲学的批判〉的一个解读》，《思想战线》2009 年第 6 期。

10. 姚顺良：《希法亭对马克思资本主义理解模式的逻辑转换》，《南京大学学报》（哲学·人文科学·社会科学）2009 年第 3 期。

11. 〔美〕迈克尔·赫德森：《从马克思到高盛：虚拟资本的幻想和产业的金融化》（下），曹浩瀚译，《国外理论动态》2010 年第 10 期。

12. 付文忠：《英美马克思主义辩证法研究的新趋势》，《中国人民大学学报》2010 年第 1 期。

13. 白刚：《马克思的资本辩证法——辩证法的革命与革命的辩证法》，《江苏社会科学》2010 年第 3 期。

14. 〔荷〕古利莫·卡歇迪：《"新辩证法"与价值形式理论的谬误》，《马克思主义与现实》2010 年第 5 期。

15. 范方志、高大伟、周剑：《影子银行与金融危机：重读马克思论 1858 年欧洲金融危机》，载于《马克思主义研究》，2011 年第 12 期。

16. 俞吾金：《论马克思的"劳动辩证法"》，《复旦学报》（社会科学版）2011 年第 4 期。

17. 岩佐茂：《异化理论和"否定性"的辩证法》，《马克思主义与现实》2012 年第 2 期。

18. 王庆丰：《重思马克思对黑格尔辩证法的"颠倒"》，《天津社会科学》2013 年第 5 期。

19. 肖磊：《辩证法与马克思经济学：一个历史的考察》，《当代经济研究》2013 年第 12 期。

20. 周嘉昕：《唯物辩证法的形成——基于马克思恩格斯文本的思想史考察》，《山东社会科学》2014 年第 10 期。

21. 赵玉兰：《恩格斯为什么在〈资本论〉第二卷中创造"流通资本"一词?》，《哲学研究》2015 年第 1 期。

22. 孙正聿：《存在论、本体论和世界观："思维和存在的关系问题"的辩证法》，《哲学研究》2016 年第 6 期。

23. 马天俊、孙杨：《马克思对黑格尔辩证法的"颠倒"——一个隐喻分析》，《山东社会科学》2016 年第 1 期。

24. 王南湜：《〈资本论〉的辩证法：历史化的先验逻辑》，《社会科学辑刊》2016 年第 1 期。

25. 刘怀玉：《马克思主义辩证法的重复性、回忆性与修复性》，《天津社会科学》2016 年第 1 期。

26. 周嘉昕：《政治经济学批判与辩证法的颠倒》，《哲学研究》2016 年第 2 期。

27. 刘海江、萧诗美：《〈穆勒评注〉中的辩证法思想研究》，《江汉论坛》2016 年第 1 期。

28. 吴晓明：《在更宽广的思想视域中理解〈巴黎手稿〉》，《马克思主义哲学评论》第 1 辑，2016。

29. 〔日〕渡边雅男、高晨曦：《经济的金融化与资本的神秘化》，《当代经济研究》2016 年第 6 期。

30. 周嘉昕：《唯物主义、辩证法、政治经济学批判——〈1844 年经济学哲学手稿〉的重新发现》，《江海学刊》2017 年第 5 期。

31. 张钟朴：《马克思晚年留下的〈资本论〉第二册手稿和恩格斯编辑〈资本论〉第二卷的工作——〈资本论〉创作史研究之七》，《马克思主义与现实》2017 年第 3 期。

32. 刘新刚：《〈1844 年英国银行法〉新解析及其当代启示：基于〈资本论〉的视角》，《清华大学学报》（哲学社会科学版）2018 年第 4 期。

33. 吴晓明：《辩证法的本体论基础：黑格尔与马克思》，《哲学研究》2018 年第 10 期。

34. 刘森林：《三种"辩证法"概念：从〈启蒙辩证法〉到〈资本论〉》，《哲学研究》2018 年第 3 期。

35. 吴晓明：《论〈1844 年经济学哲学手稿〉对思辨辩证法的批判》，《复旦学报》（社会科学版）2018 年第 1 期。

36. 王代月：《劳动辩证法：从黑格尔到马克思》，《哲学动态》2018 年第 4 期。

37. 张秀琴：《〈资本论〉与当代政治经济学批判——以美国当代人本主义辩证法学派为例》，《教学与研究》2018 年第 1 期。

38. 王南湜、夏钊：《从主体行动的逻辑到客观结构的逻辑——〈资本论〉"商品和货币"篇的辩证法》，《哲学研究》2019 年第 3 期。

39. 张梧：《〈资本论〉对黑格尔辩证法的透视与重构》，《哲学研究》2019 年第 4 期。

40. 周嘉昕：《现实抽象与唯物辩证法——重思〈资本论〉写作过程中的辩证叙述方式》，《哲学研究》2019 年第 2 期。

41. 王庆丰：《〈资本论〉与辩证法的高阶问题》，《哲学动态》2019 年第 2 期。

42. 夏莹：《论辩证法的唯物主义基础》，《哲学动态》2019 年第 2 期。

43. 杨洪源：《辩证法在其正确思想形式上的初步建立——重新探究〈1857—1858 年经济学手稿〉中的货币辩证法》，《哲学研究》2019 年第 1 期。

44. 白刚：《辩证法的历险——从"德国观念论"到〈资本论〉》，《马克思主义与现实》2017 年第 9 期。

45. 〔美〕艾伦·伍德：《〈资本论〉的辩证法》，张晓萌译，《江海学刊》2019 年第 5 期。

46. 杨洪源：《生产总体辩证法与政治经济学批判》，《现代哲学》2019 年第 3 期。

47. 杨淑静：《辩证法与政治经济学批判的三个基础——从马克思对蒲鲁东的批判说起》，《福建论坛》（人文社会科学版）2019 年第 11 期。

48. 黄志军：《论马克思对黑格尔市民社会辩证法的批判》，《哲学研究》2015 年第 5 期。

49. 黄志军：《论货币与人的存在方式：从赫斯到马克思》，《马克思主义与现实》2016 年第 2 期。

50. 黄志军：《论信用与人的存在方式：从马克思到希法亭》，《哲学动态》2017 年第 4 期。

51. 黄志军：《资本内部的辩证法：基于〈资本论〉第二卷的考察》2018 年第 4 期。

52. 黄志军：《马克思辩证法对资本形式的批判性分析——基于〈资本论〉第 3 卷的考察》，《哲学动态》2019 年第 2 期。

53. 黄志军：《马克思的形而上学批判及其辩证法道路》，《教学与研究》2019 年第 6 期。

54. 黄志军：《论银行与人的存在方式：以政治经济学批判为

中心》,《学习与探索》2020 年第 1 期。

55. 黄志军：《论马克思对黑格尔辩证法的肯定与改造：以〈巴黎手稿〉为中心》,《哲学研究》2020 年第 2 期。

后　记

　　2012 年底以"辩证法的实践哲学阐释"为题写完博士学位论文至今，笔者的研究始终没有离开过辩证法议题。笔者眼前的这本书算是这八年来研究辩证法的一个阶段性总结。这一总结或许是值得给出的，只是给出的方式必须要做稍许说明。

　　一方面，博士学位论文试图将辩证法置于实践哲学论域中以期获得对它的重新理解，即试图将辩证法本身所内含的实践哲学意蕴揭示出来，使它能够面向现实生活并从中获得现实力量。从这个意义上说，本书的研究即以政治经济学批判为中心阐释马克思辩证法同样具有这一理论旨趣。可以说，正是在这样的理论问题的观照下，笔者的这项研究才有可能持续下来。政治经济学批判以现代社会关系为对象，它所关心的正是活生生的人的存在问题。只不过，在理论层面上，对现实生活的把握并非熟知就能做到的，而是必须深入其中，它需要科学方法的介入，这就是马克思在政治经济批判中为什么一再谈及和应用辩证法的原因。本书所做的工作就是将它们的关系尽可能地呈现。特别是只有借助于政治经济批判研究，马克思对辩证法的理解才能被合理把握。

　　另一方面，博士学位论文在实践哲学的论域阐释辩证法，虽然也涉及马克思的辩证法思想，但是更多的只是在思想史的线索中谈到他，比如西方哲学（亚里士多德、海德格尔、罗蒂等），比如中国哲学（中国辩证法、唯物辩证法的中国化等），还比如马克思主义哲学（恩格斯、卢卡奇、伯恩斯坦等）。实际上，当时集中谈马克思自身的辩证法思想的地方不多，只粗略涉及了《巴黎手稿》、《德意志意识形态》"费尔巴哈章"和《资本论》第一卷等。所以，本书聚焦于马克思的辩证法思想，也算是在形式上对博士学位论文的一个推进。在这里，我没有对其他的辩证法思想做过多的讨论，而是集中探讨了政治经济学批判经典文本中的辩证法思想，如第一章以《巴黎手稿》为中心，第二章以《哲学的贫困》为中心，第三章以《政治经济学批判大纲》为中心，第四章以《资本论》第二卷和第三卷为中心，第五章以主题案例的方式贯穿了从《巴黎手稿》到《资本论》的研究。

当然，在国内文本研究进行得如火如荼的境遇中，笔者不敢保证对每一个文本都有超越性的研究。不过，他们的研究为笔者这样一项以思想史为线索的探索提供了支援性背景。可以说，如果没有国内外文本研究的基础，就试图把马克思辩证法的研究提升到一个新的高度，将会是一件难以想象的事情！坦诚地说，本书虽然以文本研究为基础，但又不局限于此。通览全书，读者便可发现，本书主要是以社会关系这一政治经济学批判的基本思想主题来贯穿整个马克思辩证法研究的。从早期《巴黎手稿》始，马克思在交往异化的意义上重新发现黑格尔辩证法的积极方面，到《哲学的贫困》时期，马克思实现了辩证法与社会关系的初次结合，再到《政治经济学批判大纲》中，以社会关系为思想对象构建自身科学的政治经济学方法，继而进展到《资本论》第二卷和第三卷，资本的运动及其形式作为现代社会关系运动及其形式的表征，注定成为马克思辩证法思想的栖身之地。本书的最后一章以货币、信用和银行为例探讨政治经济学批判的概念辩证法，实际上也是以社会关系的变革为基本线索的。

在这个意义上，本书并非要重复或整合以往的研究，而是试图提出自己的学术主张，即一要实事求是地进入政治经济学批判语境中理解马克思的辩证法思想，而非采取外在的方式理解它；二要恰如其分地把握现代社会关系作为马克思辩证法的思想对象，而非什么都可以往里面装；三要自始至终地领会对现代人的存在及其解放的关怀作为马克思辩证法的基本旨趣，而非将其与现实世界隔离开来成为一种与尘世无关的方法论。以上是本书在运思和行文过程中，始终予以秉持的观点和立场。当然，由于本人学识所限，诚挚地欢迎有识之士给予真诚的批评与指教。

辩证法的存在是以同一件事情的可重复出现（即形式上的重复和内容上的否定）为前提和基础的，巧合的是，我的博士学位论文《辩证法的实践哲学阐释》于 2015 年由社会科学文献出版社出版，如今拙作《马克思辩证法研究——以政治经济学批判为中心》也在此出版，不得不说是一段"辩证的"学术旅程。感谢社会科学文献出版社政法传媒分社的曹义恒总编辑和吕霞云编辑为此付出的汗水和努力！可以说，正因为有了你们的倾情相助，这段学术旅程才没有戛然而止，才能辩证地继续下去。

本书完成时，正值全国抗击新冠肺炎疫情的关键时期，想到这场疫情使中国乃至全人类都处于一种受威胁的状态，情不自禁地觉得"自然辩证法"的伟大！从这场疫情来看，或从历史上诸如此类疫情来看，这种"自然辩证法"将会深刻地改变人的存在方式，改变"社会辩证法"！由此，我们有理由相信，对自然和社会辩证法的把握将会是一个永远充满挑战的课题。

2020 年正月初四凌晨于湖南临武

图书在版编目（CIP）数据

马克思辩证法研究：以政治经济学批判为中心／黄
志军著 . -- 北京：社会科学文献出版社，2020.10
ISBN 978 - 7 - 5201 - 7442 - 8

Ⅰ.①马…　Ⅱ.①黄…　Ⅲ.①马克思主义政治经济学
Ⅳ.①F0 - 0

中国版本图书馆 CIP 数据核字（2020）第 198528 号

马克思辩证法研究
—— 以政治经济学批判为中心

著　　者／黄志军

出 版 人／谢寿光
组稿编辑／曹义恒
责任编辑／吕霞云

出　　版／社会科学文献出版社·政法传媒分社（010）59367156
　　　　　地址：北京市北三环中路甲 29 号院华龙大厦　邮编：100029
　　　　　网址：www.ssap.com.cn
发　　行／市场营销中心（010）59367081　59367083
印　　装／三河市龙林印务有限公司

规　　格／开　本：787mm×1092mm　1/16
　　　　　印　张：16　字　数：201千字
版　　次／2020 年 10 月第 1 版　2020 年 10 月第 1 次印刷
书　　号／ISBN 978 - 7 - 5201 - 7442 - 8
定　　价／99.00 元

本书如有印装质量问题，请与读者服务中心（010 - 59367028）联系